名师儿童文学教学丛书

朱自强　总主编

童年不可错过的
文学课

张祖庆　著

二十一世纪出版社集团
21st Century Publishing Group

总　序

小学语文阅读教学要"把'儿童文学'做中心"

朱自强

语文教育家吴研因在《清末以来我国小学教科书概观》一文中，曾经大略梳理过 1935 年以前的小学国语教科书运用儿童文学的概况。他以"儿童文学抬头"为题，说过这样的话："民国十年前的教科书，中间也有些童话寓言一类的故事，例如鹬蚌相争、愚公移山、永某氏之鼠、黔驴之技等，但是分量很少。那时的初小国文，包括一切常识，大半是说明文，高小各种教科书更多数是说明文。说明文是很干燥乏味的，读的人对他生不出兴味来，所以小学用这类教科书，儿童大概兴趣索然，大有'言者谆谆听者藐藐'的现象。（省略）民十左右又有人提倡儿童文学，他们以为儿童一样爱好文学，需要文学，我们应当把儿童的文学给儿童。因此儿童文学的高潮就大涨起来，所谓新学制的小学国语课程就把'儿童文学'做了中心，各书坊的国语教科书，例如商务的《新学制》，中华的《新教材》《新教育》，世界的《新学制》……就也拿儿童文学做标榜，采入了物话、寓言、笑话、自然故事、生活故事、传说历史故事、儿歌、民歌等等。（省略）儿童文学在教科书中抬头，一直到现在，并没有改变。近几年来，虽然有人因为反对所谓'鸟言兽语'，反对整个的儿童文学（'鸟言兽语'不能代表整个的儿童文学），恨不得把儿童文学撵出小学教科书去。可是据教育部去年拟了问题发交各省市小学教育界研究的结果，小学教育界仍旧全国一致地主张国语课程应当把儿童文学做中心。我们环顾欧美各国的小学教科书，差不多早已'儿童文学化'了,美国的小学教科书尤甚,苏联文坛近来也竭力提倡儿童文学,创造儿童文学,可见儿童文学决不会跟小学教科书分起家来,即使有时被强迫而分家,也只是一时的现象。"如果我们对民国时期的几种小学国语课程标准进行检验,就可以证明吴研因的"新学制的小学国语课程就把'儿童文学'做了中心"这一说法是基本符合历史事实的。

1923年的《新学制课程标准纲要小学国语课程纲要》,在"方法"之"读文"一项中,强调"注重欣赏,表演,取材以儿童文学(包含文学化的实用教材)为主"。

1929年的《小学课程暂行标准小学国语》,其"目标"一项之"(三)"是"欣赏相当的儿童文学,以扩充想象,启发思想,涵养感情,并增长阅读儿童图书的兴趣"。

1932年的《小学课程标准国语》,其"目标"一项之"(二)"是"指导儿童学习平易的语体文,并欣赏儿童文学,以培养其阅读的能力和兴趣"。

1936年的《小学国语课程标准》,其"目标"一项中也出现了"欣赏儿童文学,以开拓其阅读的能力和兴趣"这一表述。

中华人民共和国的第一个小学语文课程标准是1950年颁布的《小学语文课程暂行标准(草案)》,其中课程目标的第一条就是"使儿童通过以儿童文学为主要形式的普通语体文的学习、理解,能独立、顺利地欣赏民族的大众的文学,阅读通俗的报纸、杂志和科学书籍"。这个课程标准延续了民国的国语教育对儿童文学的重视态度。

在1954年,时任教育部副部长兼人民教育出版社社长的叶圣陶主持了一场关于改进小学语文教学的讨论,形成了《改进小学语文教学的初步意见》这一指导性文献。其中"一、小学语文科的目的、任务和内容"一项之"(二)"是"祖国文学的教学,训练儿童使能领会和欣赏适合儿童阅读的文学作品和民间创作,并培养他们对祖国文学的爱好"。虽然这里没有出现"儿童文学"，但是，在"五、阅读"一项里，有这样的表述："我国儿童文学作品不多，一般文学作品适合儿童阅读的也很少，为儿童写作的自然、地理、历史科学知识的读物更少。因此，编选适合上述标准的阅读教材是有不少困难的。解决的办法如下：一、组织文学家、儿童文学家、科学家、科学通俗化工作者替我们撰写；二、征集民间文学的材料；三、就现有出版物选择，入选的材料如有不适当的地方，商请原作者修改……"（重点号为引者所加）

耐人寻味的是，主持这场讨论和《改进小学语文教学的初步意见》撰写工作的叶圣陶本人恰恰是中国儿童文学创作的开拓者，他于1932年就编写、出版过《开明小学国语课本》。1980年，叶圣陶曾撰写《我和儿童文学》一文。他在历数自己的儿童文学作品后说道："在儿童文学方面，我还做过一件比较大的工作。在1932年，我花了整整一年时间，编写了一部《开明小学国语课本》，初小八册，高小四册，一共十二册，四百来篇课文。这四百来篇课文，形式和内容都很庞杂，大约有一半可以说是创作，另外一半是有所依据的再创作，总之没有一篇是现成的，是抄来的。"可见，叶圣陶的《开明小学国语课本》实际上也是他的儿童文学创作！叶圣陶这样编写小学语文教材，是出自他的明确的小学语文教材观："给孩子们编写语文课本，当然要着眼于培养他们的阅读能力和写作能力，因而教材必须符合语文训练的规律和程序。但是这还不够。小学生既是儿童，他们的语文课本必得是儿童文学，才能引起他们的兴趣，使他们乐于阅读，从而发展他们多方面的智慧。当时我编写这一部国语课本，就是这样想的。在这里提出来，希望能引起有关同志的注意。"

1955年的《小学语文教学大纲草案（初稿）》开头的"说明"一项，在阐述小学语文课的教学内容时，有这样的表述："（一）阅读课。选读文学作品，尤其是儿童文学作品，初小阶段，还要选读有关自然、地理和历史的科学知识的文章。"也较为重视儿童文学。1956年的《小学语文教学大纲（草案）》也有"教儿童阅读文学作品，尤其是儿童文学作品"字样。

但是，后来的语文课程标准对儿童文学的语文教育价值的认识却变得暧昧起来。自1963年的《全日制小学语文教学大纲（草案）》始，"儿童文学"这一表述消失了。

1978年的《全日制十年制学校小学语文教学大纲（试行草案）》出现了有史以来最严重的倒退——连"文学"字样都不见了，这反映了十年"文革"对语文教育的伤害和破坏！从这时起，至2000年《九年义务教育全日制小学语文教学大纲（试用修订版）》止，数种语文课程标准，对"阅读"读什么，使用什么样的语言资源，一直语焉不详，也可以说是讳莫如深，既没有出现"文学"这一表述，更没有出现具体的文学体裁。

受20世纪90年代末在社会上广泛展开的对语文教育的批判和质疑、对人文精神的呼唤这一风潮的影响，2001年和2011年的语文课程标准开始强调语文教育的人文性，具体表现在对"文学"的一定程度的重视。两种课程标准对第一学段（一、二年级）的"阅读"的论述里，出现了"阅读浅近的童话、寓言、故事""诵读儿歌、儿童诗"字样，可以看出较为清晰的儿童文学意识，是一个明显的进步。不过，到了第二学段（三、四年级）和第三学段（五、六年级），课程标准对文学作品的表述却变成了"叙事性作品""优秀诗文"，明晰的儿童文学意识并没有贯穿于整个小学语文教育阶段。

在今天，小学语文教育还需不需要像民国时期那样，"把'儿童文学'做了中心"？这是一个值得深入思考、认真探究的重要问题，事关如何建构更端正、更有效的小学语文教育的理念和方法。而思考、探究这一问题，就有必要对儿童文学的语文教育价值进行重新认识。

我在2001年出版的《小学语文文学教育》一书中，倡导"文学教育"

这一理念；而要贯彻"文学教育"这一理念，就必然要以儿童文学为中心。以儿童文学为中心的小学语文阅读教学就得探寻儿童文学的教学方法。近十几年来，我持续深入进行小学语文教育实践，研究儿童文学阅读教学的理念和方法，于2015年出版了《小学语文儿童文学教学法》一书。在书中，我针对某些漠视儿童文学的语文教育价值的观点，指出，优秀的儿童文学具有珍贵的人性价值，儿童文学是语言中最好的部分，儿童文学最能激活儿童潜在的语言灵性，儿童文学是具有统合性的语言。

在这本书中，我引述了大量小学语文阅读教学中的儿童文学篇章的教学案例，可以说，诸多小学语文教师的儿童文学阅读教学实践（不论其成功与否），是我这项课题的立足根基。特别是那些优秀的小学语文教师提供的精彩的儿童文学阅读教学案例，给了我诸多的点拨和启发。

在完成"儿童文学教学法研究"这一课题的过程中，面对那些小学语文名师有高度、有深度、有趣味、有效果的儿童文学阅读教学，我越来越看清，得儿童文学及其教学法者，得小学语文教育教学的大半边天下。这将是今后小学语文阅读教学发展的大势。

为了探寻更为多元、更为有效的儿童文学阅读教学方法，我们推出了"名师儿童文学教学丛书"，以期对小学语文教育的长足发展有所促进，对一线的小学语文教师的阅读教学有所帮助。

2017年2月16日
于中国海洋大学儿童文学研究所

序 一

鸟在天空翱翔之后

曹文轩

2012年11月，在厦门的一个五六千人参加的小学语文青年教师阅读教学大赛中，我听了17节课。那次会议，我发表了荒诞的言论。我说，任何的成功活动，都会邀请外行的人来点评。那一次，我正是作为一个语文教学的外行人，参加点评的。没想到，我的评课讲话稿，广泛流传。不知道是谁，推荐给《光明日报》，整整两个版面做了刊登，真是始料未及。今天，我也是以外行人的身份来谈一些观点和想法。

听了王雷英老师和张祖庆老师的课，我的总体感受是，如果我们所有的孩子，都能长期享受到如此高水平的语文课，那我们这个民族的语言能力、写作能力，将会怎么样？也许会多一些像莫言那样的诺贝尔文学奖获得者。

下面，结合这两节课，我谈如下几点想法：

一、一堂语文课是一个作品，也是一个文本

两位老师的课上得都很精彩，总体来说，王老师的课富有美感，张老师的课很有智慧。

我一直认为，一堂语文课，是一个作品，也是一个文本。文本是相互参照的。语文教学中，有两个文本，即老师的文本和被解读的文本，它们具有互文性。也就是说，老师在这节课上的文本，和被解读的文本具有互

相照应的关系。小学语文教学是一门艺术，一节课就是一个作品。这个作品有引入，有前奏。引入和前奏起的作用，主要是消除陌生感。因为在公开课的语境下，执教者和听课者是没有见过面的，我把它戏称为拉郎配。因此，老师要通过谈话迅速将师生的生疏感、陌生感消除掉。

我关注到，王雷英老师在课堂伊始，就很注重师生的融入。她今天穿的是一件粉红色的衣服。这种粉红的颜色产生和谐的、柔和的感觉，很快地消除了师生的陌生感，一下子让孩子们有一种和这个老师是朝夕相处的感觉。王老师的引入还教会了孩子们与陌生人相处的技巧。这都很好。

张老师也很注重导入，他一开始把莫言的照片放上去，让孩子们观察莫言，再放上雨果和托尔斯泰的照片。当时我心想，好戏开始了！

我想，经常听听小学语文老师的课，作为北大教授的我，将会提高讲课的艺术，我的课将会更受欢迎。因为我们从小学老师那里，能学到很多课堂技巧与艺术。

二、朗读的重要性还没有被充分认识

王雷英老师的课，是通过朗读开始的。整节课，贯穿着朗读，体现了一种朗读之美。王老师自身的朗读素养非常高，当她在音乐声中美美地诵读文本时，整个会场安静下来了，非常的美。我当时在想，底下应该会有掌声响起。正在这样想的时候，台下果然响起了掌声。这样的课，给人以美的享受。

这里，我想借此谈谈朗读的意义。

大家都知道，2011年版新课标里，对朗读提出了一些新的要求。其实，朗读的重要性还没有被充分认识。

前不久，我到柏林参加一个文学活动。在柏林的十天，会议方把我带到图书馆，让我用中文读翻译成德文的我的作品。几天时间，我基本上就是在这样的朗读中度过的。朗读在这些国家，是非常日常的行为。不知道大家有没有读过德文小说《朗读者》，据说发行量比较大。这和序言有关，这个序是我写的。（介绍《朗读者》一书的梗概，略）

朗读，超越了喧嚣，超越了生死。

朗读还有一个大的好处，即帮助孩子加深对文本的理解。教师朗读一个文本，他一定会把重音押在一些词语上。中国的汉语，是有节奏感和音韵美的，通过朗读，我们可以帮助学生体会这个民族语言的音乐感。我在德国，用汉语朗读。我的普通话水平是不怎么样的，我的朗读当然谁也听不懂，但是他们听得津津有味，他们说这是一首歌。因为，汉语是抑扬顿挫的，有音韵之美。所以我说，语文课要通过朗读，让孩子们去体会汉语的语言美。

我认为，一个语文老师，应该是一个合格的朗读者。合格，与普通话无关。我曾经在江苏的一次会议上，朗读了一篇自己的东西，得到了与会者长时间的掌声。因为，我读得动情，读得投入。

此外，我还认为，朗读是一种仪式。人在朗读的时候，这个世界是神圣的。中国是这个世界上仪式感很差的国度，我们几乎没有什么规范的仪式。比如我们的追悼会，是没有仪式感的。人们参加葬礼，乱穿衣服，有人穿得花花绿绿，甚至穿裙子，这是对死者的不敬。在这样一个缺乏仪式的国度，我们能否试着用朗读来培养孩子们初步的仪式感？

其实，朗读还有一层作用，可以提升口语的品质。我们通过朗读经典规范的语言，让这些语言去改造、提升孩子们的口语品格。

最后我想说，我们还可以通过朗读，把末流的作品拒之门外。三流的作品，我们通过朗读就可以读出来。我们要读第一流的作品。像今天王雷英老师和张祖庆老师所教的课文，就是第一流的作品。

三、疏与密

怎么去讲解一篇语文课文？一篇课文，需要讲解的地方很多。

今天，我发现两位老师都很注重对语词的教学，老师们对字词的细微之处的开掘，非常精彩。

比如王雷英老师对"看惯了，就习焉不察"的分析，很是精到。比如，张祖庆老师在《穷人》一课书中，对一个词语、一个小细节的琢磨，不仅仅是教学方法，而且是传递一种学习习惯。比如课文第二段有一处"菜只有鱼"，张老师就追问"为何每天有鱼吃，还叫'穷'"？引导孩子们理解，因为渔夫是打鱼的，每天只能吃鱼，这才是真正的穷啊！

是的，语词是非常重要的。语文老师要成为咬文嚼字的高手。

由此，我联想到现代哲学。在19世纪，各种哲学一直在打架。但是到了20世纪，各种哲学忽然不打架了。大家回到了词语上，不把语言的问题解决了，哲学就解释不清楚。

今天，两位老师对于词语的处理能力，我是非常惊讶的。

捷克有位流亡作家，叫米兰·昆德拉，他的每一部小说，都在琢磨一个词语。《生命中不能承受之轻》就在琢磨"轻"这个词语，《不朽》就在琢磨"不朽"这个词语。

在这两节课上，老师咬文嚼字咬得很厉害。但有些地方，老师却一笔就过去了。两位老师的节奏感掌握得非常好，该疏朗的疏朗，该紧密的紧密。就像王雷英老师在课堂上说的"放弃掉了，又得到了很多"。

确实，多和少是一种辩证关系。一节课不可能面面俱到。有些东西，要轻轻地忽略过去；有些东西，则要紧紧地抓住不放。

四、众说与独语

在厦门的会议上,我曾经非常严肃地指出:这些年我听了很多语文课,我发现你们的语文教学从原来的"满堂灌"到现在的"满堂不作为"。语文老师变成了递话筒的人,整个人就行走于学生之间,很少听到老师的讲解。这些老师往往给出这样的解释——"以生为本"。"以生为本",并不是就可以忽视老师职责啊!

老师,您应该知道,您所在的位置在哪里!您不能仅仅是给学生递话筒——递话筒谁都会。要知道,讲台是属于您的。一节课,老师在课堂上,要有那么一段精魂之声、智慧之声。我想,一个优秀的语文老师,不应该只是有一份教案设计,还应该有一段精彩的讲稿。一堂课,没有相当精彩的语段,这样的课,是不够的。

今天,张祖庆老师的课在结尾处,有一段很精彩的讲解,不知道大家是否留意到?这段讲解,关系到经典文本如何阅读以及对于经典的姿态,值得细细回味。一节课,就应该有这样的精彩讲解。

课堂,应该有学生的众说纷纭,也应该有教师的精彩独语。教师,要对得起神圣的讲坛。

五、欣赏与解读

我一直在思考一个问题,讲一篇作品,小学语文课与大学语文课的区别在哪里?

我的基本观点是:小学的作品,是欣赏;大学的作品,是解读。

今天,两位老师都是以欣赏为主,带着学生去发现文本的美妙。欣赏,是培养学生的感性。对于语文教学来说,感性的保持是非常有意义的。我在大学里看到,现在的大学生,已经不知道怎样欣赏一篇作品,一上来就解读。而今天的两位老师，是围绕这两篇艺术品，带着孩子们去欣赏。相比于解读，我更喜欢看到一个语文老师的姿态，是欣赏的姿态。小学语文课，应该先欣赏，后解读。不然，一味解读，文学就成了被福尔马林浸泡过的尸体。

从这个意义上来说，两位老师的课，让我们看到了鲜活的文本，让文本复活了。

六、阅读与写作

关于阅读和写作，我特别要说一说张祖庆老师的这节课。

张老师的这节课，始终把写作与阅读紧密联系在一起。我在厦门听了17节课，批评17节课中没有一节课是站在表达的角度来教的。我想，要是当初有像张老师这样的一节课，我就不会这样批评了。当时的那些老师，确实没有给孩子们讲文章之道、文章之法。

在教学中，张老师多次称托尔斯泰是一个写作高手。我想说，张老师也是个教写作的高手。这节课，他始终把阅读和写作联系在一起。语文教学的一大目的，就是培养学生的写作能力，培养学生语言文字的运用能力。

在教学中，张老师把学生的关注点放在文中起承上启下作用的短句中——"睡觉还早"。老师和学生紧紧抓住了这句话，充分地体会了这句话在这篇文章中所起到的作用。这就是指向于写作，指向于表达。给我的惊喜还有，最后一个板块中呈现出来的一张对比表。右边两列，是黑底色，呈现关于屋外环境描写的词语，左边一列是红底色的关于室内"温暖舒适"的环境描写的词语，屋内的温馨温暖与屋外的又黑又冷，形成鲜明的对比。老师引导孩子们理解，这样的对比呈现的不仅仅是写作技巧，更多的是人性的温暖。穷人是非常值得我们尊重的。穷人虽然穷，但是因为有着这么一个贤惠的女主人，出海打鱼的丈夫才会有着对家的眷恋，家，能让他享受大海上享受不到的温暖。

张老师的《穷人》一课，从始至终把阅读和写作紧密联系在一起，难能可贵。

七、漫游与回归

语文课是一种对话，对话应该有话题。话题是对话的触手。有时候，话题相对集中，有时候也会发散开来。

我想打这样一个比方：课文，是一棵树；老师是一只大鸟；孩子们是一群小鸟；而阅读，就是这些鸟一起栖息于文本这棵树上。但这些鸟，不能总是待在一棵树上，要允许它们飞出去，最后又要飞回来。

语文课堂上的话题，是要集中和发散相结合的。语文课应该给小孩子一个开阔的视野。张祖庆老师在上《穷人》一课时，随机提到了莫言、张艺谋、雨果、草婴、海明威，给孩子们的信息量非常大。但最终，又落到了对文本的欣赏与发现上来。

这就好比，鸟在天空自由翱翔之后，又落到树上。

（这是曹文轩教授在2013年"浙派名师与经典课堂教学观摩"上，听了王雷英和张祖庆两位老师的课，所做的即兴发言。征得曹文轩同意与审定，作为序言之一。特此说明）

序 二

"谢谢祖庆先生"

冷玉斌

一

翻译家巫宁坤先生在自传《一滴泪》中,讲过文学对他的拯救,20世纪60年代,巫先生去农场的时候设法带了两本书:英文版《哈姆雷特》和《杜甫诗选》,正是文学给予他精神力量,使他没有被劳改击垮。还有著名学者叶嘉莹先生,古典诗词一路支撑她走过忧患岁月,常有人问,读古典诗词有什么用?她答道:"最大的好处就是,让我们心灵不死。"

在这个轻浮时代,在"文学无用""文学已死"等谵妄之言满天飞的背景中,作为一名小学语文教员,我常常记起两位先生的经历与话语,总是觉得,这其中藏着关于语文教育、关于课堂教学的秘密与宝藏。那就是,在"立德树人"这一根本任务要求之下,好的语文教育,必须有文学的身影;好的语文课堂,必须有文学的气息;好的语文教学,必须有文学的印记——"文学即人学",只有这样,语文课堂与教学才能抵达人的心灵深处,其教与育才能真正产生滋养人的力量,达成"为人生"的语文教育。如果换一种表达,就应是上海师范大学詹丹教授指出的,提高语言文字的运用能力和张扬人文精神是语文学科的性质也是语文教学的归宿,学习优秀的文学作品就是两者可并举的最有效手段,"道理很简单,优秀的文学作品所传递的人文精神最集中,其对语言的要求最严格,学习优秀的文学作品,既是在接受人文熏陶，又是在进行语言能力的训练。所以，凸显语文学科的文学性，恰恰是语文教学体现素质教育的重要标志"。

再往前，已逝的王富仁先生在那册薄薄的《语文教学与文学》中更是直接提出，广义的文学作品应该是中小学语文教学的基本内容，它与情感培养紧密联系在一起，它是一种直观的、直感的、情感的、审美的语言形式，而中小学语文教学所要肩负的就是"培养学生掌握和运用直观的、直感的、感情的、审美的语言素质的能力"(《"大语文"和"小语文"》)。从现实语境说，当下正是文学性在语文教育实践中未得到足够重视，才使得语文教育丧失了吸引学生的特有魅力，致使学生普遍缺乏语文学习兴趣。

当然，写下这些话，并非是要鼓吹"语文教学就是文学教学"，事实上，这一观点本身就是当代语文教育史上的一个黑洞，倡议者有之，争鸣者有之，否定者有之，对此我无意也无力进行全面阐释。之所以又想起来，是因为刚刚收到张祖庆先生《童年不可错过的文学课》一书书稿，捧读书稿，内心欣喜又快意，祖庆先生精彩的文学课，正是对以上观点的最好回应与呈现；就算只是一个人的实践，但从"这一个"，也能清楚看到，当文学来到课堂，当孩子们与文学相遇，生动的形象、辽阔的视野、动人的情感、迷人的诗意、深沉的心境，都活泼地生发出来，于是，他一个人的实践也就有了普适性，有了推广价值。

我相信，祖庆先生也是认同小学语文教学需要文学的，即使书中没有收录他具体谈论这一点的文字，单看所取书名中"不可错过"一词，亦得以想见他对语文学习的尊重，对个人实践的自信，对文学教学的勇气——这些正是他的起点，如今，书中的这一节节异彩纷呈的文学课，就是他的抵达。功夫不负有心人，这一切，让我敬佩而感动。

二

话说回来，张祖庆先生的文学课，其高明处不仅在于他做了，更在于他做得很好，他有文学的教，更引出了文学的学——文学是谈不尽的，学文学却是可以一说的。关于学文学，经典的表述来自朱光潜先生：

学文学第一件要事是多玩索名家作品，其次是自己多练习写作，如此才能亲自尝出甘苦，逐步养成一种纯正的趣味，学得一副文学家体验人情物态的眼光和同情。

"玩索作品"，"尝出甘苦"，"养成趣味"，"学得眼光和同情"，朱先生对学文学的精辟论断，透过祖庆先生的文学课，触手可及。来看《穷人》一课的几则教学片段：

（一）

师：好，郑老师，我想和你一起做老师。同学们，关注一下，这段环境描写中有很多四个字的词语，你找到了吗？请你把它圈起来。（生圈画）

小老师：找到了吗？

生：寒风呼啸、汹涌澎湃、又黑又冷、干干净净、心惊肉跳。

师：我把这些词语摘录到屏幕上。

（课件出示）

寒风呼啸　又黑又冷

汹涌澎湃　波涛轰鸣

起着风暴　狂风怒吼

小老师：同学们先一起来读一读。（生齐读）

师：同学们，再一起读一读这些词语，一边读一边在脑子里浮现出这些词语所描写的画面。（生读）你分明看到了什么样的画面？你看到了——

生：天气非常恶劣，环境非常恶劣。

师：这不是画面，这是概括，你仿佛看到了怎样的具体的画面？

生：海浪拍击着礁石，溅起的浪花非常寒冷。

生：我仿佛看到了海浪打在沙滩上，溅起的浪花比人还要高。

师：溅起几丈的浪花，你说——

生：我看到了黑压压的天空中时不时地闪过几道闪电，海浪时不时地卷起一条条水草。

师：同学们，这样的天气随时都有吞没生命的危险，而渔夫此时此刻正驾着一叶小舟在这样的惊涛巨浪当中颠簸着，这不正写出了穷人的"穷"吗？

（二）

师：今天的我们，读着这样的文字，也会感到心惊肉跳。亲爱的同学们，"穷"字藏在环境描写中啊！"穷"字还藏在什么地方？

生：我找的是第二十四自然段的，从渔夫说的"熬"字中，可以显现出他们的穷。富有的人家收养一个孩子是很简单的事，但是他们收养却是要"熬"过去的。

师：对他们来说，这就是煎熬。真好！你从一个"熬"字读懂了穷人的"穷"。

生：在第九段就说到"五个孩子已经够他受的了"，再加两个孩子就更够他受的了。

师：也就是说，从一番心理描写中，你感受到了穷人的"穷"，是吧？（生点头）还有没有其他地方写出了穷人的"穷"？

（生继续交流文本中的"穷"，从室内陈设、孩子们的穿着、西蒙睡的稻草铺、孩子们没有鞋子被子等角度发现穷人的"穷"。五位学生发言略）

（三）

师：同学们，全文唯独有一个句子，只有四个字，能深刻地表现穷人

的"穷"，却很容易被我们忽略。你能找到吗？它在文章的前四个自然段，谁找出来了？（举手的学生陆续多起来）

生：睡觉还早。

师：你找到的是？

生：睡觉还早。

（师问，生不断重复）

师：找到"睡觉还早"这四个字的同学，举手！（众多学生举手）同学们，从"睡觉还早"中，你发现了什么？

生：第二段说"古老的钟发哑地敲了十下，十一下……"，证明已经都十一点多了，睡觉其实不早了。

师：只是十一点吗？

生：可能还会到十二点多，因为后面有一个省略号。

师：是啊，这一个省略号仿佛就是一记钟声在敲打着我们，表明时间至少是晚上十一点以后了。

生：这个时候，她还觉得"睡觉还早"，这就证明她每天都是十一点以后睡觉的。

师：可能到凌晨才睡觉。"睡觉还早"还让你想到了什么？

生：从第二段中也可以看出他从早到晚地干活，也就说明了"睡觉还早"。

师：从早到晚？我觉得更应该说是"从早到早"，从今天早晨到第二天的凌晨，是不是"从早到早"？睡觉真的还早吗？（生摇头）好，我们一起读读表示时间不早的句子。（课件出示，略）

师：请大家关注这三句话，分明睡觉时间已经"不早"了。你看，第二十三段分明写的"大概是昨天"，可见他们到凌晨才睡。同学们，桑娜只是这一天"睡觉还早"吗？（生摇头）她长年累月都是这样的！一起再读一读这四个字。（生读）"睡觉还早"，背后藏着多少意味深长的东西呀！这就是阅读，这就是发现！

（生齐读屏幕上的三句话）

师：同学们，我们回头总结一下这节课的收获。列夫·托尔斯泰改写雨果的叙事诗的时候，是通过对海上的环境描写，通过对人物忐忑的心理描写以及一些不经意间的细节描写进行的。通篇没有一个"穷"字，但是让我们感到"穷"无处不在，这就是大师经典作品的魅力！

这才是阅读文学，这才是文学的阅读。窥一斑而见全豹，任何一节课，都不会是孤立的教学，上面几则出自同一课堂的片段，折射出祖庆先生文学课堂本质的光辉。《穷人》作为托尔斯泰的短篇经典，在祖庆先生的课堂上，因为孩子们的阅读，焕发出新的神采，仅从以上"穷人真穷"的教学板块，分明可见学生是如何"玩索作品"，"尝出甘苦"，"养成趣味"，"学得眼光和同情"的，从不着一"穷"的原文入手，上下贯通，孜孜以求，寻得更多"穷"的画面与"穷"的声音，在故事里体会穷人的真与善，走入他们的内心，发现"贫穷的人往往富于仁慈"，由此，唤醒了孩子那一颗纯真、善良的心。

如上片段，贯注书稿，不胜枚举，本来每节课就很精彩，结集一起更是绚烂，让人真切感受到"童年不可错过"的文学课所洋溢着的童心之梦，阅读之美，文学之光。学者林庚先生曾对学生说：

什么是诗？诗的本质就是发现，诗人要永远像婴儿一样，睁大了好奇的眼睛去看周围的世界，去发现世界新的美。

借用这句话，文学的本质也是发现，在文学课堂上，老师和学生也要永远像婴儿一样，睁大了好奇的眼睛去看周围的世界，去发现世界新的美。

毫无疑问，祖庆先生的文学课，他的"不可错过"有一方面正在于此，他始终在带着孩子们发现，发现，还是发现，不管是萧红温暖的园子，是张洁女士所盼望的春天的荠菜，还是詹天佑在悬崖峭壁上的铁路工程现场，或者，是遇见日日夜夜等候主人的忠犬八公，是来到振翼飞行的一大拨"神奇飞书"里，祖庆先生总是能引领孩子们在这些作品里咀嚼、玩味，读出它们隐藏的妙蕴来。

一花一世界，一课一精神，且不论这些课上孩子们对语言的习得，对写作的热情，从根本上看，这一节又一节不可错过的文学课，对孩子们是一种唤醒，一种激励，一种鼓舞，最终让孩子养成的是对语言文字的敏感，对人生世相的敏感，而这正是文学对人的重要性和必然价值。说到底，祖庆先生的文学课将被应试教育遮蔽或者阻遏的文学能力的培养充分张扬出来，彰显了语文教学的文学色彩，而这些文学能力，带给每一个孩子的，是储知蓄理，扩充眼界，改变气质，使孩子们活得更像一个"人"。

三

美国文学教授托马斯·福斯特在《如何阅读一本文学书》里说过这么几句话：

小时候我常跟爸爸去采蘑菇。我总是看不到蘑菇，可他会说"那里有朵黄色的松菇"或"那边有几朵黑色的尖顶菇"。文学教授做的事与此相似：在遍地都是蘑菇而你看不到的时候，提醒你一下。

托马斯说得自在，可哪里有那么容易，要紧也要命的就是这个"提醒你一下"，所谓"提醒"，显然不能是生硬灌输，也不能是越俎代庖，要有眼力，有见识，有策略，有秘妙——因此，对祖庆先生这样一位"采蘑菇"的高手，接下来还得分析一下他是如何"提醒"的，但是，我很快发现，这一块已经无须饶舌，书中收录的多篇课评，全方位又极有见地地透视了这些教学现场，同样是不可错过的。且摘录几段，以证我所言不虚：

课境推到此处，我们不禁叹为观止。简介背景、推测阅读似乎是离开了文本，但其实却又在反哺文本，我以为这才是真正的文本超越。超越文本不是游离文本之外，更不是弃文本于不顾，而是在真切解读文本的价值、意义和写法之后，提炼出文本的属性，那个内在的恒定不变的"一"。……布封说"风格即人"，祖庆先生是深谙这一点的，也因此，学生在祖庆先生的课堂上，生气郁勃地读着、演着、体味着、分享着，最终，他们从小说各种人物形象的背后读到的，是那个精彩的马克·吐温！（罗才军评《金钱的魔力》）

那么，我们在研习祖庆君的课堂之后，也可以近似地得出结论：他的课堂，因为融入了他自身的艺术发挥，而将这一财富为更多的读者所享用，并"融合"了更多的人，使他们即便不是"穷人"，也从中体悟出贫穷之于人类的影响，体悟出随贫穷而共生的人性美。所以说，一堂优秀的课，它既是艺术的，也是道德的。（王小庆评《穷人》）

俏皮的猜想、灵动的猜想，让故事文学充满未知的魔力。它让阅读思维飞向逻辑或非逻辑，让"作者的创作"和"我的创作"规则或不规则碰撞。我们看见，这个创思的过程，远比获得了什么更好玩，更含金。"真相是具有破坏性，甚至毁灭性的。"在真相抵达之前，需要留几步悬念，有几回曲折，以便更懂得真相。祖庆先生深谙此道，且长于连环贯穿。（丁素芬评《罗伯特的三次报复行动》）

如果"野菜图"是简洁流畅的白描，那么"挣扎图"就是跳动明快的水粉，"对话图"则是浓墨重彩的油画。它们将作者"冬天"所经历的苦难由表及里地表达出来，使每一个学生从感知到感染，由感染到感动，再由感动到感化。文本解读到这里，是否就可以到位了呢？这似乎还不是张祖庆先生的真实意图，因为他想告诉每个孩子："冬天来了，春天还会远吗？"于是苦难中就有了期盼，就有了等待，就像老橡树上随风飞舞的"黄丝带"。在这份等待和期盼之中，他不断加大苦难的"砝码"，以唤醒儿童心中对"春天"更加强烈的期盼！（吴勇评《我盼春天的荠菜》）

"影视视角的灰与彩——文字细节的沉与醉——别离版本的爱与伤"，

祖庆先生的教学就在这样的大开大合中展开。他不是在给狗的情书中唱和着伤感悲情的和弦，而是在引领学生把人性与狗性的思考、文字想象与影视图像的表达经验经纬融合，编织成一幅精彩纷呈的锦图，使学生看到双方眼睛里不一样的色彩，感受到两颗因爱联结的灵魂；看到书与影不一样的表达形式，就能动用高水平的分析、欣赏与创造，自觉地发展成为拥有高阶阅读技能的善读者。（宋飞评《忠犬八公》）

…………

评得太好了！这样好的也太多了！我不能再摘了，何况摘也摘不出原评风致，总之诸位评者用心用力，言之深远。从大的方面，是指出张祖庆先生的阅读观念、儿童立场、教学主张、教学风格；从细微之处，则拈出他的解读艺术、导读策略、设计功力、文体意识、群文阅读、整本书教学……这些评议与祖庆先生的文学课密不可分，它们既是对课堂的观察，也是对课堂的评析，更是对课堂的升华，课堂有底气，评议有底蕴，互为知己，融合一起，使这本书成了最好的小学语文文学课课堂指南。我敢肯定，这份指南的意义不仅在于教与学的展示，更在于它用一个个现场，告诉所有人，"今天我们怎么做小学语文老师"，如何与孩子一起读、一起写，如何爱上语文，爱上读书，爱上生活，爱上世界。

是的，"语文学习的外延与生活的外延相等"，接受经典文学的训练，提高个人的文学修养，把文学作品中最核心的思想情感力量，传递至人的心灵深处，这一切为的是孩子们能拥有"向着明亮那方"的力量，以健康积极的态度更好地生活。要知道，"当一切的美好从文字中、课堂上流淌出来的时候，整个世界醒来了，孩子也醒来了"，这，一定是祖庆先生带着孩子采到的最大的蘑菇。

四

斯人也，而有斯课也，从这些不可错过的文学课中抬起头，发现的还是祖庆先生这个人。

谈到《穷人》一课的教学，祖庆先生写下了这么几句话：

经典，是常读常新的。经典的奥秘，也容易被粗心的读者所忽略。作为教师，我们有责任将经典文本容易被忽略的地方指给孩子们看，带领孩子"发现经典"，体会阅读经典的乐趣。

内容并不出奇，只是朴实地讲出他的经典阅读观，但其中一个词却自有力量，恳切而坚定，我一下子就被触动了，那就是——"责任"。

什么是"责任"？我想，对于祖庆先生而言，就是不断研习经典，不断开发课程，不断地与孩子们一起"沉入词语的感性世界"，"在汉语中出生入死"，这是他的职业，更是他的志业。

曾读过祖庆先生一篇未刊稿《开发我的精神宇宙》，文中他讲述了自己的阅读与学习，令人莫名感叹。他扎根课堂，潜心修炼，一直以来的海量阅读，超功利阅读，电影阅读……都是文学课的来处与垫脚石。没有谁能随随便便就取得成功，祖庆先生今日成就的背后，是他多年的坚持，是他不懈的进取，是他勇敢的开拓，是他对作为教师这个身份所蕴含的"责任"的基本认知与践行。这是当下为人师者最稀缺的，故而也是最值得瞻望并领受的。我们是幸运的，没有错过这些不可错过的文学课，与此同时，我们更应该走到文学课的背后看一看，想一想，然后，做一做。

教育是美的相遇，此刻，我遇见这本厚重的书，也是遇见勤勉劬劳的祖庆先生，都说世间所有的相遇都是久别重逢，我知道，这一定是缘于我们都有一个关于文学课堂的梦。我更盼望，有更多的老师能够同做文学梦，然后，与我一样，遇见《童年不可错过的文学课》，遇见张祖庆先生这个人。他的课，他的书，他的人，一定会感召我们，激励我们，引领我们，塑造我们——这就是我们彼此相遇的最大意义，这也是文学之于人生的最大意义。

谢谢祖庆先生。谢谢你的"不可错过"的文学课！

（作者系"百班千人"学术导师、教育部国培专家）

目录 Contents

总　序（朱自强）···003

序　一（曹文轩）···008

序　二（冷玉斌）···015

第一章　神话教学

第1课　盘古开天地

文本再现：盘古开天地···033

课堂实录：让神话真实地活着···034

教学品鉴：1. 实实在在　简简单单　从从容容　轻轻松松 / 沈大安············051

　　　　　2. 练就"善于发现"的眼睛 / 张祖庆·····················053

第二章　小说教学

第2课　祖父的园子

文本再现：祖父的园子···061

课堂实录：一切都是自由的···064

教学品鉴：教出"经典"的味道来 / 谈永康·······················076

第3课　穷人

文本再现：穷人···081

课堂实录：用心发现财富···084

　　　　教学品鉴：1. 语文课堂：一切为了让学生真实有效地"学起来" / 周一贯 ……… 100

　　　　　　　　 2. 在贫穷中感受人性的力量 / 王小庆 …………………………… 104

　　　　　　　　 3. 经典的再发现 / 张祖庆 ……………………………………… 114

　　第 4 课　金钱的魔力

　　　　文本再现：金钱的魔力 ……………………………………………………… 121

　　　　课堂实录："夸张得要命，可又蛮真实的"（罗才军点评） ……………… 124

第三章　诗歌教学

　　第 5 课　忆江南

　　　　文本再现：忆江南 ………………………………………………………… 143

　　　　课堂实录：最忆是江南 …………………………………………………… 144

　　　　教学品鉴：让公开课变得可亲近 / 陈　琴 ……………………………… 159

第四章　散文教学

　　第 6 课　我盼春天的荠菜

　　　　文本再现：我盼春天的荠菜 ……………………………………………… 167

　　　　课堂实录："先于春天抵达春天"（黄亢美点评） ……………………… 169

　　　　教学品鉴：心灵彼岸的"灯火阑珊处" / 吴　勇 ……………………… 185

　　第 7 课　和时间赛跑

　　　　文本再现：和时间赛跑 …………………………………………………… 195

　　　　课堂实录："时间就是生命，生命在我心中" ………………………… 197

　　　　教学品鉴：一堂始终关注学生"学"的语文课 / 钱正权 ……………… 209

第 8 课　在大熊猫的故乡

　　文本再现：在大熊猫的故乡 ·· 212

　　课堂实录：一次美妙的探索之旅（杨冬梅赏析）······························· 214

第五章　故事类文本教学

第 9 课　詹天佑

　　文本再现：詹天佑 ··· 233

　　课堂实录：穿越百年的时空隧道（周一贯点评）······························· 235

　　教学品鉴：站直了教语文 / 贾志敏　吴　琳　张祖庆························· 253

第 10 课　一个小村庄的故事

　　文本再现：一个小村庄的故事 ··· 263

　　课堂实录：解开故事的密码（杨冬梅赏析）······································ 264

第 11 课　登山

　　文本再现：登山·· 280

　　课堂实录：登山，因为山在（曾祥芹点评）······································ 282

第六章　群文阅读

第 12 课　园子里的祖父

　　文本再现：1. 祖父的笑 ··· 295

　　　　　　　2. 祖父·我·后园 ··· 296

　　　　　　　3. 跟祖父学诗 ··· 298

　　课堂实录：拥有太阳，生命就有了光亮·· 302

　　　　教学品鉴：深入浅出，教出"经典"的味道来 / 谈永康……………316
　第 13 课　小小说群文一组
　　　　文本再现：1. 一件运动衫……………………………………………323
　　　　　　　　　2. 爱之链………………………………………………325
　　　　　　　　　3. 麦琪的礼物…………………………………………326
　　　　课堂实录：爱是不断的链条…………………………………………327
　　　　教学品鉴：还选学教学一片精彩 / 庞丽华…………………………337
　第 14 课　文字里住着童年
　　　　文本再现：1. 跟祖父学诗…………………………………………340
　　　　　　　　　2. 时来运转……………………………………………340
　　　　　　　　　3. 捉蟋蟀………………………………………………340
　　　　课堂实录：文字里住着灿烂童年……………………………………342
　　　　教学品鉴：选择，"主题式"教学的生命 / 李祖文………………352

第七章　整本书阅读教学
　第 15 课　神奇飞书
　　　　文本简介：生命中那本神奇的书……………………………………357
　　　　课堂实录：每个人的故事都很重要…………………………………358
　　　　教学品鉴：1. 在"对话"中实现思维建构 / 刘　璟…………………371
　　　　　　　　　2. 让事故变成故事 / 毛家英……………………………374
　第 16 课　罗伯特的三次报复行动
　　　　文本简介：善意的报复　烂漫的童心………………………………377

课堂实录：预测，让阅读之旅充满惊喜⋯⋯⋯⋯⋯⋯⋯⋯⋯⋯⋯⋯⋯⋯379
　　教学品鉴：猜想：儿童阅读的游戏启蒙 / 丁素芬⋯⋯⋯⋯⋯⋯⋯⋯⋯391
第 17 课　草房子
　　文本简介："别怕⋯⋯"⋯⋯⋯⋯⋯⋯⋯⋯⋯⋯⋯⋯⋯⋯⋯⋯⋯⋯⋯⋯396
　　课堂实录：关键事件：成长小说的密钥⋯⋯⋯⋯⋯⋯⋯⋯⋯⋯⋯⋯⋯399
　　教学品鉴：成长是一扇树叶的门 / 周其星⋯⋯⋯⋯⋯⋯⋯⋯⋯⋯⋯⋯411
第 18 课　灵犬莱西
　　文本简介：回家，回家⋯⋯⋯⋯⋯⋯⋯⋯⋯⋯⋯⋯⋯⋯⋯⋯⋯⋯⋯⋯416
　　课堂实录：慢慢地，走近一只伟大的狗⋯⋯⋯⋯⋯⋯⋯⋯⋯⋯⋯⋯⋯417
　　教学品鉴：从导兴趣到导策略 / 张祖庆⋯⋯⋯⋯⋯⋯⋯⋯⋯⋯⋯⋯⋯429
第 19 课　忠犬八公
　　文本简介：等待，是为了永不忘记爱我的人⋯⋯⋯⋯⋯⋯⋯⋯⋯⋯⋯434
　　课堂实录：为了我爱和爱我的人⋯⋯⋯⋯⋯⋯⋯⋯⋯⋯⋯⋯⋯⋯⋯⋯436
　　教学品鉴：等待：书与影中的"向死而生" / 宋　飞⋯⋯⋯⋯⋯⋯⋯453

后　记⋯⋯⋯⋯⋯⋯⋯⋯⋯⋯⋯⋯⋯⋯⋯⋯⋯⋯⋯⋯⋯⋯⋯⋯⋯⋯⋯⋯⋯459

神话教学

第一章

第1课　盘古开天地

文本再现

很久很久以前,天和地还没有分开,宇宙混沌一片。有个叫盘古的巨人,在这混沌之中,一直睡了十万八千年。

有一天,盘古忽然醒了。他见周围一片漆黑,就抡起大斧头,朝眼前的黑暗猛劈过去。只听一声巨响,混沌一片的东西渐渐分开了。轻而清的东西,缓缓上升,变成了天;重而浊的东西,慢慢下降,变成了地。

天地分开以后,盘古怕它们还会合在一起,就头顶着天,用脚使劲蹬着地。天每天升高一丈,地每天下沉一丈,盘古也随着越长越高。这样不知过了多少年,天和地逐渐成形了,盘古也累得倒了下去。

盘古倒下后,他的身体发生了巨大的变化。他呼出的气息,变成了四季的风和飘动的云;他发出的声音,化作了隆隆的雷声。他的双眼变成了太阳和月亮;他的四肢,变成了大地上的东、西、南、北四极;他的肌肤,变成了辽阔的大地;他的血液,变成了奔流不息的江河;他的汗毛,变成了茂盛的花草树木;他的汗水,变成了滋润万物的雨露……

人类的老祖宗盘古,用他的整个身体创造了美丽的宇宙。

(人教版《语文》,三年级上册)

> 课堂实录

让神话真实地活着

——《盘古开天地》课堂实录

板块一：读成一句话

师：《盘古开天地》是一个神话故事，课前大家都已经读过了吗？请大家再认认真真地把课文读一遍。注意把每一句话读通顺，碰到难读的地方反反复复地读。

（生读文）

师：（出示词语）谁能够把这些词语读正确？

生：（读词语）混沌、清浊、血液、滋润。

师：读得很好，大家一起读。（生读词语）

师：请同学们认真地看屏幕上的这组词语，它们有什么特点？你发现了没有？

生：都有三点水。

师：嗯，很会观察。想想"混沌"这个词语，在课文里什么意思？

生：就是什么都看不清楚，分不清楚什么和什么。

师：你说得很好，文章里的原句你把它读出来。

生：很久很久以前，天和地还没有分开，宇宙混沌一片。

师：连成一团，看不清楚，这就叫作"混沌"（生齐说），再看"清""浊"，想一想，你所看过的哪些东西是"清"的，哪些东西是"浊"的。

生：很干净的水是清的。

师：那什么样的水是浊的呢？

生：很脏的水是浊的。

师：比方说一些污水排出来，一些泥土混在水中，是吗？一起读。

师：（领着学生读）清浊、血液，"血"，还有一个音，读"xiě"。流血了，口语叫流"xiě"了。再读最后一个词语，滋润（师生一起读）。

师：（指名读）滋润，想一想，很干燥的季节，你喝了一口水，你的喉咙就滋润了起来，或者很干燥的大地，下过一场雨之后，土地也就滋润了起来，是吗？把这种感觉读出来。

（生读词语）

师：同学们，学生字，要善于掌握规律，有些时候抓住它的字形结构和偏旁，就能把它记清楚。接下来请同学看一看这些词语，你觉得哪几个比较难写的，在书上写一到两遍，可以写一个、两个，也可以写三个……看清楚每一个笔画。

（生写生字）

师：好，放下手中的笔，课文能读通吗？

生：（纷纷举手）能。

师：都很自信，咱们就不读了。读课文啊，光把课文读通那还远远不够。咱们得去了解课文写了什么？读书有一种很高的本领，就是把一篇课文读成一句话。想一想，你能把《盘古开天地》读成一句话吗？请同学默读课文，很快地找出来。

（生默读课文）

生：人类的老祖宗盘古，用他的整个身体创造了美丽的宇宙。

师：和她找得一样的请举手，（全部找这句）咱们一起读读这句话。

（生齐读）

师：是的，这句话就概括了整个神话的主要内容。但是读书更高的本领是能把一句话读成一个词语。请同学认真地读一读刚才那一句话，想一想你能读成哪一个词语？把这个词语圈出来。

生：创造。

师：看老师写"创造"这个词语。请大家注意观察"创"字是什么偏旁？

生：立刀旁。

师：想一想，为什么要用"立刀旁"？

生：这个"创"字有时候也许是刻石雕。它要用刻的，刻的时候用刀。

师：需要工具是吗？谁还有不同的理解？你说。

生：就是要用很大的力气。

师：再看"造"字，创造的"造"为什么要用"走之底"？

生：要创造，必须要行动起来啊！

师：是啊，原地不动，能创造吗？同学们，"创造"需要工具，需要力量，需要行动！我们今天就去看一看：盘古是怎样去创造这个美丽的宇宙的？拿起书。

板块二：读成连环画

师：同学们，《盘古开天地》是一个神话故事，充满了幻想的色彩，充满了神奇的想象。读这样的文章，咱们要一边读，一边在脑子里边画画，把一段又一段的课文画成一个又一个的画面。请大家闭上眼睛，让我们进入时光隧道，来到远古时代。

师：（范读课文）"很久很久以前……猛劈过去。"

师：睁开眼睛，刚才你仿佛看到了怎样的画面？

生：我看到了盘古拿起斧头朝旷野的黑暗猛劈过去。

生：我看到盘古正睡着，等他醒过来，朝黑暗的地方猛劈过去。

师：同学们，这画面太神奇了，就让我们带着这样的画面去读一读一二两个自然段，读出它的神奇，一会儿请同学读一读。

师：谁来，通过自己的朗读，让这一个又一个神奇的画面活起来。来，你读。

生：很久很久以前……

师：（师启发指导朗读，示范）一直睡了十万八千年。（强调"一直"和"十万八千"，教师用虚声来读，效果很好）

生：一直睡了十万八千年。（学生学得很像）

师：来，我们一起读："很久很久以前……"

生：很久很久以前，天和地还没有分开，宇宙混沌一片，有个叫盘古的巨人，在这混沌之中，睡了十万八千年。（读得很有感觉，仿佛身临其境）

师：谁接着往下读，把我们领进这一个神奇的故事中去。

生：有一天，盘古忽然醒了。他见周围一片漆黑，就抡起大斧头，朝眼前的黑暗猛劈过去。

师：老师把这句话改一下，你看行吗？"有一天，盘古忽然醒了。他见周围一片漆黑，就拿起大斧头，朝眼前的黑暗砍过去。"这样改行吗？

生：不行，我觉得这样很没有力气。

师：用"抡"，用"猛劈"，怎么就有力气了呢？

生：因为猛劈，就是要靠很重的力气朝前面劈过去的。

师：而且是"抡"起大斧头！请大家做一个抡的动作。（学生抡后做猛劈状）不要劈向我！（笑）同学们，盘古抡起斧子猛劈的时候，你仿佛看到他脸上的表情是怎样的？

生：就是咬紧牙关，就是很用力！

师：你把这种用力的感觉读出来。

生：（读）有一天，盘古忽然醒了。他见周围一片漆黑，就抡起大斧头，朝眼前的黑暗猛劈过去。

师：有点猛了，谁再来猛一下。

生：（读）他见周围一片漆黑，就抡起大斧头，朝眼前的黑暗猛劈过去。

师：就抡起大斧头，朝眼前的黑暗——

生：（全班学生情不自禁地大声地）猛劈过去！

师：劈得够猛的！这一劈，宇宙发生了巨变，接着读。

生：（齐）只听一声巨响，混沌一片的东西渐渐分开了。

师：天和地在这个时候形成了，产生了奇妙的变化。同学们，我们来看。

（投影出示）

轻而清的东西，缓缓上升，变成了天；

重而浊的东西，慢慢下降，变成了地。

师：老师读上半句，大家注意听，听老师将哪些词语稍稍强调了一下，你读的时候，把下一句中相应的词语也强调一下。（师读）"轻而清的东西，缓缓上升，变成了天。"

生：（齐读）重而浊的东西，慢慢下降，变成了地。

师：轻而清的东西，缓缓上升，变成了天。

生：重而浊的东西，慢慢下降，变成了地。

师：全体女同学，你们就是"轻而清的东西"，你们读！

生：（女生齐读）轻而清的东西，缓缓上升，变成了天。

师：男孩子，你们就是"重而浊的东西"，你们读下半句。

生：（男生齐读）重而浊的东西，慢慢下降，变成了地。

师：男同学，你们就是"轻而清的东西"，一起读。

生：（男生齐读）轻而清的东西，缓缓上升，变成了天。

师：女同学——

生：（女生齐读）重而浊的东西，慢慢下降，变成了地。

师：同学们，这句话啊，我们越读越有味道！为什么读起来特别有味道呢？请你再仔细读读，发现了什么吗？

生：老师，我发现上下两个半句话字数是相等的。

师：你有一双善于发现的眼睛。

生：我发现上下两个半句有很多的反义词。

师：恩，真好！老师读上排的词语，你们读下排与它们相反或相对应的词语。轻对重，清对浊，上升对下降，天对地。

师：这些意思相反的词语放在上下两个半句里，读起来特别有味道。来，我们有滋有味地再来读读这句话。

生：（有滋有味地齐读）轻而清的东西，缓缓上升，变成了天；重而浊的东西，慢慢下降，变成了地。

师：其实，这句话中，还有一组意思相近的词语，大家发现了吗？

生："缓缓"和"慢慢"。

师：这两个词语是什么意思？

生：都是速度很慢的意思。

师："缓缓"和"慢慢"既然都是速度很慢的意思，能不能将句子这样改：轻而清的东西，缓缓上升，变成了天；重而浊的东西，缓缓下降，变成了地。你觉得这样改好吗？

生：不好！感觉读起来重复了！

师：是啊，重复了，读起来感觉就不好了。其实啊，在这篇课文里，表示慢的词语还有，请大家到课文里找找。

（生默读找词语）

生：我找到了一处，在第二段里有："只听一声巨响，混沌一片的东西'渐渐'分开了！"这里有个"渐渐"。

生：我还找到了另一句："这样不知过了多少年，天和地'逐渐'成形了。"这里有个"逐渐"也表示速度慢、时间长。

师：大家找得很好，我们一起看屏幕。（教师把表示"慢慢"意思的词语和句子全部都打在屏幕上）我们一起来读一读。

第一章 神话教学 / 039

师：读着这些句子，你感受到了什么？

生：我感受到作者写文章很注意用不同的词语来表达同一个意思。

生：我还感觉到天地分开真的很不容易。盘古很艰辛！

生：我感觉到天地形成的时间太漫长了。

生：天地形成需要那么长的时间，我真担心盘古会不会累倒！

师：是啊，大家感受得真好，这些感受我们都是从文字中来的，你看，学语文可真有意思啊。

师：继续往下读，看看天地发生了什么样的变化。也像刚才一样，一边读，一边在脑子里画出一个又一个神奇的画面。

（生自由读课文第三段）

师：谁来，把你看到的画面读出来。

生：天地分开以后，盘古怕它们还会合在一起，就头顶着天，用脚使劲蹬着地。

师：的确够使劲的，谁使的劲再大一点？

生：天地分开以后，盘古怕它们还会合在一起，就头顶着天，用脚使劲蹬着地。

师：同学们请看屏幕，这就是盘古顶天蹬地的画面。（出示课文插图）

师：同学们看着这幅画，再去读读这句话。

生：盘古怕它们还会合在一起，就头顶着天，用脚使劲蹬着地。

师：盘古顶天蹬地多长时间？

生：一百年。

生：三百年。

生：一万年。

生：不知过了多少年。

师：是啊，不知道过了多少年！来，请接着老师的话往下读。一百天过去了，盘古——

生：（接）怕它们还会合在一起，就头顶着天，用脚使劲蹬着地。

师：一百年过去了，盘古——

生：（接）怕它们还会合在一起，就头顶着天，用脚使劲蹬着地。

师：一万年，几十万年，几千万年过去了，盘古——

生：（接）怕它们还会合在一起，就头顶着天，用脚使劲蹬着地。

师：就这样，天地之间发生了巨大的变化！谁接着把这个变化读出来！

生：天每天升高一丈，地每天下沉一丈，盘古也随着越长越高。

师：一百天过去了，天升高——

生：一百丈。

师：地下沉——

生：一百丈。

师：盘古也随着长高——

生：一百丈。

师：一千天过去了，天升高——

生：一千丈。

师：地下沉——

生：一千丈。

师：盘古也随着长高——

生：一千丈。

师：此刻，盘古仿佛就在我们眼前，让我们抬起头来，仰望盘古，此时他有多高？（学生全部仰头使劲望）我们看得到吗？

生：看不到！

师：天还在升高，盘古的身体还在往上长，太神奇了！来，让我们一起读出这份神奇！

第一章 神话教学 / 041

师：这样不知过了多少年，天和地逐渐成形了，盘古也累得倒了下去。盘古倒下后，天地发生了更大的变化，请同学们认认真真读课文的第四自然段，一定会发现更多精彩而神奇的画面。

（学生自由读第四自然段）

师：老师想问同学们，这整整一段话是围绕哪一句话写的？一起说！

生：（齐读）盘古倒下后，他的身体发生了巨大的变化。

师：如果又让你把一句话浓缩成一个词，会是什么呢？

生：巨大。

生：变化。

师：是的，巨大的变化。所以我们在读下面文字时要读出"巨大的变化"。来，谁来读？把一个又一个的画面读出来。找一个至今没读到过的同学。你读！

生：（读）他呼出的气息，变成了四季的风和飘动的云。

师：（轻轻走到学生面前，指导朗读）让四季的风吹得柔一些吧，让飘动的云再飘得慢一些吧！

（生再次读，感觉还不是很到位）

师：你想啊，这温柔的风慢慢地迎面吹来，这美丽的云朵在悄悄地向前挪动。你会有什么感觉呢？再读！

（生有感情地读）

师：慢点，我们一起读！"他呼出的气息"预备读。

（生齐读本句）

师：往下读。

生：（齐读）"他发出的声音，化作了隆隆的雷声。"

师：谁接着往下读？

生：他的肌肤，变成了辽阔的大地。

师：辽阔的大地一望无际，把这种感觉读出来！"他的肌肤，变成了辽阔的大地"起！

（生齐读本句）

师：他的血液——

生：变成了奔流不息的江河。

师：是"奔流不息"的江河啊！不要把他读成"潺潺流动"的小溪。谁读这句话？你读。

（生读句子）

师：你仿佛看到江河水滔滔向前，全班同学一起读！

师：他的汗毛——（生接着齐读）

他的汗水——（生接着齐读）

师：同学们，多么神奇的画面啊！让我们共同合作，分享这神奇的文字，再现这神奇的画面吧！

（教师引读。男生读盘古身体的一部分，女生读盘古身体变化的部分，师生合作读出巨大神奇的变化）

师：同学们，你们看到的神奇画面难道仅仅只是课文里所写的吗？仔细看，你还会看到更多更多的画面，大家想想盘古的牙齿、鼻子、耳朵、头发……会变成什么？

（将课文以诗句的形式排列。出示投影）

他呼出的气息，变成了四季的风和飘动的云；

他发出的声音，化作了隆隆的雷声。

他的双眼变成了太阳和月亮；

他的四肢，变成了大地上的东、西、南、北四极；

他的肌肤，变成了辽阔的大地；

他的血液，变成了奔流不息的江河；

他的汗毛，变成了茂盛的花草树木；

他的汗水，变成了滋润万物的雨露……

他的（　），变成了（　）的（　）。

师：请同学仿照上面的句式，将"他的（　），变成了（　）的（　）"补充完整，自己说给自己听，然后在小组交流。

生：他的五指，变成了壮观的五指山。

生：他的胡须，变成了绿油油的藤条。

生：他的头发，变成了嫩绿的柳枝。

生：他的牙齿，变成了高大无比的山峰。

生：他的脚指头，变成了一颗又一颗的石头。

生：他的鼻子变成了……大大的山洞。

师：鼻子变成了一个又一个神奇的山洞！好奇特的想象！

生：他的头发，变成了一棵棵小草。

生：他的五个指头，变成了珍贵的民族饰品。

师：变成了饰品，你的想象够独特！

生：他的胡须，变成了金灿灿的丝线。

师：哦，连金灿灿的丝线也变出来了！

生：他的牙齿变成了美丽的星座。

师：大家的想象真的是太丰富了！同学们，刚才大家说的那么多的画面，如果把它补充到课文第四段，那么，这一段末尾的省略号，我们是不是可以把它去掉？

生：（齐说）不是！

师：有不同意见的请举手！

生：不能省略，因为还有很多我们没想到。

师：是啊，还有我们没想到的,天地间所有的一切都是盘古变化而成的，讲得清楚吗?

生:(齐说)讲不清楚。

师:是啊,盘古,他将自己的身体化作了宇宙万物,化作了所有一切的一切!再让我们真真切切地看一遍这些神奇的画面好吗?

生:(齐说)好!

师:让我们抬头仰望——(屏幕出现下列文字)

抬头看天:那飘动的云,格外洁白。我知道,这是盘古呼出的气息。

师:像老师一样说一遍,把神奇的画面说出来!抬头看天——

(生齐读)

师:让我们低头看地,又会看到什么呢?(师出示屏幕,读)放眼大地:辽阔的大地,一片生机。我知道,这是……

生:这是盘古的肌肤。

师:完整地说一遍!

生:放眼大地:辽阔的土地,一片生机。我知道,这是盘古的肌肤。

师:同学们,说话的时候只有先感动了自己才能感动别人!自己把这句话读一读,感动别人,让别人觉得这画面太神奇了!再说。

(生自由说)

师:谁来,把这神奇的画面说出来?(指一生)那孩子,还是你来,你现在面对的不是一段文字,而是一个神奇的画面。

生:放眼大地——

师:放开喉咙!

生:(大声地)放眼大地:辽阔的土地,一片生机。我知道,这是盘古的肌肤。

师:好,请坐!同学们,继续看,我们还会看到许许多多的画面!你能自己去看一看更多的画面吗?拿起笔,仿照上面两段话的句式写,先写你看到了什么，再写我知道这又是盘古的什么。写的时候，可以参考文章的第四自然段。

（学生自由写话，教师巡回点拨指导）

师：来，同学们，让我们放眼宇宙，你看到了什么？来！把自己写的说出来。

生：往远处望去，一座高山连绵起伏。我知道，这是盘古的剑状手指。

生：我看见了一座座连绵起伏的大山。我知道，这是盘古的颗颗牙齿。

生：低头看地，满地的小草多么油绿。我知道，这是盘古的毛发。

生：用我们闪亮的眼睛远看，一堆堆小草躲在妈妈的怀抱里。我知道，这是盘古的汗毛。

生：放眼柳树，那一根根美丽的柳枝随风摇摆。我知道，那就是盘古的头发。

生：眺望美丽的星座，格外明亮。我知道，这是盘古的牙齿。

生：低头一看：一条条小河缓缓流淌。我知道，这是盘古的汗水。

师：同学们，刚才我们用自己的智慧，用自己的想象创造了一个美丽的世界。正因为有了这神奇的想象，我们才读出了一个又一个的画面。我们读出了哪些画面呢？我们读出了——

（师生合作回顾，然后出示投影片）

一组画

宇宙混沌　巨人沉睡

抡斧猛劈　天地变成

顶天蹬地　天升地沉

身体巨变　创造宇宙

师：这"创造宇宙"的画面，我们看到了很多很多。

气息变风云；声音变雷声；双眼变日月；四肢变四极；

肌肤变大地；血液变江河；汗毛变树木；汗水变雨露。

师：同学们，如果把这组画面连起来，我们就做了一件很了不起的事情，我们就把课文变成了一本连环画。读神话故事，我们不仅要读出一幅又一幅的画，而且要把它连起来，读成连环画。现在，考验大家的时候到了。能看着上面的标题，把这连环画用自己的话讲下来吗？

生：能！

师：有点难度，但是不要急。每一个同学可以选择一段话来讲，讲的时候老师给大家友情提示：第一，脑子当中浮现画面；第二，抓住要点用自己的话说；第三，尽量说出它的神奇。下面请大家选择其中一段练说，会吗？

生：（选择第二幅图）有一天，盘古突然醒来，然后他看见眼前一片漆黑，他就抡起大斧头，朝眼前的混沌之处猛地劈过去。然后，轻而清的东西渐渐上升，变成了天；重而浊的东西渐渐下降，变成了地。

师：讲得怎么样？

生：好。

师：再来点掌声。有没有同学讲第四自然段？这一段最难讲，来，这位同学你上来。可以看着屏幕上的提示来讲。

生：盘古倒下以后，他呼出的气息变成了风云，他的声音化作了隆隆的雷声，他的双眼变成了太阳和月亮，他的四肢变成了大地上的四极，他的肌肤变成了辽阔的——（马上改口，用自己的话）他的肌肤变成了一望无际的大地，他的血液变成了川流不息的江河，他的汗毛变成了花草树木，他的汗水变成了滋润万物的雨露。（掌声）

师：孩子，我要为你喝彩。（掌声）这位同学多么了不起！第一，很自信；第二，他能够把这么多的画面讲下来；第三，更为难得的是，她在讲到大地的时候，用了和课文不一样的词语——"一望无际"，在讲江河的时候，用了"川流不息"。在讲树木的时候讲了一个——

生：花草树木。

师：你看，这就是会学习。再一次把掌声送给她！（掌声）

板块三：读出真感受

师：同学们，这连环画只是存在我们的脑子里，留在我们的口头上，我们眼前并没有真正的连环画。我们借助神奇的文字，张开想象的翅膀，才看到了那么精彩的连环画，同学们学得这么棒，老师要把真正的会动的连环画奖励给大家，好吗？

师：睁大眼睛，（兴奋地）动画片来啦！

（生专心致志地观看《盘古开天地》的动画片）

师：把掌声献给制作这个动画片的工作人员。（掌声）同学们，看了这个动画片，老师有很多话想对盘古说，我想对盘古说——

（出示屏幕）

盘古啊，盘古

人类的祖先

我多想

靠近茂盛的花草树木

轻轻抚摸你的汗毛

我多想……

师：你们也一定想了很多很多。来，拿起你的笔，把你心中想的写下来。可以仿照老师这样写，也可以自己想什么就写什么。一定要写出自己最真实的感受。（板书：真感受）

（学生写话）

师：同学们，让我们面对着盘古这个人类的老祖宗，诉说我们心中的话语。想说的同学请站起来！

师：盘古啊盘古，人类的祖先——

生：我多想，紧紧靠近大地，藏在你温暖的怀抱里；我多想和月亮和太阳说说话，告诉你，世界有多么美丽——

生：我多想扑进浩瀚的大海，在你怀抱中成长。

生：我多想回到远古时期，和你一起开天辟地。

生：我多想靠近巍峨的山脉，轻轻抚摸你的四肢。

生：我多想，看看肥沃的土地，看看你创造的五彩缤纷的宇宙。

生：我多想碰碰小河边的石头，轻轻碰你的牙齿。

生：盘古啊盘古，我多想在流淌的小河里游泳，去触摸你的汗水。

…………

师：盘古啊盘古，我多想，我还想……来，一起和老师读这首诗。

（师生在音乐声中共同读老师根据课文改写的诗，抒发对盘古的感情）

盘古啊，盘古

人类的祖先

我多想

靠近茂盛的花草树木

轻轻抚摸你的汗毛

我多想

走遍东西南北天涯海角

将你的四肢紧紧拥抱

第一章　神话教学 / 049

我多想

在辽阔的大地上纵情奔跑

享受你每一寸肌肤的美妙

我多想

痛饮滋润万物的雨露

浇灌我生命的分分秒秒

盘古啊盘古

人类的祖先

是你，用整个身体

把美丽的宇宙创造

板块四：种植神话种子

（播放课件，神话故事图片滚动，出现《黄帝战蚩尤》《精卫填海》《女娲补天》《后羿射日》《夸父逐日》等比较有名的神话故事，最后打出"让我们，亲近神话故事"的字样。看着精美的图片，听着优美的音乐，孩子们显得很兴奋）

师：同学们，两节课很快就结束了，但是我想，留在我们脑子里边的一定是许许多多神奇的画面；留在我们脑子里的更有盘古的创造的精神。（圈出"创造"）其实，《盘古开天地》这个神话故事也是劳动人民创造出来的。（用粉笔将"创造"和课题连上线）让我们也同样记住这些可敬的具有创造精神的劳动人民！

（说明：此课执教于2006年）

教学品鉴

实实在在　简简单单　从从容容　轻轻松松

沈大安

张老师本来是上《詹天佑》的，后来临时换成了这节《盘古开天地》，虽然准备得比较匆忙，但是我给他四句话十六个字的评价：实实在在、简简单单、从从容容、轻轻松松。

第一是实实在在。崔峦老师在一次会议上总结，说教语文课一是要实实在在，有些语文课不实在。崔老师的第二句话就是：简简单单教语文。第三句，我要加上去：从从容容教语文。特别要提到"从从容容"，崔老师虽然没有讲，但我把它加了上去。特别在家常课的情况下，我们也不要匆匆忙忙走过场，而要从从容容地教。最后一句：轻轻松松地教！学生学得轻松，老师也教得轻松。那么按这样的标准来看一节课，应该说今天张老师的课上得很好。他教得简简单单，教得实实在在，教得轻轻松松，教得从从容容。

张老师这节课做得好的几个地方：第一，引导学生认真读词、学词、读书，这一方面大家有目共睹，我就不展开了。第二，引导学生想象神话的场面。这课是神话，所以他引导学生把神话这种神奇的场面想象好。对今天三年级的学生来说，这步棋下得好！就像张老师在课堂上做的，让孩子通过想象把盘古请过来，抡起斧头向一片混沌猛劈过去。很多孩子不禁这样劈了，他们还进入了这个情景。第三，张老师让学生练习复述，讲故事。他语言不多，用小噱头——连环画，就是想让学生练习语言。我想说的是，对于三年级的学生包括高年级，复述非常重要！现在很多人都不太喜欢做这件事。复述重要在哪里？复述可以把课文语言内化为自己的语言，这尤为重要！今天最后发言的这个女孩，她在复述第四段时就用上了自己的语言。张老师也表扬她："她在讲到大地的时候，用了自己的一个词语：一望无际。"这种复述，既吸取了课文文字，又融合了一些自己原来积累的词语，是很有效的。因此，我们一定要提倡多复述。家常课上，故事情节比较强的课文，不要一段一段地分析，我推荐大家一个办法：先熟悉故事内容，再充分准备，用自己的语言去讲。因为老师把故事讲好了，故事内容学生也就清楚了。这都是从很实在的角度上去做的，对孩子语言的发展都很有益，所以我们提倡复述。第四，今天张老师上的这堂课，能引起学生对中国古代神话的兴趣，整个课堂很从容。我觉得张老师的课是简简单单和实实在在的融合，是一大亮点。

与此同时，对这堂课提些建议：教师在教学中可适当加点语言的研究规律。如："轻而清的东西,缓缓上升,变成了天;重而浊的东西,慢慢下降,变成了地。"同学们读读是不是很有味啊，这个味从哪里来的，引导学生去研究语言的样式，这样会更有助于语文的学习。

（作者单位：浙江省杭州市教研室）

练就"善于发现"的眼睛

——《盘古开天地》教学札记

张祖庆

《盘古开天地》是个神话故事。这类文章因为富于神奇的想象而充满着魅力。教学中,教师往往着力于引导学生感悟故事本身的神奇,而忽视了对语言表达形式的关注。第一次教这篇课文的时候,我就犯了这个通病。请看教学片段一:

师:天和地在这个时候产生了奇妙的变化。请看大屏幕——

(投影出示)

轻而清的东西,缓缓上升,变成了天;

重而浊的东西,慢慢下降,变成了地。

师:老师读上半句,请大家注意听,留意老师将哪些词语稍稍强调了一下。等会儿你读的时候,把下半句和上半句相对应的词语也强调一下。(师读)轻而清的东西,缓缓上升,变成了天。

生:(齐读)重而浊的东西,慢慢下降,变成了地。(学生将相应词语强调了一下)

师:轻而清的东西,缓缓上升,变成了天。

生:重而浊的东西,慢慢下降,变成了地。

师:全体女同学,你们就是"轻而清的东西",你们读!

生:(女生齐读)轻而清的东西,缓缓上升,变成了天。

师:男孩子,你们就是"重而浊的东西",你们读下半句。

生:(男生齐读)重而浊的东西,慢慢下降,变成了地。

师：男同学，你们就是"轻而清的东西"，一起读。

生：（男生齐读）轻而清的东西，缓缓上升，变成了天。

师：女同学——

生：（女生齐读）重而浊的东西，慢慢下降，变成了地。

备课时，我注意到"轻而清的东西，缓缓上升，变成了天；重而浊的东西，慢慢下降，变成了地"是对偶句，语言工整，读来朗朗上口，极富节奏感。因此，在第一个教学片段中，我有意识地试图通过反复朗读，让孩子们体会其妙处。但是这种体会，仅仅停留在读这个层面上，还没有对语言规律做适度的点拨。这对语言敏感度还不高的三年级孩子来说，显然是很不够的。语文学习，内容理解是一个层面，语言形式的研究又是一个层面。仅仅停留在第一个层面，就像王晓春老师说的"爬一遍课文"，显然没有充分发挥"例子"的功能。第二次备课的时候，我又一次捧起课文细细地读起来。通过读，我充分感受到了对偶句的节奏美和对称美。让我更加欣喜的是，我发现了课文中写"变化慢""时间长"的词语，一共有四处：

第一处：混沌一片的东西**渐渐**分开了。

第二、三处：轻而清的东西，**缓缓**上升，变成了天；重而浊的东西，**慢慢**下降，变成了地。

第四处：这样不知过了多少年，天和地**逐渐**成形了。

"渐渐""缓缓""慢慢""逐渐"，都表示速度慢、时间长。这些词语具有丰富的内涵——天地形成时间之漫长，盘古开天辟地之艰辛，都蕴含其中。更值得称道的是，作者非常注意用词的细微变化，避免了重复雷同，丰富了表达形式。这一语言现象的发现，让我甚为兴奋。第二次教学的时候，我有意识地引导学生细细品析上述语言现象，教学获得了意想不到的效果。请看教学片段二：

生：（齐读）只听一声巨响，混沌一片的东西渐渐分开了。

师：天和地在这个时候形成了，产生了奇妙的变化。同学们，我们来看。

（投影出示）

轻而清的东西，缓缓上升，变成了天；

重而浊的东西，慢慢下降，变成了地。

师：老师读上半句，请大家注意听。听老师将哪些词语稍稍强调了一下，等下你读的时候，把下半句的相应的词语也强调一下。（师读）轻而清的东西，缓缓上升，变成了天。

生：重而浊的东西，慢慢下降，变成了地。（将"重、浊、下降、地"等词语重读）

（和第一个教学片段流程相同的部分，此处从略）

师：同学们，这句话啊，我们越读越有味道！为什么读起来特别有味道呢？请你再仔细读读，发现了什么吗？

生：老师，我发现上下两个半句话字数是相等的。

师：你真有一双会发现的眼睛。

生：我发现上下两个半句有很多的反义词。

师：你说说都有哪些？

生：轻对重，清对浊，上升对下降，天对地。

师：嗯，真好！老师读上排的词语，你们读下排与它们相反或相对应的词语。

（师生合作对句）

清——浊　　轻——重　　上升——下降　　天——地

师：这些意思相反的词语放在上下半句里，读起来特别有味道。来，我们再来有滋有味地读读这句话。

生：（有滋有味地齐读）轻而清的东西，缓缓上升，变成了天；重而浊的东西，慢慢下降，变成了地。

师：其实，这句话中，还有一组意思相近的词语，大家发现了吗？

生："缓缓"和"慢慢"。

师：这两个词语是什么意思？

生：都是速度很慢的意思。

师："缓缓"和"慢慢"既然都是速度很慢的意思，那么能不能将句子这样改：轻而清的东西，缓缓上升，变成了天；重而浊的东西，缓缓下降，变成了地。你觉得这样改好吗？

生：不好！感觉读起来重复了！

师：是啊，重复了，读起来感觉就不好了。其实啊，在这篇课文里，表示慢的词语还有，请大家到课文里找找。

（生默读找词语）

生：我找到了一处，在第二段里有："只听一声巨响，混沌一片的东西'渐渐'分开了！"这里有个"渐渐"。

生：我还找到了另一句："这样不知过了多少年，天和地'逐渐'成形了。"这里有个"逐渐"也表示速度慢、时间长。

师：大家找得很好，我们一起看屏幕。（教师把带有表示"慢慢"意思的全部词语和句子都打在屏幕上）我们一起来读一读。

（生齐读）

师：读着这些句子，你感受到了什么？

生：我感受到作者写文章很注意用不同的词语来表达同一个意思。

生：我还感觉到天地分开真的很不容易。盘古很艰辛！

生：我感觉到天地形成的时间太漫长了。

生：天地形成需要那么长的时间，我真担心盘古会不会累倒！

师：是啊，大家感受得真好，这些感受我们都是从文字中来的，你看，学语文可真有意思啊。

相比于第一个教学片段，这次所呈现的教学过程，就显得丰满多了。教学中，因为注意了挖掘独特的语言现象，采用了反复朗读、对比品析、前后勾连等策略，将内容的理解、语言的揣摩、情感的体验，都融合在了一起，达到了"到课文中走个来回"的效果。

这一教学片段，带给我两点启示：

第一，一个语文教师，要练就"善于发现"的眼睛。"世界上不缺少美，缺少的是发现美的眼睛。"借用罗丹的话，我们是否可以这样说："语文课本中不缺少训练的点，缺少的是一双善于发现训练点的眼睛。"课本中，藏着大量的语言现象，这些语言现象如散落在草丛里的珍珠，要靠语文老师扒开杂草，用心找寻。在备课的时候，我们要善于细读课文，在反复朗读课文的过程中寻找属于"这一课"的独特的语言现象，然后将这些语言现象进行个性化的处理，引领学生"到课文中走个来回"。

进而，我想到，一个优秀的语文老师，必得有高品位的语感，并以自己敏锐的语感来唤醒学生沉睡的审美感觉和悟性。一个语文教师光有言语之爱还是不够的，他还必须具备较强的言语感悟力和发现力。正如潘新和先生说的，一个优秀的语文教师应该是言语奥秘的探索者、解密者、创造者，是学生亲近语言、热爱语言的引领者。语文教师理应凭着自己对语言的独特感受，带领学生走进语言精微隐秘的深处，指点学生发现并欣赏琳琅满目的语言世界，进而将自己的言语睿智传递给他们，唤醒他们沉睡的言语感觉，点染他们的言语悟性和灵性，使他们逐渐获得言语领悟能力和创造能力。"语文教学是一种言语感觉和言语智慧的传递，是用教师的言语感悟和言语睿智，唤醒鸿蒙未启的学生的言语灵性和悟性。一个缺乏言语感悟力和感染力的教师，是无法敲开学生的言语心智法门的。"（潘新和《语文：表现与存在》）

第二，一个语文教师，要帮助学生练就"善于发现"的眼睛。在汉语这一望无垠的大海中,浪花点点,贝壳多多。语文老师,要领着孩子们畅游大海,感受游泳的乐趣;要带着孩子们漫步海滩,拾起美丽的贝壳。教师发现琳琅满目的贝壳,然后捡起来交给孩子们细细欣赏,是一种策略;教师将孩子们带到海滩,让孩子们自己去发现、欣赏美丽无比的贝壳,这又是另一种策略。在第二个教学片段中,我所采用的就是第二条策略。教学中,我领着孩子们反复朗读,让他们读得有滋有味。在反复读的基础上,孩子们很自然地领略并发现了对偶句的魅力。尔后的词语品析,孩子们通过对比朗读,感受和洞察了作者遣词造句的精妙。

汉语是一个神奇的世界,就像干国祥老师所说的:"每一个汉字,其实都曾经是一次伟大的创造,都算得上是人类的一个小小奇迹。"然而,在我们的语文课堂上,老师们往往热衷于引导孩子走进故事,却很少带着孩子们走出来,透过纷繁的词汇,去研究词汇本身的魅力,进而感悟汉字的"伟大"。如何让孩子们感悟"伟大"？不是靠教师激情澎湃的演讲,更不是靠一次次单调枯燥的练习,而是要师生一起"沉入词语的感性世界"(李海林语),"在汉语中出生入死"(王尧语)！一个高明的语文教师,必定如一个优秀的导游,将游客(学生)带至风景点(文本),然后让他们静静地欣赏,让他们自己去领略风景(文字)的妙处,获得默然心动的启悟。

语文老师,要练就"善于发现"的眼睛。

语文老师,更要带领学生练就"善于发现"的眼睛。

小说教学 第二章

第2课　祖父的园子

文本再现

我家有一个大花园，这花园里蜜蜂、蝴蝶、蜻蜓、蚂蚱，样样都有。蝴蝶有白蝴蝶、黄蝴蝶。这种蝴蝶小，不太好看。好看的是大红蝴蝶，满身带着金粉。蜻蜓是金的，蚂蚱是绿的。蜜蜂则嗡嗡地飞着，满身绒毛，落到一朵花上，胖乎乎，圆滚滚，就像一个小毛球，停在上面一动不动了。

花园里边明晃晃的，红的红，绿的绿，新鲜漂亮。

据说这花园，从前是一个果园。祖母喜欢养羊，羊把果树给啃了，果树渐渐地都死了。到我有记忆的时候，园子里还有一棵樱桃树、一棵李子树，因为樱桃和李子都不大结果子，所以觉得它们并不存在。小的时候，只觉得园子里边就有一棵大榆树。这榆树在园子的西北角上，来了风，榆树先呼叫，来了雨，榆树先冒烟。太阳一出来，榆树的叶子就发光了，它们闪烁得和沙滩上的蚌壳一样。

祖父整天都在园子里，我也跟着他在里面转。祖父戴一顶大草帽，我戴一顶小草帽；祖父栽花，我就栽花；祖父拔草，我就拔草。祖父种小白菜的时候，我就在后边，用脚把那下了种的土窝一个一个地溜平。其实，不过是东一脚西一脚地瞎闹。有时不但没有盖上菜种，反而把它踢飞了。

祖父铲地，我也铲地。因为我太小，拿不动锄头杆，祖父就把锄头杆拔下来，让我单拿着那个锄头的"头"来铲。其实哪里是铲，不过是伏在地上，用锄头乱钩一阵。我认不得哪个是苗，哪个是草，往往把谷穗当做野草割掉，把狗尾草当做谷穗留着。

祖父发现我铲的那块地还留着一片狗尾草，就问我："这是什么？"

我说:"谷子。"

祖父大笑起来,笑够了,把草拔下来,问我:"你每天吃的就是这个吗?"

我说:"是的。"

我看祖父还在笑,就说:"你不信,我到屋里拿来给你看。"

我跑到屋里拿了一个谷穗,远远地抛给祖父,说:"这不是一样的吗?"

祖父把我叫过去,慢慢讲给我听,说谷子是有芒针的,狗尾草却没有,只是毛嘟嘟的,很像狗尾巴。

我并不细看,不过马马虎虎承认下来就是了。一抬头,看见一个黄瓜长大了,我跑过去摘下来,吃黄瓜去了。黄瓜还没有吃完,我又看见一只大蜻蜓从旁边飞过,于是丢下黄瓜追蜻蜓了。蜻蜓飞得那么快,哪里会追得上?好在也没有存心一定要追上,跟着蜻蜓跑几步就又去做别的了。采一朵倭瓜花,捉一个绿蚂蚱,把蚂蚱腿用线绑上,绑了一会儿,线头上只拴着一条腿,蚂蚱不见了。

玩腻了,我又跑到祖父那里乱闹一阵。祖父浇菜,我也过来浇,但不是往菜上浇,而是拿着水瓢,拼尽了力气,把水往天空一扬,大喊着:

"下雨啰!下雨啰!"

太阳在园子里是特别大的,天空是特别高的。太阳光芒四射,亮得使人睁不开眼睛,亮得蚯蚓不敢钻出地面来,蝙蝠不敢从黑暗的地方飞出来。凡是在太阳下的,都是健康的、漂亮的。拍一拍手,仿佛大树都会发出声响;叫一两声,好像对面的土墙都会回答。

花开了,就像睡醒了似的。鸟飞了,就像在天上逛似的。虫子叫了,就像虫子在说话似的。一切都活了,要做什么,就做什么。要怎么样,就怎么样,都是自由的。倭瓜愿意爬上架就爬上架,愿意爬上房就爬上房。黄瓜愿意开一朵花,就开一朵花,愿意结一个瓜,就结一个瓜。若都不愿意,就是一个瓜也不结,一朵花也不开,也没有人问它。玉米愿意长多高就长多高，它若愿意长上天去，也没有人管。蝴蝶随意地飞，一会儿从墙头上飞来一对黄蝴蝶，一会儿又从墙头上飞走一只白蝴蝶。它们是从谁家来的，又飞到谁家去？太阳也不知道。

天空蓝悠悠的，又高又远。

白云来了，一大团一大团的，从祖父的头上飘过，好像要压到了祖父的草帽上。

我玩累了，就在房子底下找个阴凉的地方睡着了。不用枕头，不用席子，把草帽遮在脸上就睡了。

（人教版《语文》，五年级下册）

课堂实录

一切都是自由的
——《祖父的园子》教学实录

板块一：整体感知　鸟瞰园子

师：同学们，今天我们要学习的这篇课文，题目是——

生：（齐读）《祖父的园子》。

师：这是一篇略读课文，咱们主要用默读的方法来学习。请快速浏览课文第一页横线下面的文字，从中捕捉到了什么信息？

生：这篇文章选自萧红的《呼兰河传》。

生：这篇文章选作课文里时有一些改动。

师：真好！这些文字，就是脚注。关注脚注有利于我们了解文章的来龙去脉。同学们，《祖父的园子》选自萧红的自传体小说《呼兰河传》。自传体小说里的"我"一般是指作者自己。看到这篇文章的题目，我们就会想，祖父的园子到底是——

生：怎么样的。

师：好，带着这个问题，请同学们第一次快速默读课文，找出具体描写园子的段落，争取两分钟完成。

（出示）

学习建议：

1. 带着任务跳读、扫读，一目五行、十行地读。

2. 找重点段，画关键词，思考：这是怎样的园子？

（学生快速默读，勾画词句。约两分钟后开始交流）

板块二：眼中园　样样都有

师：你找到了哪些段落？请按照课文的顺序交流。

生：第一自然段。

师：从这一段的文字中，你圈出哪几个词语来概括这个园子？

（全班学生陆续圈出"样样都有"，纷纷举手）

师：（板书：样样都有）既然"样样都有"，这园子里都有些什么呢？把这些东西都圈出来，不要遗漏。

（生圈出"蝴蝶、蜻蜓、蚂蚱、蜜蜂、花"等词语）

师：细读第一自然段，品味语言，关注词语，想一想，它们和写花有关系吗？（课件中圈出"带着金粉""满身绒毛""胖乎乎，圆滚滚""小毛球"）

生："带着金粉"就是表示带着花粉；"胖乎乎""圆滚滚"是写蜜蜂采了很多花蜜；"小毛球"说明它采了很多蜜，很胖。

师：理解得真好！你看，这就是萧红文字的魅力。表面上不写花，但是处处都在写花。有香有色，有动有静，这就是侧面描写。（课件出示"侧面描写"的字样）来，美美地读一读这段文字。

（生齐读第一自然段）

师：同学们，这就是萧红——眼中的园子，样样都有。（在"样样都有"前面板书"眼中园"）

师：你们还找到了哪一段话是直接描写这个园子的？

生：花园里边明晃晃的，红的红，绿的绿，新鲜漂亮。

师：很好，读准了这个"明晃晃"，第三声，咱们一起读。

生：（齐读）明晃晃。

第二章　小说教学　/　065

板块三：心中园　一切自由

师：还找到了哪一段？如果前边没有了，你可以接着往后边找。

（生读第十七自然段。课件出示第十七自然段）

师：静心默读这一段话，圈出词语来概括这个园子的特点。哪些同学愿意与大家分享，说一说你圈出了哪些词语？

生："一切都活了"，"自由"。

师：咱们再去找一找，这园子中哪些事物是"自由的""一切都活了"的呢？也请把这些事物按顺序圈起来，一个都不能少。

（生默读圈词）

生：花、鸟、虫子、倭瓜、黄瓜、玉米、蝴蝶。

师：（补充介绍）倭瓜就是南瓜。北方把长条形的南瓜叫作"倭瓜"。同学们，这园子里的"一切"都是"自由"的。这两个词语不在一起，我们可以用一条线连起来，来归纳这是一个怎样的园子。以后在圈画的时候，有些词语分散在文章当中，你也可以用线把它们连起来。

（学生连线，教师板书：一切自由）

师：作者萧红到底是怎样把园子里的一切事物写得自由自在的？我们可以通过朗读的方式来体会。比如写花、鸟的这两句话，你怎么读会让人觉得这花、鸟确实很自由呢？自己试试看。

（学生自由读）

师：哪位同学愿意来尝试一下，带领大家走进这个园子？这位女同学，你来。

（生读。师正音，并告诉学生，"似"只有和"的"组合在一起的时候，才读"shì"，其他时候都读"sì"）

师：读得不错，还有谁愿意来读？让我们仿佛看见花在开，鸟在飞。

（一男生读）

师：我看这位同学读着读着，他的脸也笑开了花。真好！心中有花，你的声音中才会有花；心中有鸟，你的声音中才会飞出鸟来。

师：咱们一起读。（生读）

师：听你们读得这么有滋有味，张老师也想读。听张老师的朗读，你们要特别关注和同学的朗读有什么不一样。（师拖长声音范读，略显夸张）

师：说说看，你仿佛看到了什么？感觉到了什么？

生：感觉到花开了，鸟飞了，感觉它们很自由。

生：我感觉到一大群花在一瞬间全部开放，鸟在天上慢慢逛街似的。

师：好一个"一大群花"！本来"群"是用来形容鸟的。因为花实在太多了，用"朵"不足以形容，所以用"一大群花"。真好！

生：我仿佛看到了身边开出了很多很多的鲜花，我的头上飞过很多很多的鸟。

师：边上有花，头上有鸟。这是对我朗读最高的表扬！同学们，其实，张老师刚才的朗读，适当地运用了拖音，是不是？你们也来试试看。

（出示有延长号的句子）

花开——了，就像睡醒——了似的。

鸟飞——了，就像鸟在天上——逛——似的。

（生学着老师的样子拖音读，朗读有感觉了）

师：哪位同学来试一试，挑战张老师，让花开满我们这个会场。

（一男生读得绘声绘色）

师：你比我逛得更自由自在了。来，全体起立，大声地读。

（学生一起摇头晃脑地拖长声音读，气氛活跃）

师：张老师邀请你们一起合作读，好不好？

师：虫子叫了——

生：就像虫子在说话似的。

师：注意！我速度快，你们也要快；我慢，你们也可以跟着慢。当然，你们也可以故意反着来。好不好？

师：（加快语速）虫子叫了——

生：（加快语速）就像虫子在说话似的。

师：（更快速）一切都活了——

生：（也再加快语速）要做什么，就做什么。

师：（快速）要怎么样——

生：（快速接）就怎么样，都是自由的。

师：（拖长音，声音显得懒洋洋地）若——都——不愿意——

生：（拖长音，学着老师懒洋洋地）就是一个瓜也不结，一朵花也不开，也没有人问它。

（师生合作反复读，语速快慢有致，现场气氛融洽）

师：读着读着，你发现这段话中，哪一个字出现的频率最高？

生："就"。

师：数一数，出现了几次？

生：十一次。

师：你觉得这是作者不经意间写的，还是特意这么写的？（生：特意）她为什么特意这么写呢？

生：我觉得是为了强调这些事物是自由的。

师：为什么用上这个"就"就自由了，不用上这个"就"就不自由了呢？

生：如果用上"就"就说明是它自愿的，没有人来强迫它。

师：如果不用上"就"就是强迫了。比如"愿意结一个瓜，结一个瓜"，很不情愿的，你叫我结一个瓜我便结一个瓜。（生笑）好，我们来读读看，张老师读"就"前面的内容，你们读"就"后面的内容。

（师生合作读，学生强调"就"字，读得很有味道）

师：这就是萧红文字的魅力，她反反复复地用这个"就"字，反反复复地用差不多的句式来写，读起来就特别带劲。（指板书）刚才，我们说这园子里的一切都是自由的，你觉得这园子里自由的事物仅仅只有这一些吗？

生：不是。

师：还有很多很多，是不是？我们能不能仿照着，选一句话来写。拿出作业纸，想一想：这园子里且书上写到的哪些事物，它们也是自由的；书上没写到的，也是自由的。选一句，写出他们像人一样的自由。

（课件出示）

（　）了，就像（　）似的。

（　）愿意（　）就（　）。

（学生写话，教师巡视个别指导）

师：我们请六位同学合作，来造一个新的段落。全班同学读中间一句话，张老师把话筒递给谁，谁就大声读。注意，你的朗读要让大家感受到园中的事物是自由自在的。

生：谷穗动了，就像在跳舞似的。

生：蜻蜓飞了，就像在溜达似的。

生：蝴蝶采蜜了，就像在舞蹈似的。

生：（齐读）一切都活了，要做什么，就做什么。要怎么样，就怎样，都是自由的。

生：甘蔗愿意长多甜就长多甜。

生：樱桃树愿意结一千个樱桃就结一千个樱桃。

……

师：这些同学都把园子里的事物当作人来写了。请大家修改自己的句子。我们再请六个同学，最好和刚才读过的不一样。

（以下为另外六个同学合作所造的新段落）

生：蚂蚱跳了，就像在玩蹦床似的。蚂蚱蹦了，就像在举行跳远比赛似的。谷穗黄了，就像约好了似的。一切都活了，要做什么，就做什么。要怎么样，就怎么样，都是自由的。李子树愿意结几个李子就结几个李子。冬瓜愿意长多胖就长多胖。（笑声，掌声）蜜蜂愿意采花蜜就采花蜜。

师：真好，谢谢你们的合作。读到这儿，我就又纳闷了，这园子中的倭瓜、黄瓜、蚂蚱、蝴蝶、蜻蜓，它们会不会对萧红说："萧红，我很自由，你把我写到文章里去吧，把我写得自由一点。"会不会这样说？

生：不会。

师：那为什么萧红就知道它们呢？同桌小声议论一下，你觉得这是为什么。（生小声议论）

师：谁来说一说，萧红为什么把这些植物、动物，写得这么自由自在？

生：萧红通过仔细地观察。

生：在萧红眼中，园子里的一切都是自由的。

生：萧红在园子里玩，她自己也是自由的。

师：自己也很自由，所以她看到周围的一切也都是自由的。如果说"样样都有"是萧红眼中的园子，那么"一切自由"就是萧红心中的园子。（板书：心中园）

师：那么萧红在这个园子里到底做过哪些自由的事情呢？接下来，我们完成第二次快速默读。（出示）

学习任务：

第二次快速默读课文，圈出文中"我"跟着祖父在园子里所做的事情。（争取三分钟时间完成）

生：（齐读）学习任务。

（出示）

学习建议：

一 跳读、扫读，圈画关键词，捕捉重点信息；

二 思考并讨论：哪件事最能表现"我"的自由？

师：（巡视点拨）拿起笔来圈一圈，用最少的词语圈出来；一个词语能概括就不要用一句话；你画了整句话等于什么都没画；能圈就不用抄。

（学生圈画后进行小组讨论：圈画了哪些词语，哪件事情最能表现萧红的自由）

师：回答的时候有两项任务：一、写了哪些事情；二、哪件事情最能表现她的自由。请一个小组汇报一下。其他同学把目光聚焦到课文中，想一想，他们汇报的时候有没有漏掉哪件事情，待会儿你来补充。

生：写了栽花、拔草、铲土、浇菜。

（生把"栽花"读成"摘花"，教师及时指正、区辨）

师：还有吗？谁补充？

（生先后补充）

生：溜土窝、追蜻蜓、捉蚂蚱、吃黄瓜、采倭瓜花、捉蚱蜢。

生：玩蚂蚱。因为在这个花园里尽情地玩耍是很自由的事情。

生：我觉得摘黄瓜最能表现自由。因为吃黄瓜一般都在屋子里吃的，她发现外面一根根黄瓜成熟了，她就随便摘下来吃了。

生：追蜻蜓。

生：睡觉。因为我们都在屋子里的床上睡觉，她是在外面睡觉的。

师：以地为床，以天为被，那种睡觉的境界一般人是达不到的。有没有同学认为"铲掉谷穗"这件事情最能表现她的自由呢？（不少学生举手）

生：因为在其他地方铲错的话可能会被人骂。自己在家里铲就不一样了，铲什么都没关系，铲错了也没关系。

师：祖父依然是乐呵呵的。文章有几个自然段写了这件事情？数一数。

生：八个。

师：用八个自然段来写。可能在萧红的心中，最能表现她的自由，所以她展开细细写。是不是？可老师又纳闷了，既然"铲谷穗"这件事情最能表现萧红的自由，那么其他的事情都不写，就只写这一件事情。你觉得行吗？

生：不行。园子里还有很多其他自由的事情可以做。

师：你的意思是：只写一件事情，其他事情不知道自由不自由？那么为什么不把所有的事情都展开来写？

生：因为这个园子很大，里面有很多东西。

师：是啊，写不完，所以选有代表性的事情来写。这就是优秀文学作品带给我们的启示：写最典型的事情，写心中最真切的感情。真好！同学们，正因为有这样一位宽容的祖父，所以"我"在园子里可以"为所欲为"，所以文中很多地方写祖父怎么样，"我"也怎么样。找出来读一读。

（学生找到句子后，师生合作朗读）

师：祖父戴一顶大草帽——

生：我戴一顶小草帽。

师：祖父栽花——

生：我就栽花。

…………

（课件出示）

祖父（   ），我就（   ）。

师：谁接着说？

生：祖父浇菜，我就浇菜。

生：祖父摘谷穗，我就摘谷穗。

生：祖父浇水，我就浇水。

师：总而言之，祖父干什么，"我"就干什么，祖孙俩形影不离。那画面好温馨啊！同学们，你们看，萧红写这个园子的自由，其实处处都在写心中的自由，这就叫"借景抒情"。其实，《呼兰河传》第三章里，萧红常常写到自己在园子里的自由。（课件出示）

一到后园里，我就没有对象地奔了出去，好像我是看准了什么而奔去了似的，好像有什么在那儿等着我似的。……休息好了又是跑。

——节选自萧红《呼兰河传》

师：（范读后）感受到这个园子的自由自在了吗？想进这个园子去玩一玩吗？

生：想！

板块四：梦中园　光芒四射

师：同学们，玩着玩着啊，我们就累了。让我们在萧红的园子里静静地闭上眼睛睡一会儿吧。

（生闭上眼睛，趴在桌子上。师配乐朗诵，文字缓缓地从屏幕下方往上移动）

天空蓝悠悠的，又高又远。

白云来了，一大团一大团的，从祖父头上飘过，好像要压到了祖父的草帽上。

…………

音乐继续流淌，老师用轻柔的梦幻似的声音，继续讲述：蝴蝶睡了，蚂蚱睡了，蜜蜂睡了，蜻蜓睡了……这园子里的一切都静静的，伴着我们进入了甜甜的梦乡。

师：同学们，抬起头，仿佛梦见了什么？

生：仿佛梦见了那个园子。

生：梦见在园子里，白云从头上飘过。

生：梦见了作者无拘无束地在园子里玩耍。

生：我仿佛梦见自己自由自在地在那儿奔啊，跑啊。

生：我梦见了作者和那些动物们在玩耍，还在观察那些植物，看到有一根黄瓜就马上去摘黄瓜，看到一个橘子就马上去摘橘子，看到什么就吃什么。

师：连我们的梦都是那样的自由自在啊！同学们，虽然我们没有去过萧红家的园子，但依然能够通过文字和想象看到园子里的一切，这就是文字的魅力！可以想见，萧红在睡觉的时候也可能梦到这一切。但是，同学们，十九岁以后，萧红再也不能快乐地做这样的梦了。

（师借助中国政区图，在低沉的音乐声中解说写作背景）

师：1911年，萧红生于北国呼兰河，18岁那年，那个带给她无限快乐的祖父永远地走了；19岁，她被迫离家，离开这个美丽的、"样样都有"的、"一切自由"的园子，漂泊了很多地方，从一个异乡到另一个异乡，最后漂泊到香港；1942年，因为庸医的误诊，年仅31岁的萧红永远地离开了人世。整整12年时间，她再也没有回到过那个魂牵梦萦的园子，她只能一次次在梦中回忆园子里的一切。花开了，接着读——

（屏幕出现重点段提示语，学生根据提示尝试背诵。大部分同学都能顺利背出）

生：花开了……

生：鸟飞了……

师：同学们，每当她梦醒的时候，面对她的，只有暂时栖身的陌生土地——远离故土的南国香港，而家，却永远回不去了。因为想念，她拿起笔写了一本叫《呼兰河传》的小说，她把小时候的经历浓成了文字，那样的美丽，那样的自由。其实她的文字当中，还有一种独特的味道。一起读。

（课件出示）

　　太阳在园子里是特别大的，天空是特别高的。太阳光芒四射，亮得使人睁不开眼睛，亮得蚯蚓不敢钻出地面来，蝙蝠不敢从黑暗的地方飞出来。凡是在太阳下的，都是健康的，漂亮的。拍一拍手，仿佛大树都会发出声响；叫一两声，好像对面的土墙都会回答。

（生齐读后，师板书：光芒四射）

师： 同学们，留一个问题给大家思考。祖父的园子，难道不下雨吗？不下雪吗？不阴天吗？难道就没有阴霾吗？为什么留在萧红记忆中或者说梦中的园子始终是那么光芒四射的？（板书：梦中园）

师： 这个问题，课后同学们可以继续深入地去研究。萧红的文字中，还有很多关于阳光的描写。张老师从《呼兰河传》以及萧红的其他作品中节选了很多萧红的文字，编了一本书叫《小学生萧红读本》。我带了十本，愿意赠送给同学们，如果你们喜欢，我将非常欣慰。也请你们到这本书中，感受萧红文字的阳光味道吧！

（说明：此课执教于2012年）

教学品鉴

教出"经典"的味道来

——听张祖庆老师教《祖父的园子》

谈永康

一

《祖父的园子》是一篇怎样的课文呢？

小学教材把它列为略读课文，中学语文教材（沪教版）把它作为讲读课文。在特级教师祖庆的心里呢？

"在我看来，这么多名家文章中，萧红的文字，是最贴近小学生的。"

"毫不夸张地说，和张爱玲、冰心等大家放在一起比较，萧红是绝不逊色的。"

"祖父的后花园，是萧红童年唯一温暖的部分，也是她人生底色最亮灿的部分。……她始终是追求的，不放弃的，因此在她的文字中常有这样令人欣喜的亮色，这些亮色跳动在那些对阴郁沉暗的社会底层描述中，让人的内心能够充盈希望。"

——选自张祖庆编著的《小学生萧红读本》后记部分

如果我们喜欢萧红，或者，如果能够像祖庆那样，在并不很熟识萧红，但怀有无限信任的情况下"开始一遍遍地读"萧红，而且"读大半年"，那么，我们或许能够理解祖庆为何如此喜爱《祖父的园子》，为何这样深情地把萧红当作一个"传奇"。

于是，我们就能渐渐清晰：作为语文名师的祖庆，他是怎样自觉、自然、自得地做着语文课程内容的研制与实施。

祖庆给予我们最震撼的思考，就在于：我就是我，作为一个专业工作者，我有权利、有责任把《祖父的园子》作为经典的课文来教。

为什么一定要"跪倒"在某些"灰扑扑"的三流的课文面前，不敢"越雷池一步"，做着味同嚼蜡的课堂教学呢？

为什么一定要"跪倒"在语文课本所谓的编排体系面前，不敢"越雷池一步"，让自己觉得的种种"传奇""趣味""有益"浮光掠影、蜻蜓点水呢？

二

祖庆用自己的课告诉我们：既然是经典，就不该简单地"与内容说'再见'"。

经典需要"经典训练"。"经典训练"系朱自清先生所说，他认为："经典训练应该是一个必要的项目。经典训练的价值不在实用，而在文化。"语文课程融工具性、人文性于一体，有些课文"天生丽质"，始终承担着人文熏陶、语言学习的双重任务。

我们来看看祖庆为《祖父的园子》一课设置的目标，其中两个是：其一，运用视像化、体验式朗读，感受萧红文字的独特魅力，体会侧面描写、借景抒情对表情达意的作用，初步体味萧红文字独特的"阳光味道"，激发进一步阅读萧红文字的兴趣与热情。其二，通过"眼中园——心中园——梦中园"的创新解读，进而建构自由明亮的儿童精神家园。

显然，感受萧红自由明亮的精神的"园子"是"意"，领略萧红字里行间的"阳光味道"是"言"，而言意兼得，既打下语文的底子，又打下精神的底子，两手都要抓，两手都要硬，则是祖庆这一课的价值追求。他其实是用教材教语文、教做人，语言的理解、运用是跟文学（文化）、审美、人格的教育水乳交融、相辅相成的。

三

祖庆用他的课告诉我们："经典训练"的教学，需要带着儿童"走进"课文。

《祖父的园子》初读并不深奥，很多文质兼美的文本皆是如此。所谓"大象无形""大音希声"是也。

从眼中园到心中园，再到梦中园，这一路不是那么好走。祖庆用的力气、方式都是有别的。

"眼中园"样样都有。学生亲切而熟悉。祖庆并不多花时间，请学生浏览，请学生"找重点段，划关键词"，找到说到即可。只要学生美美地读，读得不够，则借助段中表示"色彩""形态"的"大红""金粉""胖乎乎"等再读。

"心中园"一切自由。作者施以浓墨重彩，祖庆教学时亦"不惜笔墨"：圈画自由之物，交流自由之事，想象自由之行（祖父怎样，我就怎样）。无论圈画、交流，还是朗读、想象，目的都在帮助孩子"如临其境""如见其物"，一切宛如"耳闻目睹"，于是"心有戚戚焉"。

"梦中园"光芒四射，最难"进入"。祖庆想到了音乐，用到了范读，学生便真的走进了"祖父的园子"，他们"梦到了那个园子"，"梦见白云从头上飞过"，梦到"自己在那里自由自在地玩"。祖庆想到了萧红短暂而苦难的一生，补充以萧红不幸的后半生。然而，萧红并不愿"舔吮自己的伤口来感动他人"，她不止一次地写到太阳，总是像《祖父的园子》里的那么明亮、温暖。有了祖父这一轮明亮的太阳，她的文字和人生就有了光亮。拥有太阳，生命就有了自由和光亮！

走进"祖父的园子"，无疑是一次神奇的文字的旅行，也是一次不凡的精神的历险。

学生的步子起先轻快、自由，渐而有些沉重，身体的拔节往往容易，精神的成长却实在艰辛。一节课,能够做到多少呢？况且,祖庆已经做到了：学生走近了萧红,慢慢懂得她心中的那个园子,领悟着有自由,生命就有光亮的情感。

单有太阳的光是不够的,必须有心的光明。

这种光明,首先在师者自己的心里。

祖庆有。

四

祖庆用他的课告诉我们："经典训练"的教学,要用"经典"的方式"沉浸"语言。

祖庆是引导儿童学语言的高手。

我们听到了学生的朗读,要体会园子事物的自由,祖庆采用视像化朗读,示范点拨（如：鸟飞——了,就像鸟在天上——逛——似的）,学生通过声音的拖长、速度的快慢,再现事物的自由。

我们看到了学生的体验与想象。祖庆以"（　）了,就像（　）似的""（　）愿意（　）就（　）"帮助学生如临其境。"稻穗一齐舞动着,就像约好了似的""甘蔗愿意长多高就长多高""蚂蚱愿意跳多高就跳多高",学生"进去"了,语言的学习、运用也尽在其中。

还有比用朗读,用体验更"直接"、更"得体"的"沉浸"的方式吗？

这样的"沉浸"还是不够的。

每一篇经典都有自己的语言特色,萧红要表达的所有,都在其自由、轻快、灵动的语言里,在其特有的表达方式和巧妙的修辞里。因此,祖庆又引导学生对第一节质疑,引出对侧面描写的感受；再比如对第17节"借景抒情"的学习：这园子里的花、鸟、倭瓜、黄瓜、玉米、蝴蝶,它们觉得自己很自由吗？那为什么作者要这么写？

而所有的这些，都指向祖庆所言的萧红语言所独具的经典的"阳光味道"。

五

我还想说一点。

在听课时，我只是隐隐感到，此刻，则深深体会到了祖庆在经典与略读之间的为难。既然是经典，"长文短教"就似乎有着一种不得不为之的痛苦。这样的"长文"需要更多的时间，需要"精读细究"，需要"慢慢地走"。

从这个意义上说，"经典训练"与浏览、跳读本质上是不相容的。

所以，我理解，祖庆是"带着镣铐"在跳舞。

经典，在今日应试教育的背景下，显得更加"天空蓝悠悠的，又高又远"。而经典的意义，也正在这里，留给学生"自由"的感觉，日后回味"太阳光芒四射"的感觉。

（作者单位：上海市松江区教师进修学院）

第3课　穷人

文本再现

　　渔夫的妻子桑娜坐在火炉旁补一张破帆。屋外寒风呼啸，汹涌澎湃的海浪拍击着海岸，溅起一阵阵浪花。海上正起着风暴，外面又黑又冷，这间渔家的小屋里却温暖而舒适。地扫得干干净净，炉子里的火还没有熄，食具在搁板上闪闪发亮。挂着白色帐子的床上，五个孩子正在海风呼啸声中安静地睡着。丈夫清早驾着小船出海，这时候还没有回来。桑娜听着波涛的轰鸣和狂风的怒吼，感到心惊肉跳。

　　古老的钟发哑地敲了十下，十一下……始终不见丈夫回来。桑娜沉思：丈夫不顾惜身体，冒着寒冷和风暴出去打鱼，她自己也从早到晚地干活，还只能勉强填饱肚子。孩子们没有鞋穿，不论冬夏都光着脚跑来跑去；吃的是黑面包，菜只有鱼。不过，感谢上帝，孩子们都还健康。没什么可抱怨的。桑娜倾听着风暴的声音，"他现在在哪儿？上帝啊，保佑他，救救他，开开恩吧！"她一面自言自语，一面在胸前画着十字。

　　睡觉还早。桑娜站起身来，把一块很厚的围巾包在头上，提着马灯走出门去。她想看看灯塔上的灯是不是亮着，丈夫的小船能不能望见。海面上什么也看不见。风掀起她的围巾，卷着被刮断的什么东西敲打着邻居小屋的门。桑娜想起了傍晚就想去探望的那个生病的女邻居。"没有一个人照顾她啊！"桑娜一边想一边敲了敲门。她侧着耳朵听，没有人答应。

　　"寡妇的日子真困难啊！"桑娜站在门口想，"孩子虽然不算多——只有两个，可是全靠她一个人张罗，如今又加上病。唉，寡妇的日子真难过啊！进去看看吧！"

桑娜一次又一次地敲门，仍旧没有人答应。

"喂，西蒙！"桑娜喊了一声，心想，莫不是出什么事了？她猛地推开门。

屋子里没有生炉子，又潮湿又阴冷。桑娜举起马灯，想看看病人在什么地方。首先投入眼帘的是对着门的一张床，床上仰面躺着她的女邻居。她一动不动。桑娜把马灯举得更近一些，不错，是西蒙。她头往后仰着，冰冷发青的脸上显出死的宁静，一只苍白僵硬的手像要抓住什么似的，从稻草铺上垂下来。就在这死去的母亲旁边，睡着两个很小的孩子，都是卷头发，圆脸蛋，身上盖着旧衣服，蜷缩着身子，两个浅黄头发的小脑袋紧紧地靠在一起。显然，母亲在临死的时候，拿自己的衣服盖在他们身上，还用旧头巾包住他们的小脚。孩子的呼吸均匀而平静，睡得正香甜。

桑娜用头巾裹住睡着的孩子，把他们抱回家里。她的心跳得很厉害，自己也不知道为什么要这样做，但是觉得非这样做不可。她把这两个熟睡的孩子放在床上，让他们同自己的孩子睡在一起，又连忙把帐子拉好。

桑娜脸色苍白，神情激动。她忐忑不安地想："他会说什么呢？这是闹着玩的吗？自己的五个孩子已经够他受的了……是他来啦？……不，还没来！……为什么把他们抱过来啊？……他会揍我的！那也活该，我自作自受……嗯，揍我一顿也好！"

门吱嘎一声，仿佛有人进来了。桑娜一惊，从椅子上站起来。

"不，没有人！上帝，我为什么要这样做？……如今叫我怎么对他说呢？……"桑娜沉思着，久久地坐在床前。

门突然开了，一股清新的海风冲进屋子。魁梧黧黑的渔夫拖着湿淋淋的被撕破了的鱼网，一边走进来，一边说："嘿，我回来啦，桑娜！"

"哦，是你！"桑娜站起来，不敢抬起眼睛看他。

"瞧，这样的夜晚！真可怕！"

"是啊，是啊，天气坏透了！哦，鱼打得怎么样？"

"糟糕，真糟糕！什么也没有打到，还把网给撕破了。倒霉，倒霉！天气可真厉害！我简直记不起几时有过这样的夜晚了，还谈得上什么打鱼！谢谢上帝，总算活着回来啦。……我不在，你在家里做些什么呢？"

渔夫说着，把网拖进屋里，坐在炉子旁边。

"我？"桑娜脸色发白，说，"我嘛……缝缝补补……风吼得这么凶，真叫人害怕。我可替你担心呢！"

"是啊，是啊，"丈夫喃喃地说，"这天气真是活见鬼！可是有什么办法呢！"

两个人沉默了一阵。

"你知道吗？"桑娜说，"咱们的邻居西蒙死了。"

"哦？什么时候？"

"我也不知道，大概是昨天。唉！她死得好惨哪！两个孩子都在她身边，睡着了。他们那么小……一个还不会说话，另一个刚会爬……"桑娜沉默了。

渔夫皱起眉，他的脸变得严肃、忧虑。"嗯，是个问题！"他搔搔后脑勺说，"嗯，你看怎么办？得把他们抱来，同死人呆在一起怎么行！哦，我们，我们总能熬过去的！快去！别等他们醒来。"

但桑娜坐着一动不动。

"你怎么啦？不愿意吗？你怎么啦，桑娜？"

"你瞧，他们在这里啦。"桑娜拉开了帐子。

（人教版《语文》，六年级上册）

课堂实录

用心发现财富

——《穷人》课堂实录

预热板块　课前谈话

师大屏幕出示莫言和张艺谋头像图片，和学生交流莫言和张艺谋之间的联系。

接着，生交流莫言文学代表作《红高粱》和张艺谋电影代表作《红高粱》。

最后师总结：改编让一件艺术品变成另外一件艺术品。无论是莫言的《红高粱》，还是张艺谋的《红高粱》，都是我们的精神财富。

板块一：《穷人》溯源

师：同学们，大家再看一个人。（出示：雨果头像）他是法国大文豪维克多·雨果。大家对他有所了解吗？

生：我知道他的代表作有《笑面人》《悲惨世界》《巴黎圣母院》。

师：是的，雨果擅长写底层劳动人民。这又是谁？（出示：列夫·托尔斯泰图像）

生：他是列夫·托尔斯泰。

师：这两人有什么联系？（众多生举手）

生：我知道我们今天要上的《穷人》就是列夫·托尔斯泰根据雨果的一首诗改编的。

师：预习得很充分！是的，法国大文豪雨果写了一首叙事诗《可怜的人们》。列夫·托尔斯泰读到了这首诗，深受感动，于是，把诗改编成了小说，题为《穷人》。小说发表后,引起了很多人的共鸣,大家都被深深地感动了。今天这课堂,我们就来研究两个问题:列夫·托尔斯泰为什么要把这首诗改写成小说?他是怎么把这首诗改写得那么感人的?

师:大家都预习过课文,《穷人》这篇文章写了几个穷人?

生:西蒙、渔夫、桑娜。

师:同学,你把很重要很重要的人给忘了呀!

生:桑娜家的五个孩子和西蒙家的两个孩子。

师:是啊,七个小生命也是穷人啊!大家能用屏幕上的这几个词语,把《穷人》这篇小说讲了什么事说出来吗?自己说说看。开始!

(课件出示)

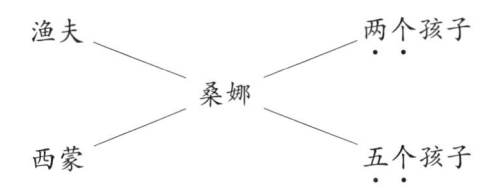

```
渔夫              两个孩子
       ＼      ／
         桑娜
       ／      ＼
西蒙              五个孩子
```

生:桑娜和渔夫有五个孩子。有一次,桑娜在等待出海打鱼的渔夫的时候去探望邻居,发现西蒙去世了,她抱回了西蒙留下的两个孩子和自己的孩子睡在一起。渔夫得知后同意领养。

师:说得很好!同学们,读一篇小说,一般来说,我们要先了解一下小说里有哪些人物,然后想一想他们之间发生了什么事,用简单的情节图,就可以把这篇小说的主要内容概括出来了。

板块二:穷人真穷

师:都说《穷人》写得很精彩,可张老师读完了整篇小说,字里行间找不到一个"穷"字,这些穷人真的很穷吗?(生点头)那你是从什么地方读到的?请大家细读课文,从字里行间去捕捉穷人的"穷"。认真地想一

想,哪些地方写出了穷人的"穷"?(生静读圈画)

师:(生细读一分钟后)也许这"穷"字藏在某个词语中,也许这"穷"字藏在一个标点中,也许这"穷"字藏在一组对话中,也许这"穷"字藏在对环境的描写中,也许这"穷"字藏在某一处细节里。细细阅读,才会发现更多的东西。阅读,就是发现。

(生继续默读、圈画、批注,小组交流分享,大约七分钟)

师:好,现在谁愿意和大家分享,说说从哪些地方读到了穷人的"穷"?接下来,我们请一个同学到讲台上来当老师。(生拿书上台,师对其耳语十几秒后,坐到该生座位上)

生(小老师——以下简称小老师):请问同学们,大家从哪里读出来了"穷"?请这位同学来回答一下。

生:我从第二段的第二句看出他们很穷,因为课文说:"丈夫不顾惜身体,冒着寒冷和风暴出去打鱼,她自己从早到晚地干活,还只能勉强填饱肚子。"他们很辛苦,但是也只能勉强维持生活。

小老师:还有补充吗?

师:真好!一下子就上手了。

生:课文中说"不论冬夏都光着脚跑来跑去"。"光着脚"说明他们连买鞋子的钱都没有,而且吃的是"黑面包"。黑面包我从课外了解到,不像白面包那样很软很好吃,是很硬的,没有水的话,根本吃不下去。而且说"菜只有鱼",渔夫天天去打鱼,因为没钱买菜,只能去打一点鱼来。这些都可以看出他们很穷。

师:老师,我想抢话筒!有鱼的生活还穷吗?我家餐桌上经常见不到鱼。

生:课文中说"只有",说明只能吃鱼,没有其他的菜,天天都得吃鱼。

师:每天都吃鱼,而且只能吃那些卖不出去的小鱼,是不是?我想请教小老师,课文第二段说"冒着寒冷和风暴出去打鱼",我觉得可能是偶尔出去的吧?

小老师：据我这位沈老师的了解，在海上不是经常起风暴的，而是偶尔。

师：何以证明不是经常起风暴的？你把课文语句找出来。

小老师：嗯，第一段就有。

师：我们回到第一段，好不好？你是继续上课还是把机会让给别的同学？（小老师示意让）好，谢谢沈老师！谁愿意当老师？

小老师：大家好，我是郑老师，我希望下面找到的"穷"隐藏在环境描写中，而且要在那位沈老师提出的第一段的基础上，能找到吗？（众笑）

生：第一段第二句，"寒风呼啸、汹涌澎湃"能体现出外面环境很恶劣。

小老师：我说的是穷，不是环境恶劣，再想一下吧！

师：老师，我有意见！环境恶劣难道跟穷没有关系吗？

小老师：当然有关系啦！那个张祖庆同学啊，（众笑）我没有说这个跟穷没关系，我希望他能理解得更深一点。

师：谁能理解得更深一点？

生：请问郑老师，环境恶劣就代表渔夫可能冒着生命危险。请你就这个地方讲解一下，郑老师。

小老师：我要的就是这个答案。

师：好，郑老师，我想和你一起做老师。同学们，关注一下，这段环境描写中有很多四个字的词语，你找到了吗？请你把它圈起来。（生圈画）

小老师：找到了吗？

生：寒风呼啸、汹涌澎湃、又黑又冷、干干净净、心惊肉跳。

师：我把这些词语摘录到屏幕上。

（课件出示）

寒风呼啸　又黑又冷

汹涌澎湃　波涛轰鸣

起着风暴　狂风怒吼

小老师：同学们先一起来读一读。（生齐读）

师：（问小老师）接下来的这段教学，我来好不好？如果你有新的补充，你可以上来。谢谢郑老师。（小老师回座位）同学们，再一起读一读这些词语，一边读一边在脑子里浮现出这些词语所描写的画面。（生读）你分明看到了什么样的画面？你看到了——

生：天气非常恶劣，环境非常恶劣。

师：这不是画面，这是概括，你仿佛看到了怎样的具体的画面？

生：海浪拍击着礁石，溅起的浪花非常寒冷。

生：我仿佛看到了海浪打在沙滩上，溅起的浪花比人还要高。

师：溅起几丈的浪花，你说——

生：我看到了黑压压的天空中时不时地闪过几道闪电，海浪时不时地卷起一条条水草。

师：同学们，这样的天气随时都有吞没生命的危险，而渔夫此时此刻正驾着一叶小舟在这样的惊涛巨浪当中颠簸着，这不正写出了穷人的"穷"吗？带着这样的画面，带着这样的体会，我们一起读读这段话。张老师读黄色字体部分，同学读环境描写的句子。（师生深情朗读第一自然段）

师：今天的我们，读着这样的文字，也会感到心惊肉跳。亲爱的同学们，"穷"藏在环境描写中啊！"穷"还藏在什么地方？

生：我找的是第二十四自然段的，从渔夫说的"熬"字中，可以显现出他们的穷。如果富有，那收养一个孩子是很简单的事，但是他们收养却是要"熬"过去的。

师：对他们来说，这就是煎熬。真好！你从一个"熬"字读懂了穷人的"穷"。

生：在第九段就说到"五个孩子已经够他受的了"，再加两个孩子就更够他受的了。

师：也就是说，从一番心理描写中，你感受到了穷人的"穷"，是吧？（生点头）还有没有其他地方写出了穷人的"穷"？

（生继续交流文本中的"穷"，从室内陈设、孩子们的穿着、西蒙睡的稻草铺、孩子们没有鞋子被子等角度发现穷人的"穷"。五位学生发言略）

师：同学们，全文唯独有一个句子，只有四个字，能深刻地表现穷人的"穷"，却很容易被我们忽略。你能找到吗？它在文章的前四个自然段，谁找出来了？（举手的学生陆续多起来）

生：睡觉还早。

师：你找到的是？

生：睡觉还早。

（师问，生不断重复）

师：找到"睡觉还早"这四个字的同学，举手！（众多学生举手）同学们，从"睡觉还早"中，你发现了什么？

生：第二段说"古老的钟发哑地敲了十下，十一下……"，证明已经都十一点多了，睡觉其实不早了。

师：只是十一点吗？

生：可能还会到十二点多，因为后面有一个省略号。

师：是啊，这一个省略号仿佛就是一记钟声在敲打着我们，表明时间至少是晚上十一点以后了。

生：这个时候，她还觉得"睡觉还早"，这就证明她可能每天都是十一点以后睡觉的。

师：可能到凌晨才睡觉。"睡觉还早"还让你想到了什么？

生：从第二段中也可以看出她从早到晚地干活，也就说明了"睡觉还早"。

师：从早到晚？我要说是"从早到早"，从今天早晨到第二天的凌晨，

是不是"从早到早"？睡觉真的还早吗？（生摇头）好，我们一起读读表示时间不早的句子。（课件出示）

五个孩子正在海风呼啸声中安静地睡着。（第一段）

古老的钟发哑地敲了十下，十一下……始终不见丈夫回来。（第二段）

"我也不知道，大概是昨天。唉！她死得好惨哪！"（第二十三段）

师：请大家关注这三句话，分明睡觉时间已经"不早"了。你看，第二十三段分明写的"大概是昨天"，可见他们到凌晨才睡。同学们，桑娜只是这一天"睡觉还早"吗？（生摇头）她长年累月都是这样的！一起再读这四个字。（生读）"睡觉还早"，背后藏着多少意味深长的东西呀！这就是阅读，这就是发现！

（生齐读屏幕上的三句话）

师：同学们，我们回头总结一下这节课的收获。列夫·托尔斯泰改写雨果的叙事诗的时候，是通过对海上的环境描写，通过对人物忐忑的心理描写以及一些不经意间的细节描写进行的。通篇没有一个"穷"字，但是让我们感到"穷"无处不在，这就是大师经典作品的魅力！

板块三：穷人不穷

师：同学们，通过第一课时的学习，我们从字里行间充分感受了穷人的"穷"。（板书：穷人真穷）穷人真穷，一起读！（生读）但是，如果这篇文章只让你读出了一个"穷"字，那就是托尔斯泰改写的失败，穷人身上不只有穷啊！请大家拿出作业纸，看到第一题。

（课件出示）

穷人虽然很穷很穷，但他们拥有（　　）。

师：阅读就是发现。静静默读，用心发现，也许你会读到以前没有留意到的东西。请大家边读边做批注。（生默读、批注）

师：（提醒）也许是一番对话，也许是一个动作，也许是一处细节，也许是一个标点，也许是环境描写，也许是内心独白，都能读到穷人身上很多很多的东西。

（生继续边读边圈画，时间约五分钟）

师：好，开始交流！最好按照课文顺序来交流。当然也可以先说你觉得最有感触的地方。

生：我找到的是第八自然段，文中说："桑娜用头巾裹住睡着的孩子，把他们抱回家里，她的心跳得很厉害，自己也不知道为什么要这么做，但觉得非要这样做不可。她把这两个熟睡的孩子放在床上，让他们同自己的孩子睡在一起，又连忙把帐子拉好。"我觉得穷人虽穷，但是他们却拥有富人都没有的善良。因为她说她的心跳得很厉害，自己也不知道为什么要这么做，但是她的直觉告诉她应该要这样做。

师："直觉"也就是一种"本能"，是不是？（生点头）请你把"善良"这个词写到黑板上"穷人"的下面。

生：文中说"她把两个熟睡的孩子放在床上，让他们同自己的孩子睡在一起……又连忙把帐子拉上"。我觉得虽然这是一个不经意的动作，但是她把西蒙的两个孩子和自己的孩子放在一起，感觉她就是把他们当成了自己的孩子，决定用心来养他们。她觉得作为邻居，拯救两个生命义不容辞、责无旁贷。因为在桑娜看来，两个孩子，也毕竟是生命里盛开的花。

师：说得真好！而且这两个孩子是刚刚从死人旁边抱过来的，一般人都会忌讳的。但是桑娜没有这么想，救人的本能让她这么做。把孩子抱回来之后，桑娜经历了一番内心的挣扎。同学们，自己读一读这番话，让我们试着用朗读来走进桑娜的内心世界。（生自由读桑娜"忐忑不安"地想的那段话）

（课件出示）

桑娜脸色苍白，神情激动。她忐忑不安地想："他会说什么呢？这是闹着玩的吗？自己的五个孩子已经够他受的了……是他来啦？……不，还没来！……为什么把他们抱过来啊？……他会揍我的！那也活该，我自作自受……嗯，揍我一顿也好！"

师：好，哪位同学愿意通过朗读走进此时此刻桑娜的内心世界？

（生读）

师：谁认为自己读得比她好？

（生读）

师：他刚才朗读的跟前面那位同学的有哪些细微的区别？

生：他省略号的地方停顿比较长。

生：因为这是桑娜在思考，在思考把邻居家的孩子抱来会怎么样。

师：嗯，内心挣扎着，是不是？内心也许有自责，也许还会有什么？

生：也许会有自责，也许会有担忧。

生：欣慰、害怕、恐惧。

师：是的。同学们，桑娜内心非常纠结。如果你刚才把声音放得低一些，也许会更好一些。我们一起来读一读。（师生齐读）从这番内心独白当中，我们读出了穷人的善良。请大家再回到课文，把目光聚焦到第一段读过的关于环境描写的句子。从这里，你又读到了穷人身上什么样的可贵精神？

生：我知道了。这段话写出了桑娜非常勤劳，因为它说："外面又黑又冷，这间渔家的小屋里却温暖而舒适。地扫得干干净净，炉子里的火还没有熄，食具在搁板上闪闪发亮。"写出了桑娜非常勤劳，把家里打理得干干净净。

师：请你把"勤劳"写在"善良"的边上。同学们，我们一起来读一读对屋内的描写。（生读）你觉得这个渔家小屋里除了这些，还有可能会有什么？

生：还会有一张张渔网、一根根鱼竿，还可能会有腌鱼，还可能会有一张张破帆，在角落里织了网的蜘蛛。

师：同学们，作者为什么不写渔网，不写渔具，不写鱼竿，不写蜘蛛网。单单写"地扫得干干净净"呢？再读。（生读句子）我们来看一看，"地扫得干干净净"写出了什么？

生：地面的干净。

师：炉子里的火还没有熄，让人感觉到——

生：温暖。

师：食具闪闪发亮。除了干净之外，还让我们感觉到了什么？

生：明亮。

师：这房间里还有那么一些明亮的东西。孩子们在海风呼啸声中安静地睡着，又是让人感觉那么——

生：温馨。

师：同学们，桑娜的美好品质都体现在这一个又一个细小的地方，托尔斯泰抓住了"温暖而舒适"这关键词语，细细写来，没有一句多余的话，非常简洁地表现出了女主人的美好品质。读着读着，我们又仿佛把这段话读成了这样一串词语——

（课件出示。左边一列红底黄字，温馨热烈；右边两列黑底白字，冰冷凄惨。左右对比强烈）

温暖舒适	寒风呼啸	又黑又冷
干干净净	汹涌澎湃	波涛轰鸣
炉火没熄	海浪拍岸	狂风怒吼
食具发亮	起着风暴	心惊肉跳
安静睡着		

师：对比是多么的鲜明呀！一边是恶劣的环境，一边是一个温馨的家，

而这……

师：（指着屏幕，深情地）外面是那么冷，那么黑；小屋里是那么暖，那么亮，形成了鲜明的对比。这又是托尔斯泰写文章的高明之处。请大家再把这两个画面还原到文字当中去，一起好好读读。

（生有感情地读第一段）

师：我们回过头去读第一段，又读到了很多很多。是啊，母亲身旁安静地睡着五个孩子，这又让我们想起了另一个母亲身旁睡着的两个孩子。我们再次把目光投注到西蒙死去后的场景描写，你一定会发现穷人身上更多的东西。默读课文的第七自然段。想一想，这一段当中的哪些细节深深地触动了你的心灵？拿起笔画出来。

（课件出示）

屋子里没有生炉子，又潮湿又阴冷。桑娜举起马灯，想看看病人在什么地方。首先投入眼帘的是对着门的一张床，床上仰面躺着她的女邻居。她一动不动。桑娜把马灯举得更近一些，不错，是西蒙。她头往后仰着，冰冷发青的脸上显出死的宁静，一只苍白僵硬的手像要抓住什么似的，从稻草铺上垂下来。就在这死去的母亲旁边，睡着两个很小的孩子，都是卷头发，圆脸蛋，身上盖着旧衣服，蜷缩着身子，两个浅黄头发的小脑袋紧紧地靠在一起。显然，母亲在临死的时候，拿自己的衣服盖在他们身上，还用旧头巾包住他们的小脚。孩子的呼吸均匀而平静，他们睡得正香甜。

师：好，我们来交流。通过重读，现在又发现哪些细节深深地触动着你的心？

生：我读到的是："睡着两个很小的孩子，都是卷头发，圆脸蛋，身上盖着旧衣服，蜷缩着身子，两个浅黄头发的小脑袋紧紧地靠在一起。"从"蜷缩"和"紧紧地靠在一起"我可以读出这个屋子里面十分阴冷。母亲把自己的衣服和旧头巾盖在他们身上，可以看出他们家比桑娜家还要穷，他们连被子都没有。

师：你又一次发现了"穷"。

生：我能不能先给她补充一下再说下去？文中说他们"紧紧地靠在一起"，为什么要紧紧地靠在一起？因为他们太穷了，只能紧紧地靠在一起，要不然他们就活不下去了。

生："显然，母亲在临死的时候，拿自己的衣服盖在他们身上，还用旧头巾包住他们的小脚。孩子的呼吸均匀而平静，睡得正香甜。"这里，"显然，母亲在临死的时候，拿自己的衣服盖在他们身上，还用旧头巾包住他们的小脚"，说明母亲还是很爱她的孩子的，这里看出了伟大的母爱。还有后面的"孩子的呼吸均匀而平静，睡得正香甜"。他们睡在稻草铺上，又盖着旧衣服，竟然还能睡得正香甜。

师：让你感到吃惊了！来，请在黑板上写下"伟大的母爱"。这个伟大的母亲临死前的一个小动作，也许会带给你很多感动。

生：我发现他们的屋子非常小。"首先投入眼帘的是对着门的一张床"，说明屋子特别小。对着门就是一张床，旁边就没什么家具了。但是，两个孩子却非常温馨地靠在一起，呼吸非常均匀，睡得也非常香甜，说明他们感到非常温暖，没有什么异常。

师：你真厉害！从"对着门的一张床"读出了穷！也许母亲平时就一直这样悉心照顾他们，所以他们才会这样适应。同学们，这段话当中，张老师留意到一个细节："冰冷发青的脸上显出死的宁静，一只苍白僵硬的手像要抓住什么似的"。你觉得这个母亲想要抓住的是什么？

生：母亲想要抓住自己的孩子，用自己的体温温暖自己的孩子。

生：想抓住两个孩子身上的旧衣服，让他们更温暖一些。

生：她还想抓住这些孩子，她想摸摸这些孩子，最后一次摸摸他们，让他们更加的幸福。

师：难道西蒙在临死前，她就未曾想过把孩子托付给桑娜吗？也许同学们没有深入地去想过这个问题。同学们，作为两个孩子的母亲，西蒙在临死前，一定愁肠百结、百感交集。请大家用一段内心独白，描述西蒙临死前可能的心理活动。写的时候适当运用省略号。让我们一起走进这位了不起的母亲的内心世界。（学生书写）

（课件出示）

西蒙脸色苍白，神情黯然，望着身边躺着的两个孩子，内心充满着不舍、担忧与矛盾。她沉思着："＿＿＿＿＿＿＿＿＿＿＿＿＿＿＿＿＿＿。"

（写后，交流）

生：（读）她望着身边躺着的这两个孩子，心里充满着不舍，她沉思着。"上帝呀，请不要带走我！……我还有两个可怜的孩子，我需要照顾他们……如果我死了，这个家该怎么办？希望有人会发现我的孩子并领养他们……哎……邻居桑娜是个好人，如果她发现我的孩子一定会照顾好我的孩子的……可是……我这一生唯一放不下的就是我这两个孩子呀……"

师：是啊，这是母亲唯一的牵挂。

生："孩子们怎么办？……谁来照顾他们呀？可以把他们托付给桑娜一家吗？……不，不行！……桑娜一家的五个孩子已经让他们忙不过来了……我的孩子虽然不多，只有两个，但也是一个不小的负担……不，不能让他们这么小就跟着我去天国……我死了，到底该怎么办？"

师：母亲，在深深地担忧着。

生："我的病已经很重了，这两个年幼的孩子怎么办？……也许我可以把他们交给桑娜……哦，不行！她和渔夫要养五个孩子，再加上我的两个孩子，他们能熬过去吗？……让我再摸一摸你们的小脸蛋，你们一定要好好地活下去呀！"

师：母亲唯一能做的事情，就是默默地祝愿。

生："孩子啊，你们的妈妈最后一次看你们了……下次……下次……我再也看不见你们了。如果我去了，你们将无家可归……我其实很想将你们托付给桑娜。可是……可是，我又不想给他们一家添麻烦，他们和我们一样穷……原谅我吧！原谅我这个无能的妈妈吧！"

师：妈妈的自责，令人心碎！

生："我就要离开人世了，最放心不下的就是这两个孩子了，把他们托付给桑娜？……也许可以……不行！他们家也很穷！……他们不会收下的。我才是他们的亲生母亲啊！我应该在死的时候为这两个孩子做些什么？……我要用我的余温温暖这两个孩子，即使两个孩子活不下去，我也没什么好后悔的了。上帝保佑他们吧！阿门！"

师：同学们，西蒙在临死前一定是百感交集的，我们在读《穷人》这篇课文的时候，最容易忽略的就是这个可怜的母亲。其实，她爱孩子，也爱邻居——她多么希望邻居能收养她的孩子，但又不愿意把负担转嫁给邻居。这个容易被忽略的穷人，同样非常了不起！她身上同样拥有——（师指黑板）

生：善良，勤劳，伟大的母爱。

师：同学们，在刚才的阅读中，我们通过对"孩子们安静而甜蜜地睡着"这两处描写，发现了穷人身上很多美好的东西。其实，文中还有很多处写孩子们睡觉的句子。（师生一起寻找课文中描写孩子们睡觉的句子。共找到四处）同学们，我们将这四处写睡的内容连起来再梳理一遍，再一次感受作者的匠心独运，（淡淡忧伤而温暖的背景音乐响起）再次走进这个温馨而动人的故事。

（课件出示）

海上正起着风暴，外面又黑又冷，这间渔家的小屋里却温暖而舒适。……挂着白色帐子的床上，五个孩子正在海风呼啸声中安静地睡着。

就在这死去的母亲旁边，睡着两个很小的孩子，都是卷头发，圆脸蛋，身上盖着旧衣服，蜷缩着身子，两个浅黄头发的小脑袋紧紧地靠在一起。显然，母亲在临死的时候，拿自己的衣服盖在他们身上，还用旧头巾包住他们的小脚。孩子的呼吸均匀而平静，睡得正香甜。

桑娜用头巾裹住睡着的孩子，把他们抱回家里。……她把这两个熟睡的孩子放在床上，让他们同自己的孩子睡在一起，又连忙把帐子拉好。

"你瞧，他们在这里啦。"桑娜拉开了帐子。

（教师用低沉的声音，简述课文情景，在感人的音乐声中，引读文中描写"睡觉"的句子）

师：同学们，读到现在，你们还会说这些穷人身上真的仅仅只有穷吗？

生：穷人不穷！（板书：不穷）

板块四：发现财富

师：读完这个催人泪下的故事，我想起了美国作家海明威说的话——

（课件出示）

贫穷的人往往富于仁慈。——海明威

师：孩子们，让我们记住维克多·雨果写的长诗——

生：《可怜的人们》。

师：让我们记住列夫·托尔斯泰为我们改写的小说——

生：《穷人》。

师：他不但改变了叙事的文体，他还把题目给改掉了，你们认为用"穷人"好，还是用"可怜的人们"更好呢？

生：我觉得《穷人》好，虽然穷人很穷，但他们不可怜。

生：前面那个美国作家说过了，穷人往往富于仁慈。虽然他们穷，但是他们不可怜，他们是真正高贵的人。

师：是啊，内心的贫穷才是真正的穷。托尔斯泰当时所处的社会，由于沙皇的统治，贵族阶级道德败坏，农民虽贫穷却葆有高贵的精神品格。托尔斯泰深有感触，于是将雨果的诗歌改写成了小说。当然，我们还要感谢把这个故事翻译成中文的翻译家草婴先生，是他最先把托尔斯泰的很多文章介绍给我们的。同学们，无论是维克多·雨果的创作，还是列夫·托尔斯泰的改写、草婴的翻译，他们都在用心创造财富。所以，我们在阅读这些文章的时候，要用心发现财富。经典的文字，是财富，是永远的宝藏。让我们一起，用心发现财富！

（说明：此课执教于2013年）

教学品鉴

语文课堂：一切为了让学生真实有效地"学起来"

周一贯

课如其人。人的个性与修养有殊，带给课堂的风采也截然不同。擅长煽情者，课堂常有演讲的味道；优于组织者，教室似乎是"运动场"，各个项目次第展开，令人目不暇接。夫子型教师循循善诱，才子型教师汪洋恣肆，母亲型教师温柔体贴，硬汉型教师自然是叱咤风云，充满阳刚之气……课堂个性各有气象，它是成就个人课堂教学风格的基础，自然难能可贵。但重要的是必须服从于课堂共性，即课堂主流价值追求：学生的学习和发展。如果说，课堂个性是"0"，它必须与课堂主流价值这个"1"相连接，才能成为一种有意义的质量。

张祖庆是一位颇具鲜明课堂个性的人，然而更为可贵的是他能把课堂个性融入"学生学习和发展"这个"共性"之中，也就因此而令人耳目一新，其发人深思之处，很有让人"一唱三叹"的功力。

一、"求本"，让学生尝试进入"自主解读"之境

张祖庆老师的课堂个性之一是他颇善于与学生交往言说，在达意的正确中不失风趣，在传情的朴实中不失灵动。其实，教师善于与学生交往，是课堂教学之"本"。"君子务本，本立而道生"。在《穷人》一课中，我们看到了他的立"本"生"道"之路径，延伸在一个新的区域，即如何让学生去尝试"自主解读"。造成语文课堂"高耗低效"的原因很多，但根本的一点在于以教师的解读，代替了学生的解读，因此带来了讲析过度，消解了学生的学习过程。张祖庆引导学生自主解读，除特别令人瞩目的"师生

换位互动"外,更多地体现在他的"选点"功夫上,从而为学生进入自主解读开路。如课文中有一个最短,也最不显眼的句子"睡觉还早",教师竟选为让学生进入"自主解读"的点。我们从学生的自解讨论中,确实能证明这个"点",几乎可以涵盖文章的全部意蕴。学生从这四个字上解读了穷人物质生活的种种贫苦,甚至也可以进而深入到穷人精神生活的种种"富有":勤快的劳动、对渔夫归家的等待、对邻居西蒙的关爱……这都是在"睡觉还早"时间段里桑娜的忙碌和焦虑。"课标"明确指出:"不应以教师的分析,代替学生的阅读实践","不应以模式化的解读来代替学生的体验和思考"。这就要求我们要将以往教师精致预设的解读呈现给学生的教学模式,转化为教师引导学生去自主解读,让学习过程真实发生在学生身上的模式。显然,张祖庆的这一探索是很有"改课"意义的。

二、"尚实",放手让学生"运用语言文字"之道

听祖庆的课,总会感到他比较注重学生的学习实效。这在语文课堂太多追求唯美的艺术主义和扮靓的形式主义之当下,是十分难得的。当然,他的这一课堂个性比较符合"语文是一门学习语言文字运用的综合性、实践性课程"这一对课程性质的新诠释。因此我们也就不难看到他在《穷人》一课中帮助学生对语言文字听说读写思的大量运用。特别是他抓住了学生不容易看到在西蒙身上的穷人之善良,甚至不把西蒙列入"课文写了哪些穷人"这一解读的"死角",做了语言文字运用练习的开发。在学生讨论之后,祖庆老师让大家补写:"西蒙脸色苍白,神情黯然,望望身边躺着的两个孩子,内心充满着不舍、担忧与矛盾。她沉思着……"这一"补写"的设计十分精到,它既源于学生解读不足的客观需求,又有力地搅动了学生的情感波澜,促进了对课文意蕴的理解和感受,使情意宣泄和语言运用融为一体,达到了不吐不快的境地,从而让"运用"自然地进入了佳境。

三、"开放"，立足于文本而又超越文本之上

相当注重教学资源的开发是张祖庆另一个鲜明的课堂个性。他的视野比较开放当源于他的阅读面比较开阔。特别应该强调的一点是，他的"开放"不是资讯杂陈的泛化，而是总能立足于解读文本的心有灵犀。在《穷人》这一课的教学中，这无疑也是一个值得关注的亮点。如从"预热"谈话中的"莫言"说到《红高粱》《张艺谋》，目的是为了突出"改编"，恰恰又是课文背景不可或缺的。托尔斯泰的《穷人》是根据雨果的一首诗《可怜的人们》改写而来。这一切又串联着课末的讨论："托尔斯泰的改编，从题目到内容，比《可怜的人们》好在哪里？"……看若信马由缰，实是紧紧扣住了"文本"而又不囿于文本。在适度超越文本中，既丰富了学生的文学知识，又开拓了学生的阅读视野，演化了对课文主旨"穷人不穷"的认识，从而把教师课堂个性与学生的学习发展这一主流共性价值，紧密地结合起来。

四、"创新"，大胆探索于"师生换位互动"之中

喜欢不断地推陈出新、不满足于一味地因循守旧，可以说是张祖庆最鲜明的课堂个性了。他的课新意迭出，如有人不能接受，他还会据理力争，甚至到近于"固执"的地步。这也为圈内人所熟知。当然，这不是不虚心。能有独立思考的精神，表真情、说实话，是应有的学术品格。了解他的人都知道，其实他并不自大，而且乐于虚心求教。在《穷人》一课的教学中，他的"新招"是大胆探索"师生换位互动"的教学方式，即让学生当老师在讲台上组织学生读书讨论，而老师当学生坐在座位上质疑引导，从而培养学生自主解读课文的能力，收到了很好的效果。这让我们联想到中国著名教育家陶行知先生提出的"小先生制"和新"课标"创导的"自主合作、探究"学习方式的改变。显然，这些都向我们提出了勇于打破常规，提高学生的学习自信力的要求。张祖庆的"师生换位教学法"的推出，便很有

解放学生思想的强大穿透力，十分有益于调动学生的学习积极性和自信力。

另一方面，"师生换位教学"也是国外"伙伴教学法"在新时期的一种创造性运作。小伙伴之间由于年龄相仿，认知水平相似和言语波段相同，具有重要的交互沟通价值。在当下"让学于生"的教改大潮中，这一"师生换位互动"是十分有助于推进学习，让学习真实而有效地发生在学生身上的。当然，"师生换位"不是什么地方都换，在张祖庆的课堂里，他只是选在有利于课堂讨论的节骨眼上的某一步骤，才用了"师生换位教学"。即当读解到："课文没有出现一个'穷'字，可作者又是从哪些方面写出了穷人的'穷'呢？"这不仅是文本重点、难点、基点、特点的一个纽结点，而且也是孩子乐于探求、饶有兴味的话题。在"师生换位互动"中，张老师当了"学生"，其实依然在发挥着引领者的作用，只是现在是以学生的身份参与。通过讨论质疑、谈感悟、谈体会，老师可能比站在讲台上说更有意义，更有情趣，也更具有课堂对话的功能。

蔡元培先生曾经说过："知教育者，与其守成法，毋宁尚自然；与其求划一，毋宁展个性。"张祖庆老师不僵守成法、意在创新的个性特征，总是紧密连接着"学生学习发展"这一课堂的主流价值共性，而使他的课堂具有了以生为本、以学为重，常教常新，与时俱进的特点。

"为者常成，行者常至。"此言善矣！由此观之，《穷人》一课的教学还应精益求精，尤其要在"点"的精选上下功夫。如是否可以只选择两个点，一是"睡觉还早"，一是西蒙临死前的内心开掘，让学生去充分发挥"点"的"覆盖面"和"穿透力"。有的"点"，学生可以自己读懂的，"点"到为止。这样教师可以讲得更少些，学生可以学得更多些、更开放些。当然，这只是管窥之见，聊资讨论而已。

（作者单位：浙江省绍兴县教研室）

在贫穷中感受人性的力量

——评张祖庆之《穷人》一课

王小庆

如果在几十年前，我们谈论贫穷，我们可以分明感觉到它的真实存在；如果在穷乡僻壤，我们读到一则穷人的故事，我们也许会感同身受。但是，现在的大多数孩子，并不晓得贫穷究竟意味着什么，或者即便他们身处穷困的境地，却仍然不晓得自己最需要做什么。因此，当我们教授诸如列夫·托尔斯泰的《穷人》一类的文章时，我们势必会表现出"说教"的套路，一种在学生看来脱离生活实际的教学行为。

但是优秀的文学作品，它当反映出人类的一种普遍存在状态和一种普遍的追求。《穷人》其实并不"穷"，它的精神实乃富足而有力量。之所以给人以"说教"的嫌疑，实在是因为教师在课堂上的演绎过于"去艺术化"，从而导致了好端端的一个文本，虎落平川，遭到了"不明真相"的小读者们的唾弃。

这是很不正常的。

从故事本身来看，《穷人》的情节非常简单：渔夫的妻子桑娜带着五个孩子，生活艰辛但"温暖而舒适"。当她发现她的邻居寡妇西蒙因病去世，留下两个幼小的孩子时，顿时恻隐心起，将这两个孩子带到自家抚养。她对自己的冒失行为忐忑不安，以为她的丈夫会因此责怪她。但她的丈夫从外面回来，得知这一情况时，却二话不说劝她将两个孩子抱过来。——原来，他们的心是一致的。

这个故事之所以能成为文学的经典，乃是有着许多因素的，譬如对环境的精致描写，譬如主人公心理的微妙变化，譬如众多高明的象征手法，甚至还包括文中透露出的托尔斯泰之于"爱"和"死"的独到理解，等等。对小学生而言，要读出其中的艺术张力到底有些难度，故教师的导读和教学便显得十分关键。

张祖庆君长于文本解读，更长于在课堂上将他的解读成果转换为一种有效的教育教学行为，故他的课堂，不光对得起原文，更包含着他自己的艺术发挥，从而能将托翁之《穷人》中的精神，潜移默化地让孩子们自觉习得、吸纳，并转化为他们人生的一项重要内容。有趣的是，我在研析他的课例时，正值屋外大雪漫飞，此景此课，令我仿佛走入了文本中穷人的生活，更感受着他们的贫穷及其背后的人性力量。

一、什么是贫穷？

什么是贫穷？这个貌似简单明了的问题，却是祖庆君带领孩子们在课堂上首先要解决的。因为仅仅知道穷人"什么都没有"，不光是一种浮于表面的认识，更不可能引起人的切身感受以及对"贫穷"背后之力量的深刻体悟。

于是师生选择了从文本中的细节去寻找"贫穷"的概念。

事实上，原文中没有一处提到"贫穷"，但贫穷的痕迹和影响处处皆是。故教师要求学生细读课文，从字里行间去捕捉穷人的"穷"。这一过程持续了七分钟，可见教师对这一环节的重视。在分享阶段，学生将他们对于"穷"的发现尽数汇报：

生：我从第二段的第二句看出他们很穷，因为课文说："丈夫不顾惜身体，冒着寒冷和风暴出去打鱼，她自己从早到晚地干活，还只能勉强填饱肚子。"他们很辛苦，但是也只能勉强维持生活。

生：课文中说"不论冬夏都光着脚跑来跑去"。"光着脚"说明他们连买鞋子的钱都没有,而且吃的是"黑面包"。黑面包我从课外了解到,不像白面包那样很软很好吃,是很硬的,没有水的话,根本吃不下去。而且说"菜只有鱼",渔夫天天去打鱼的,因为没钱买菜,只能去打一点鱼来。这些看出他们很穷。

这些发现,严格地说,是对渔民生活之常态的冷静旁观,并不能真正引起学生对于这种生活的同情,因此,它更多地属于"研究性阅读"。接下来,在"小老师"的引导下,学生开始对隐藏着"穷"的环境描写进行讨论。这一招十分高明,正所谓"感时花溅泪,恨别鸟惊心",借助对环境的描写,有时候会类似"农村包围城市"那般,更容易引起人的切身体会。从此可见,这位小老师对于文本的阅读角度,非常的"语文"。

有关环境描写,学生找到了诸如"寒风呼啸、汹涌澎湃""又黑又冷、干干净净"等从某个侧面体现"贫穷"的词语,这与教师之前的预设十分相合。不过,对这些词语的发现和讨论,依然是一般的读者都能做到的。倘若以此来评判作品,仍无法叫我们相信其"经典"所在。此时,教师另辟蹊径地让孩子们寻找出一句常被忽略的重要句子——"睡觉还早"。

师:同学们,从"睡觉还早"中,你发现了什么?

生:第二段说"古老的钟发哑地敲了十下,十一下……",证明已经都十一点多了,睡觉其实不早了。

师:只是十一点吗?

生:可能还会到十二点多,因为后面有一个省略号。

师:是啊,这一个省略号仿佛就是一记钟声在敲打着我们,表明时间至少是晚上十一点以后了。

…………

(课件出示)

五个孩子正在海风呼啸声中安静地睡着。(第一段)

古老的钟发哑地敲了十下，十一下……始终不见丈夫回来。（第二段）

"我也不知道，大概是昨天。唉！她死得好惨哪！"（第二十三段）

这即是写作中"正话反说"的悖论手法（paradox），其中也包含着能予人以想象的"留白"。能从文本中寻找出一般读者所忽略的且又是极其关键的点，正是一个优秀读者所具有的本事。虽然祖庆和他的学生们只从时间的度量上研讨"睡觉还早"所具有的意义，忽略了"睡觉"其实还意味着对紧张而困苦生活的逃离，而且这种逃离对穷人而言，几乎是永远无法实现的。但这一发现，无疑是抓住了统领"贫穷"的最为关键之处，并顿时将师生对文本的解读水平，平地拔高了一个层次，亦同时使得学生意识到，对优秀的文本而言，任何词句都是不可忽视的。

对"贫穷"的描写，当然不只对桑娜一家的叙述。当桑娜走入西蒙家，眼前的一幕也许更为"贫穷"：

屋子里没有生炉子，又潮湿又阴冷。桑娜举起马灯，想看看病人在什么地方。首先投入眼帘的是对着门的一张床，床上仰面躺着她的女邻居。她一动不动。桑娜把马灯举得更近一些，不错，是西蒙。她头往后仰着，冰冷发青的脸上显出死的宁静，一只苍白僵硬的手像要抓住什么似的，从稻草铺上垂下来。就在这死去的母亲旁边，睡着两个很小的孩子，都是卷头发，圆脸蛋，身上盖着旧衣服，蜷缩着身子，两个浅黄头发的小脑袋紧紧地靠在一起。

相信一般的读者在读到这一段时心里更为难受。因为在桑娜家，"炉子里的火还没有熄，食具在搁板上闪闪发亮"，虽然生活困苦，却还不失希望的曙光；但在西蒙家的屋子里，一切却给人以"绝望"的冰冷和死寂！当祖庆君和他的学生们津津乐道于"睡觉还早"的意蕴时，他们却忽视了，对西蒙一家来说，时间已经悄然停息！这或许是他课堂指导时的一大缺憾。否则，我们一定会油然想起贝洛克对于贫穷的一个经典定义：

第二章 小说教学 / 107

贫穷即陷入一种不断为自己和家属的未来而焦虑的境地，无力维持自幼过惯的生活标准，既不免低三下四，又愤愤然想表示反抗，最终无可挽救地变得绝望。

是的，只有在贫穷变成"绝望"时，它才真的是一无所有了。

二、贫穷的财富和力量

好在文本的作者并非是叫读者去相信贫穷只意味着凄惨。事实上，贫穷者所具有的，往往是富足者未可想象般的丰富。这既是贯穿于祖庆这两个课时的一个基本思想，也是他希望孩子们在阅读《穷人》一文时所持有的价值取向。诚如他在第二课时开首所点明的那般：

师：……如果这篇文章只让你读出了一个"穷"字，那就是托尔斯泰改写的失败，穷人身上不只有穷啊！

于是，他二话不说，直接让学生们拿出纸，进行填充练习：

穷人虽然很穷很穷，但他们拥有（　　）。

此处教师不须迂回多讲做这种练习的理由，因为通过对整个文本的阅读，学生们早已心知肚明:《穷人》一文的精神，乃是贫穷背后的人性力量！

学生们的发现令人激动：

生：我找到的是第八自然段，文中说："桑娜用头巾裹住睡着的孩子，把他们抱回家里，她的心跳得很厉害，自己也不知道为什么要这么做，但觉得非要这样做不可。她把这两个熟睡的两个孩子放在床上，让他们同自己的孩子睡在一起，又连忙把帐子拉好。"我觉得穷人虽穷，但是他们却拥有富人都没有的善良。因为她说她的心跳得很厉害，自己也不知道为什么要这么做，但是她的直觉告诉她应该要这样做。

是的，"直觉"，这个很重要。穷人对自己的善良行为并没有什么理论基础，他们所做的，更多的是出于对生活和人生的直觉认识。

生：她说"她把两个熟睡的孩子放在床上，让他们同自己的孩子睡在一起……又连忙把帐子拉上"。我觉得虽然这是一个不经意的动作，但是她把西蒙的两个孩子和自己的孩子放在一起，感觉她就是把他们当成了自己的孩子，决定用心来养他们。她觉得作为邻居，拯救两个生命义不容辞、责无旁贷。因为在桑娜看来，两个孩子，也毕竟是生命里盛开的花。

能从生命的角度阐释穷人的互帮互助，这非常了不得。从这一回答中，我们几乎可以说，学生对贫穷背后的力量的认识，是出于自身对生命的敬重和爱护之心。至此，对《穷人》一课的解析，成功地链接到了学生的生命意识。

然而出乎意料的是，原文之中，桑娜并没有这么简单而伟大的"善良"，她在做了这一系列事情之后，更多的却是"忐忑不安"。祖庆君是个对文字极度敏感的人，他当然不会在课堂内放过这一细节，于是他让孩子们通过角色朗读，走进桑娜的内心世界，体会她这种真实而立体的情感。不仅如此，他还极有创意地比较了桑娜一家和西蒙一家的环境布设，从而让学生知晓：同样是贫穷，它所体现出来的意义未必完全一样。

师：同学们，作者为什么不写渔网，不写渔具，不写鱼竿，不写蜘蛛网。单单写"地扫得干干净净"呢？再读。（生读句子）我们来看一看，"地扫得干干净净"写出了什么？

生：地面的干净。

师：炉子里的火还没有熄，让人感觉到——

生：温暖。

师：食具闪闪发亮。除了干净之外，还让我们感觉到了什么？（生：明亮）这房间里还有那么一些明亮的东西。孩子们在海风呼啸声中安静地睡着，又是让人感觉那么——（生：温馨）

师：同学们，桑娜的美好品质都体现在这一个又一个细小的地方，托尔斯泰抓住了"温暖而舒适"这关键词语，细细写来，没有一句多余的话，非常简洁地写出了女主人的美好品质。

这是贫穷背后的希望所在，所以"温暖而舒适"；而在西蒙家：

生：我读到的是："睡着两个很小的孩子，都是卷头发，圆脸蛋，身上盖着旧衣服，蜷缩着身子，两个浅黄头发的小脑袋紧紧地靠在一起。"从"蜷缩"和"紧紧地靠在一起"我可以读出这个屋子里面十分阴冷。母亲把自己的衣服和旧头巾盖在他们身上，可以看出他们家比桑娜家还要穷，他们连被子都没有。

师：你又一次发现了"穷"。

生：我能不能先给她补充一下再说下去？文中说他们"紧紧地靠在一起"，为什么要紧紧地靠在一起？因为他们太穷了，只能紧紧地靠在一起，要不然他们就活不下去了。

生："显然，母亲在临死的时候，拿自己的衣服盖在他们身上，还用旧头巾包住他们的小脚。孩子的呼吸均匀而平静，睡得正香甜。"这里，"显然，母亲在临死的时候，拿自己的衣服盖在他们身上，还用旧头巾包住他们的小脚"，说明母亲还是很爱她的孩子的，这里看出了伟大的母爱。还有后面的"孩子的呼吸均匀而平静，睡得正香甜。"他们睡在稻草铺上，又盖着旧衣服，竟然还能睡得正香甜。

"紧紧地靠在一起"和"伟大的母爱"，这是多么了不起的发现。这也是穷苦者所具有的最令人羡慕的财富和力量！尽管如此，对西蒙家的描述，却远没有桑娜家那般温馨，这是很值得考究的现象。教师因此提出了一个颇有挑战性的问题：

师：……同学们，这段话当中，张老师留意到一个细节，我们来看"冰冷发青的脸上显出死的宁静，一只苍白僵硬的手像要抓住什么似的"，你觉得这个母亲想要抓住的是什么？

这是一个极具象征意义的句子。毕竟是小学生，他们无法从理性的角度看待这双僵硬的手，而简单地以为西蒙想要"抓住自己的孩子"，"最后一次再摸摸他们"。而教师在此未置可否，而用另一个语文活动替代他内心呼之欲出的回答：

师：难道西蒙在临死前，她就未曾想到过把孩子托付给桑娜吗？也许同学们没有深入地去想过这个问题。同学们，作为两个孩子的母亲，西蒙在临死前，一定愁肠百结、百感交集。请大家用一段内心独白，描述西蒙临死前可能的心理活动。写的时候适当运用省略号。让我们一起走进这位了不起的母亲的内心世界。（学生书写）

（课件出示）

西蒙脸色苍白，神情黯然，望望身边躺着的两个孩子，内心充满着不舍、担忧与矛盾。她沉思着："_____。"

（写后，交流）

这一招"还原"，配合之前对桑娜"忐忑不安"的讨论，愈加体现出作为穷人的母亲，西蒙内心所具有的强烈的爱和对生活的无助挣扎。因此，师生在此处所做的，实在是一种令人心碎的讨论。而当教师将四处描写孩子"睡"的内容置于幻灯片中，并伴以淡淡忧伤而温暖的背景音乐时，更让人在动荡与静穆、苦难与希望的反衬中理解了贫穷及其力量，并将这种理解沁入了人的灵魂，达至一种对人性的多维解读。

值得指出的是，文中西蒙之死是研析整篇故事时无法绕开的关键点。依我的理解，唯有西蒙这位母亲的死，方显得贫穷底下"爱"的伟大；也唯有她的死，方有了桑娜那"紧紧地靠在一起"的"冲动"决定。事实上，西蒙的死，虽然悲惨，但并非令人恐惧。正如托翁自己说的那样：

如果人能够把自己的幸福置放到他人的幸福中，就是说爱他人胜过爱自己，那么死亡就不再是生命和幸福的终结，像只为了自己而活着的人所

第二章 小说教学 / 111

觉得那样。

于是，我们可以说，西蒙虽死，但其意识和精神仍在。在本课的预习作业中，祖庆君设计了这样一道题："你认为这篇小说的主人公是谁？"其意亦不言自明。课堂内，师生成功地将西蒙"唤醒"，"复活"，正是为了一种爱之力量的传递的需要。

而另一方面，我们在读原文时会不由自主地想到：西蒙的悲剧，是否便是桑娜的明日？这个念头令人十分惶恐。即便西蒙的死充满着对孩子的无穷的爱，但她那双冰冷僵硬的手，还是使我们对未来的生活忧心忡忡。而能终结这种恐惧的，按我个人的理解，正是桑娜在她家的出现，以及她虽"忐忑不安"但又异常坚决地将两个孤儿抱回家的行为。可以说，桑娜的行为，终结了"贫穷"者无望的挣扎，而突破成为一种人性的高贵力量，并使得这一作品被赋予了明亮的色彩，走向了"温暖而舒适"的"家"。

这即是《穷人》这一故事留给我们的最大财富。而祖庆君在课堂上的艺术演绎，亦使得这一财富，偷偷地植入到孩子们的生命之中，成为他们生命中的一股力量。

三、作为经典艺术的力量传承

在本堂课的"预热板块"中，祖庆君与孩子们一同讨论了莫言的《红高粱》，指出张艺谋的改编"让一件艺术品变成另外一件艺术品"。到了第一板块（《穷人》溯源）时，则更点明了文学史上的一个事实，即托尔斯泰对雨果的叙事诗《可怜的人们》的改编，赋予原作以更强大的生命，并引起了更多人的共鸣。

是的，这就是文字的力量。相信托尔斯泰在阅读雨果的诗歌时，是带着他自身对于贫穷、对于爱、对于生与死的理解的。因此，他的改编创作，使得这一作品超越了对穷人们生活状态的朴素同情，而以一种人性固有的美的高度，进行着力量的传递，并影响着不同背景的人们，从而使得这一作品具有了人类普适意义上的价值，最终成为经典财富，为人类所共享。诚如托翁自己说的那样：

艺术的使命就是："把个人从离群和孤单的境地中解脱出来，就在于这样使个人与其他的人融合在一起。"

那么，我们在研习祖庆君的课堂之后，也可以近似地得出结论：他的课堂，因为融入了他自身的艺术发挥，而将这一财富为更多的读者所享用，并"融合"了更多的人，使他们即便不是"穷人"，也能从中体悟出贫穷之于人类的影响，体悟出随贫穷而共生的人性美。

所以说，一堂优秀的课，它既是艺术的，也是道德的。

（作者单位：杭州拱墅区教育局教研室）

经典的再发现

——《穷人》文本细读及教学内容生成与优化

张祖庆

一、文本细读与教学内容生成

小说开篇，两点值得关注。

一是对比手法的运用。先是屋外"又黑又冷"的环境与屋内"温暖舒适"环境的对比；再是孩子们"安静睡着"和桑娜"心惊肉跳"的对比。这样的对比，交代了背景，点明了时间，凸显了桑娜的勤勉与能干。

二是简洁叙述的力量。渔家小屋再简陋，屋内也不应该只有"地、炉子、食具、床……"等事物，作者为何不写渔网、大门、饭桌、灶台？……细读，便会惊叹作者的叙事功力，每一处事物，都含有深意："地扫得干干净净"——干净；"炉子里的火还没有熄"——温暖；"食具在搁板上闪闪发亮"——明亮；"挂着白色帐子的床上……安静地睡着"——温馨。屋外环境是如此的恶劣，而屋内，却是那样的"干净、温暖、明亮、温馨"！对女主人的赞美，尽在这平静的叙述中。

第一段可以开发如下教学内容：1. 引导学生体会环境描写对表现人物品质的作用；2. 感受作者简洁的文字风格与高超的写作艺术。

第三段开头的"睡觉还早"，需要用心关注。这是全文最短的句子。然，细细品读，意味无穷。

睡觉，真的还早吗？

"挂着白色帐子的床上，五个孩子正在海风呼啸声中安静地睡着"——孩子们睡了好长时间。睡觉不早了！

"古老的钟发哑地敲了十下,十一下……"——接近子夜。睡觉不早了!

"我也不知道,大概是昨天。唉!她死得好惨哪!两个孩子都在她身边,睡着了。他们那么小……"——此时,都已经第二天凌晨了。睡觉确实不早了!

既然睡觉已经"不早"了,桑娜为何觉得"睡觉还早"?

生活所迫!

往常这时候,丈夫肯定还没有回来,所以,"睡觉还早";自己也总是一直缝缝补补,所以,"睡觉还早";丈夫回来后,桑娜还要做饭,与丈夫一起清理、修补渔具,所以,"睡觉还早"……

这对贫穷的渔家夫妇,就这样起早贪黑地拼命劳作,也只能"勉强度日"。

"睡觉还早",笔力千钧,极富张力!

"睡觉还早"可以生成教学内容3:引导学生发现文本中富有深意的细节,联系上下文,深入理解文本,体会作者高超的写作艺术。

第七自然段关于西蒙死后以及孩子们熟睡的诸多细节的描写,需要特别用心地去发现。这是一段容易被忽略的描写。一般来说,大部分老师在解读文本和实施教学的时候,总认为桑娜是小说的第一主角,把西蒙当作可以忽略不计的"配角"。事实上,细读这段话,我们便不难发现:西蒙,也是一个了不起的穷人。

首先,我们关注到的,同样是对比强烈的画面。西蒙"悲惨而宁静"的死,与孩子们"平静而香甜"的睡。这个母亲,知道自己挨不过这个寒冷的晚上,所以用自己身上唯一可以取暖的"旧头巾,旧衣服"盖在孩子的身上。细节,折射的依然是触目惊心的"穷",而在这"穷"的背后,藏着深沉朴素的母爱。

其次,我们还会关注到"对着门的是一张床"。一般人家,床是不会对着门的。而为何西蒙家的床,却"对着门"?房子空间极其狭小。穷!

第三，我们还会关注到"一只苍白僵硬的手像要抓住什么似的，从稻草铺上垂下来"。"稻草铺""没有生炉子""又潮湿又阴冷"，一次又一次地诉说着"穷"字。"一只苍白僵硬的手，像要抓住什么似的……"西蒙在临死的时候，想要抓住什么？抓住命运，抓住希望，抓住上帝的手、求他救救可怜的孩子……

这个细节，表现了西蒙复杂丰富的内心世界。对自己的死，显然西蒙是有预见的。那么，在临死前，她可曾想到把自己的两个可怜的孩子托付给邻居桑娜？这个善良的母亲一定会想到的，一定会！但，她没有这样做……

耐人寻味啊！

西蒙死后的诸多细节描写，可以生成教学内容4：引导学生抓住文本中容易被忽略的细节，通过创生语境写话，还原人物丰富复杂的内心世界，丰满人物形象。

第九自然段桑娜的"忐忑不安"以及下面几段的内心独白，作者用了一连串省略号、感叹号以及问号，表达了桑娜丰富的复杂的内心世界，进一步表现了穷人的贫穷和善良。心理描写，是这篇小说读来催人泪下的重要原因。

这段精彩的内心独白，可以生成教学内容5：引导学生通过对省略号背后意思的补白，进一步体会穷人的穷与善良。

从第十三自然段开始，小说用大量的对话推进故事情节。对话，将桑娜从小心试探到和盘托出，渔夫从严肃、忧虑到催促桑娜抱回孩子的过程，交代得清清楚楚，穷人形象越来越饱满，故事也渐抵高潮。

这部分，可生成教学内容6：分角色朗读对话，体会人物丰富的内心世界与高尚品质；

第二十四自然段"严肃""忧虑"的表情，以及渔夫说话中的"熬"字，传神地写出穷人的穷和善。对渔夫的描写，可以生成教学内容 7：引导学生通过人物表情、语言，揣摩重点词语，读懂内心世界。

第二十自然段的"两个人沉默着"，第二十三自然段的"桑娜沉默了"，第二十五自然段桑娜的"一动不动"。三处沉默，各尽其妙，内涵丰富，值得细品。

这三处"沉默"，可以生成教学内容 8：引导学生抓文本的空白点，丰富文本。

小说结尾戛然而止，言已尽而意无穷，让人回味。此处可以生成教学内容 9：引导学生想象帐子拉开后，渔夫会看到什么，进而续写故事。

二、教学内容的选择与优化

经典文本，阐释维度和空间是多元的。上文所涉的几个解读要点，只是笔者在细读文本的过程中，所关注到的。即便这样，富有教学价值的内容，多达九项。这九个方面，都很重要，每一个点都可以成为教学的重要内容。课堂时间是个常数，两课时的教学，必须要精选内容，优化组合。否则，教学就会走向蜻蜓点水，浅尝辄止。

（一）选择独具特色的教学内容

作为经典文本，在选择教学内容的时候，我们首先要考虑的是，"这一个"文本有别于其他的文本的独一无二处是什么。

相比于同样经典的《凡卡》《小音乐家杨科》《卖火柴的小女孩》等国外翻译作品，《穷人》一文最大的特色是环境描写、心理描写。小说开篇环境的对比描写，以及桑娜抱回孩子之后的一系列内心活动，是"这一篇"小说的最富于魅力的特色。因此，作为"定篇"，我在选择教学内容时，就将"可能生成的教学内容" 1、5，作为"独具特色的教学内容"，并在教学实施的过程中，浓墨重彩地展开。文中大量出现的"对话描写"，为何没有作为重要的教学内容？一者，对话并非本课独一无二的特色，学生在此前所学的大量课文中，都接触过对话描写；二者，孩子们离穷人们的生活很遥远，加之阅历和年龄差异，孩子们很难恰如其分地读好人物对话；三者，对话太多，课堂时间难以保障。因此，分角色朗读对话，不作为本课的教学内容。

（二）开掘易被忽略的文本意蕴

经典，是常读常新的。经典的奥秘，也容易被粗心的读者所忽略。作为教师，我们有责任将经典文本中容易被忽略的地方指给孩子们看，带领孩子"发现经典"，体会阅读经典的乐趣。

《穷人》这篇小说，孩子们在阅读中最容易忽略什么？

一是寡妇西蒙的被忽略。在预习中，我设计了这样一道题目："你认为这篇小说的主人公是谁？"大部分孩子选择了"桑娜"，也有的孩子选择了"渔夫"，而选"西蒙"的，则一个也没有——这，其实也是大部分老师的解读。而事实上托尔斯泰当初写这篇小说的目的，是为了刻画穷人"群像"，而不是一个穷人。西蒙在这篇小说中，绝对不是可有可无的点缀。她在临死前，对孩子的悉心呵护，旧头巾、旧衣服包裹孩子身体和脚，以及"一只苍白僵硬的手像要抓住什么似的，从稻草铺上垂下来"。这些细节，是那样的耐人寻味。如果我们试着走进西蒙的内心世界，你会发现西蒙更多的了不起。爱孩子，这是显而易见的。更为高贵的地方在于，临死前，她明明可以将两个孩子托付给邻居桑娜，但，她没有！因此，本课书的教学，教师要将西蒙这个容易被忘记乃至被"遮蔽"的穷人，重新"唤醒"、"去蔽"。引导学生通过对文本中的细节琢磨，通过写话，还原西蒙临死前的内心活动，让西蒙的形象"复活"。西蒙"复活"了，《穷人》这一经典作品，也得以"复活"。因此，上文中的"教学内容4"，就成了本课书教学的重要内容。

二是"睡觉还早"的被忽略。通篇文字，孩子们可以从字里行间的很多地方读懂穷人的"穷"，但是，"睡觉还早"这四个字所包含的意蕴，大部分孩子是无法发现的。因此，教师要通过追问，让学生联系上下文，读懂"睡觉"其实已经"不早"，深入理解穷人的"穷"，领略作者"言简意丰"的语言艺术。因此，"教学内容3"就成为本课教学的有机组成部分。

（三）凸现"语言运用"的课程价值

2011版语文新课标指出："语文课程是一门学习语言文字运用的综合性、实践性课程"。这句话言简意赅地点明了语文的学科性质。因此，我们在备课的时候，要充分考虑所选择的教学内容是否能凸显"语言运用"的价值。从这个意义上去考量，《穷人》这一课教学内容的选择，就有了新的思考路径。

这里重点说说环境描写和心理描写，如何凸显"语用"价值。

环境描写和心理描写，这是本篇小说的特色。教学中，要经历如下三个维度：一是通过朗读想象，走进文本，让学生思考"写了什么"；二是通过追问，思考作者"为什么要这么写"，领会独特的表达方式背后的意图；三是创生语境，让学生迁移运用，学着"怎么写"。

比如，第一段的教学，我让学生找出描写屋外和屋内一串词语，通过想象，说说自己仿佛看到了什么。这一环节指向于"写什么"。然后，两组词语对比朗读，让学生明白作者对比着写，是为了表现穷人的"穷"和善良勤劳。紧接着追问：穷人的家里，除了课文中写到的这些，应该还有些什么？作者为何不写其他，而单单要写"地""食具""炉火""孩子"？这一追问，孩子们就能明白，作者写屋内的环境，是为了表现人物的美好品质，与这个写作目的无关的内容，当然就不写了，进而领略托尔斯泰高超的写作艺术。这一环节，指向于"为什么写"。

而"怎么写"的训练，我通过创设写话情境，让学生还原西蒙在临死前的心路历程，模仿桑娜抱回孩子后忐忑不安的心理活动描写，适当运用省略号，将西蒙复杂的内心世界描摹出来。教学实践证明，由于训练点选得恰当，孩子们很好地迁移了心理描写的独特表现手法，丰富了人物的内心世界，丰满了文本的意蕴，收到了很好的预期效果。

　　文本解读中涉及的可能生成的教学内容5、7，整合在整个教学过程中，捎带处理；而8和9，则大胆舍弃或整合在课外作业环节。

第4课　金钱的魔力

文本再现

我等候着，一直等到他把手头的事办完，他才领着我到后面的一个房间去，取出一堆人家不肯要的衣服，选了一套最蹩脚的给我。我把它穿上。衣服并不合身，而且一点儿也不好看，但它是新的，我很想把它买下来，便没有挑剔，只是颇为胆怯地说道："请你们通融通融，让我过几天再来付钱吧。我身边没有带着零钱哩。"

那个家伙摆出一副非常刻薄的嘴脸，说道："啊，是吗？哼，当然我也料到了你没有带零钱。我看像你这样的阔人是只会带大票子的。"

这可叫我冒火了，于是我就说："朋友，你对一个陌生人可别单凭他的穿着来判断他的身份吧。这套衣服的钱我完全出得起，我不过是不愿意叫你们为难，怕你们换不开一张大钞票罢了。"

他一听这些话，态度稍改了一点儿，但是他仍旧有点儿摆着架子回答我："我并没有恶意，可是你要开口教训人的话，那我倒要告诉你，像你这样凭空武断，认为我们换不开你身边可能带着的什么大钞票，那未免是瞎操心，恰恰相反，我们换得开！"

我把那张钞票交给他，说道："啊，那好极了，我向你道歉。"

他微笑着接了过去，那种笑容是遍布满脸的，里面还有折纹，还有皱纹，还有螺旋纹，就像你往池塘里抛了一块砖那个样子；当他向那张钞票瞟了一眼的时候，这个笑容就马上牢牢地凝结起来了，变得毫无光彩，恰像你所看到的维苏威火山边上那些小块平地上凝固起来的波状的、满是蛆虫似的一片一片的熔岩一般。我从来没有看见过谁的笑容陷入这样的窘况。老板赶紧跑过来,看看是怎么回事,他兴致勃勃地问道:"喂,怎么回事?出了什么岔子吗?"

我说:"什么岔子也没有。我在等他找钱。"

"好吧,好吧,托德,快把钱找给他,快把钱找给他。"

托德回嘴说:"把钱找给他!说说倒容易,先生,请你自己看看这张钞票吧。"

老板望了一眼,吹了一声轻快的口哨,一下子钻进那一堆被顾客拒绝接受的衣服里,把它来回翻动,同时一直很兴奋地说着话,好像在自言自语似的:

"把那么一套不像样子的衣服卖给一位脾气特别的百万富翁!托德简直是个傻瓜——天生的傻瓜,老是干出这类事情。把每一个大阔佬都从这儿撵跑了,因为他分不清一位百万富翁和一个流浪汉,老是没有这个眼光。啊,我要找的那一套在这儿哩。请您把您身上那些东西脱下来吧,先生,把它丢到火里去吧。请您赏脸把这件衬衫穿上,还有这套衣服;正合适,好极了——又素净,又讲究,又雅致,简直就像公爵穿得那么考究。这是一位外国的亲王定做的——您也许认识他呢,先生,就是哈利法克斯公国的亲王殿下,因为他母亲病得快死了,他只好把这套衣服放在我们这儿,另外做了一套丧服去——可是后来他母亲并没有死。不过那都没有问题,我们不能叫一切事情老照我们……我是说,老照他们……哈!裤子没有毛病,非常合您的身,先生,真是妙不可言,再穿上背心,啊哈,又很合适!再穿上上衣——我的天!您瞧吧!真是十全十美——全身都好!我一辈子还没有缝过这么得意的衣服呢。"

我也表示了满意。

"您说得很对,先生,您说得很对。这可以暂时对付着穿一穿,您等着瞧我们照您自己的尺寸做出来的衣服是什么样子吧。喂,托德,把本子和笔拿来，快写。腿长三十二……"我还没有来得及插上一句嘴，他已经把我的尺寸量好了，并且吩咐赶制晚礼服、便装、衬衫，以及其他一切。后来我有了插嘴的机会，我就说：

"可是，老兄，我可不能定做这些衣服呀，除非你能无限期地等我付钱，要不然你能换开这张钞票也行。"

"无限期！这几个字还不够劲儿，先生，还不够劲。您得说永远永远——那才对哩，先生。托德，快把这批定货赶出来，送到这位先生公馆里去，千万别耽误。让那些小主顾们等一等吧。把这位先生的住址写下来，过天……"

"我快搬家了。我随后再来把新住址给你们留下吧。"

"您说得很对，先生，您说得很对。您请稍等一会儿——我送您出去，先生。好吧——再见，先生，再见。"

（人教版《语文》，五年级下册）

> 课堂实录

"夸张得要命，可又蛮真实的"

——《金钱的魔力》教学实录

课前预热：聊聊漫画

课前，教师围绕着漫画，与学生聊天。依次出示小沈阳、教师本人的漫画和环保漫画，让学生感受人物肖像漫画和讽刺漫画的共同特征——运用夸张的表现手法。教师补充：人物肖像漫画往往夸大人物最醒目的特征，让人过目难忘；而讽刺漫画往往用夸张的表现手法，讽刺或警示人们。

【点评：课前预热既是为课堂铺设情感、认知的阶梯，也是引导学生与教师视界趋同的重要过程。好的课前预热能营造"一叶知秋"的氛围。张老师的课前预热即是此例。看似平常的漫画导课，却成为文本解读和课堂推进的重要引擎，随着课境的持续深入，一幅幅漫画将逐渐"闪亮登场"，教师匠心可见一斑。】

板块一：漫画入课　概览小说

师：继续看漫画。（出示马克·吐温站在竹筏上的漫画）你认为这幅漫画可能是谁？

生：有可能是鲁滨孙，因为鲁滨孙在漂流的时候也是站在竹筏上的。

生：我觉得他是《金钱的魔力》的作者，马克·吐温先生。

师：哈哈，你猜对了！（课件出示马克·吐温照片）比较一下，你觉得哪些部位画得非常的神似？

生：头发、眉毛、胡子都画得非常的像。特别夸张的地方就是他的头

比原来的头放大了很多。

师：张老师告诉大家，马克·吐温曾经在密西西比河上当过水手。据说，密西西比河上行船最佳的水深距离是12英尺，所以他给自己取了个笔名——马克·吐温。这笔名就是"水深12英尺"的意思。我们今天学习的《金钱的魔力》是一篇小说。（板书：小说）读小说一般先要关注小说有哪些人物。大家回想一下，这篇小说主要写了哪几个人物？

生：托德，还有裁缝铺的老板。

师：（板书：托德 老板）还有？

生：主人公。

师：你认为文中的主人公是谁？

生：是亨利·亚当斯。

师：哈，你一定看过《百万英镑》。同学们，如果是自传体小说，文中的主人公往往就是作者本人。本文不是自传体小说，主人公可以用"我"表示。（板书：我）"我"和托德、老板之间发生了什么事？说得越简洁越好。

（学生利用板书纲要，很快地把小说的情节梳理清楚了。略）

师：同学们，抓住了人物和主要情节，一下子就理清了故事内容。（板书：人物、情节）把握小说的主要内容，这是小说阅读非常重要的一条策略。

【**点评**】：短、平、快的师生交流折射出对文本核心语文价值的聚焦。

作为一篇小说，张老师引导学生关注其文体特征，以最简洁干净的语言梳理出人物和主要情节。更有意义的是，在这过程中，教师还顺势破解了有趣的文学常识、渗透了小说的阅读方法，如"马克·吐温"笔名的由来、"我"为什么要加引号以及小说阅读要抓住人物和主要情节。整个过程明快干脆，却使学生得理得法，不可谓不精到。而作为小说三要素中最关键的人物形象的刻画，张老师则是响鼓用重锤，在接下来的课堂推进中有的放矢、逐个击破，如此，使整个课堂节奏"疏可走马、密不透风"。】

板块二：聚焦第一幅漫画——托德的笑

师：老师读小说的时候，往往一边读，一边在脑子里画画。比如《金钱的魔力》这篇小说，我就边读边在脑子里画画。画着画着，突然觉得《金钱的魔力》这篇小说，很像漫画故事。你们有没有同感？

生：有。

师：好！快速检索，想一想，如果把这篇小说画作一幅幅漫画，你脑子里最先浮现出来的，最有漫画风格的画面是哪一幅？

生：我脑海里会浮现出托德对"我"冷嘲热讽的画面。

生：我会联想到老板对"我"热情地喋喋不休的画面。

生：我会联想到托德接过那张百万英镑后的那个笑容。

【点评：看似不经意的这个过程其实是切准了语文学科的属性和特征。文本是言、意、象三位一体的呈现，透过文字，我们可以体味含义、感知形象。语文学习的坦途正道也在这里，品味语言才能获知含义，言意相融自然产生境象。理解只是语文学习的粗浅层次，见"象"才是语文学习的较高层次。当然，语文的最终目的是在见"象"之后揣摩学习作者对语言文字的运用，这是语文教学的旨归。在这里，张老师四两拨千斤，将读懂文章并梳理人物形象这个复杂的过程转变为检索脑中浮现的一幅幅漫画，将平面的文字瞬间蜕变成生动立体、可感可知的形象与画面，迎合了这个学段学生的能力与喜好。学生在阅读文本的过程中如同戴上了3D眼镜，感知人物形象自然能更加真切、投入。】

师：嗯。哪些同学也跟这位同学一样，觉得托德的笑容仿佛是一幅精彩的漫画？（生纷纷举手）

师：好，我们就来关注托德的笑容。请默读第六自然段，拿起笔，圈圈画画，想一想：这个片段当中的哪些文字具有漫画的风格。可以在关键词边写一两句批注，表达自己独特的感受。

（学生默读第六段，圈画，批注后交流）

生："当他向那张钞票瞟了一眼的时候，这个笑容就马上牢牢地凝结起来了，变得毫无光彩，恰像你所看到的维苏威火山边上那些小块平地上凝固起来的波状的、满是蛆虫似的一片一片的熔岩一般。"从这里可以看出托德本来以为这张钞票能有多大，自己肯定能找得开的。但是一看到，就吓了一跳，这是一张多么大的钞票啊，是自己没有办法找开来的。这段话用夸张的笔法，写出了托德微妙的心理变化。

师：你理解得太好了！谁知道这张钞票面值到底有多大？

生：是一百万英镑。

师：老师告诉大家，相当于今天的一千五百万人民币。所以，这个伙计，见到这张超大面额的英镑，他脸上的表情马上扭曲了。来，读"这个笑容就马上牢牢地凝结起来了"——

（学生有感情地读）

生：老师，我补充。这句话写出了托德见钱眼开，满脸狞笑是那么不自然，那么令人厌恶，表现出了托德对金钱的贪婪。

师：尤其是从哪些词中你感受到了马克·吐温和你一样的厌恶？

生：我从"那种笑容是遍布满脸的""折纹，皱纹，螺旋纹"和"蛆虫"

这里看出。

师：生活当中，你真会见到这样丑陋的脸吗？

生：不会。

师：那为什么马克·吐温要把这张脸写得那么丑？

生：这是夸张手法，表现了托德的见钱眼开，对金钱的贪婪。

师：对！用夸张的手法进行讽刺。一张钞票，居然能让这个人的笑容一瞬间发生那么大的变化。托德的笑，因金钱而扭曲、变态。（板书：扭曲）这就是马克·吐温写作的风格——

（出示幻灯片）

马克·吐温幽默、滑稽，夸张得要命，可又蛮真实的，有时还带点刺儿。

——读者对马克·吐温的评价

（学生齐读对马克·吐温的评价）

师：同学们，把故事写得幽默、滑稽、夸张，这是一种本领；但是幽默、滑稽、夸张背后还可以"真实""带刺"，这就非常难了。这就是马克·吐温这位文学大师作品的魔力。

【点评：从"托德扭曲变态的脸"到"用夸张的手法进行讽刺"，再到"夸张得要命可又蛮真实"的写作风格，聚焦托德这个人物形象，教师如抽丝剥茧，层次递进。从语言的理解、感受、举象到写作手法的探讨，再到写作风格的感知，如此纵深的命题却在师生的交流中瓜熟蒂落、水到渠成。如果没有现场聆听或仔细阅读课堂实录，我们可能会有这样那样的担忧，比如手法和风格之类的文学知识是否适宜在小学课堂上呈现、对于第三学段的学生来说会否造成搅扰？然而，张老师的课堂现场证明，只要我们讲对方法，讲得适宜，不仅可以讲，而且应该讲。这正是课标所倡导的，不做系统的知识性的讲授，而应当在文本学习过程中，依托感性的学习内容将语文知识与内容加以落实与提升。】

板块三：聚焦第二幅漫画——老板的话

一、体验朗读：像主持人华少一样快速朗读老板的话

师：接下来，我们继续走进另外一个具有漫画风格的场景。（屏幕呈现课文第十一自然段）

师：起立！（学生全体起立）现在，请同学们学着《中国好声音》主持人华少念广告的语速，快速地读老板说的那段长长的话。读完的同学马上坐下，没读完的继续读。开始！

（学生快速朗读，场面十分热烈）

师：（来到第一个坐下的学生身边）《中国好声音》冠军在这里。来，你读一个片段，不要辜负大家的期待。请大家观察他的嘴巴。

（学生速读，语速非常快。全班热烈鼓掌）

师：我想问同学们，读了这段长长的话，你有什么感受？

生：我觉得老板热情对待"我"的这一段话都是重复说的。

师：嗯，重复说的。来，你把"重复"两个字写在"扭曲"的下面。（学生板书：重复）

生：我认为老板说的话是语无伦次的。

师：嗯。你把"语无伦次"写在"重复"的下面。（学生板书：语无伦次）

二、体验说话：忙碌的老板应该怎样做生意

师：同学们，这段话看上去很长。实际上，把它拎一拎，大概是讲——

生：讲老板一边喋喋不休，一边帮顾客换衣服。

师：快速浏览这段话，找到老板换衣服的次序。一分钟完成。

（学生圈画）

生：先换了衬衫，再换了裤子，然后换了背心，最后换了上衣。

师：对啊，说了这么多，其实就是说，先把衬衫穿上，再把裤子换上，

第二章 小说教学 / 129

把背心换上，最后穿上衣。我们来试着当一回很忙的老板，请根据老板给"我"换衣服的先后顺序，即兴说一段话，注意把过程说清楚。

（出示幻灯片）

体验说话：

请根据老板给"我"换衣服的先后顺序，说一段简洁的话，把换衣服的顺序交代清楚，并对每一件衣服进行简单的评价。

衬衫——裤子——背心——上衣

"先生，请＿＿＿＿＿＿＿＿＿＿＿＿＿＿＿＿＿＿＿＿＿。"

师：好，你们上来。（三位学生上台）你们都是老板，我就是那个买衣服的人，请给我换衣服。

生：先生，先穿衬衫，正合适；再穿裤子，好极了；然后是背心，十全十美；最后穿上上衣，简直像个绅士。

师：语气很冷淡，买不买我还要考虑考虑。（全班大笑）

生：先生，这托德太傻了。来，这衬衫素净、讲究、雅致、考究；裤子妙不可言，穿上吧；背心……（学生没写完）

师：背心来不及穿了。你来。

生：先生请先穿上衬衫，好极了；再穿上裤子，帅呆了；（众笑）再穿背心，酷毙了；（笑）接着是上衣，真完美！

师：（爽快地）我向你买！（众笑）

师：你们刚才的发言不到40个字。可是！文中这位老板，却说了384个字。384个字！同学们，我记得马克·吐温有一次给朋友的一封信当中说："你要使用平常、简单的语言，短小精悍的句子……不要让琐碎、花哨、冗长的句子混进来。"此时此刻，你有什么问题要问马克·吐温？

生：马克·吐温先生，您不是说要用"短小精悍的句子"来表达吗？但是您这里却用了384个字来表达一个意思，您为什么要写这么多字呢？

师：那么，我们把他写的这段长长的话砍去好吗？

生：不好！

生：不行！

师：为什么不行？谁来说服我？

生：马克·吐温说"要使用平常、简单的语言，短小精悍的句子"这没错。但是，他这里写的是一个非常势利的老板，所以他要用"琐碎、花哨、冗长"的句子写。越是把老板的喋喋不休写出来，越是让人感觉老板爱钱如命。

生：老板生怕这么一个大阔佬会跑掉，所以使尽浑身解数，喋喋不休地说话，努力要做成生意。

生：用这些复杂的语言，更能体现老板的见钱眼红。

师：哈！好一个"见钱眼红"！不仅仅是"见钱眼开"！

三、体验表演：把老板的"喋喋不休"演出来

师：同学们，只有好好读一读老板说的话，你才能深刻地体会到他的话里有什么奥妙。张老师把这段长长的话分成四部分。你选一部分，用老板说话的口吻，满腔热情地、语无伦次地、喋喋不休地读。自己练一遍，注意适当夸张。

（学生投入地练读）

师：谁觉得自己具有表演老板的天赋？（班级里大部分学生举手）哇，你们的"财商"这么高啊！都有当老板的天赋。你推荐一位朗读最好的同学。

生：（齐）高林杨。

师：哈哈，就是刚才那个小华少。小华少，你上来。你读的是哪部分？

生：我读的是第四部分。

师：现在，我就是那文中的顾客，你可以边说边对我做动作。

生：哈！裤子没有毛病，非常合您的身，先生，真是妙不可言！再穿上背心,啊哈,又很合适!再穿上上衣——我的天!您瞧吧!真是十全十美——全身都好!我一辈子还没有缝过这么得意的衣服呢。(生边说边示范动作,语言夸张,极富表现力。全场爆笑)

师:掌声!天才的老板啊。有没有更有老板天赋的?(好几个学生举手)你上来。你读哪一段?

生:第四段。

师:也是第四段?这叫"PK"。(指一学生)你来当顾客。(学生一高一矮)顾客跟老板的身材比例有点失调。(学生笑)好,开始!这老板"居高临下"地推销他的产品。(笑)

生:啊哈,裤子没有毛病,真是妙不可言……我一辈子还没缝过这么好的衣服呢。(生绘声绘色地表演,全场爆笑)

师:我怎么感觉你像专业做传销的。(全班笑)谁愿意读倒数第二段?(一生上来)这回难度很大了,你要做好心理准备。同学们注意,第三段中老板说的"哈里法克斯亲王",你觉得这个亲王是真的存在还是老板编出来的?

生:很可能编出来的。

师:有可能真的存在,也有可能编出来的。这老板,嘴上是这么说,心里想着另一套。好,现在我们两个来演"双簧"。你读的就是屏幕上的这段话,我争取把你内心的话掏出来,不管有没有说对,你都往下读。

生:这是一位外国的亲王定做的——您也许认识他——

师:(声音轻一点,模拟老板心理活动)压根儿没这个亲王。(台下学生笑)

生:就是哈利法克斯公国的亲王殿下,因为他母亲病得快死了——

师:他母亲压根儿没病。(生笑)

生:他只好把这套衣服放在我们这儿,另外做了一套丧服去——

师:压根儿没做丧服。(生笑)

生：可是后来他母亲并没有死——

师：当然没死。（生笑）

生：不过，那都没有问题，我们不能叫一切事情老照我们……我是说，老照他们……

师：呃，老照谁，我自己也忘记了。

（师生大笑，场面活跃）

师：哈哈，同学们都笑了。你看，这老板，为了讨好、巴结顾客，竭尽全力。一会儿贬低托德；一会儿说自己的裁缝店"高端、大气、上档次"——跟亲王做生意；一会儿把顾客夸上天。重复啰唆的话也好，语无伦次的话也好，目的只有一个——

生：讨好顾客！

师：讨好顾客，因为老板面对这张巨额钞票，内心发生着巨变，所以他的话语跟平常我们见到的老板不一样了——失去常态了。（板书：失常）这段话，再一次让我们充分地感受到了马克·吐温的"幽默，真实而带刺"的写作风格。

【点评】：还原和比较是文本细读最重要的方法。在揣摩老板这个人物形象的时候，与刚才体味托德层层推进的方式不同，教师是引导学生进行还原和比较。对于这样典型的语言现象，凭学生的语感还没有能力发现和分析。这时候，教师文本细读的功夫就显得尤为重要了，否则以其昏昏何以使人昭昭呢？张老师当然是个中高手，在对这个典型的语言现象进行细读并发现其独特魅力后，就循序渐进地引导学生进行还原：根据老板给"我"换衣服的顺序把过程说清楚。学生发现其实说清楚只需几十个字，但课文作者却用了384字，接着再通过两相比较，并引入马克·吐温自己的观点"使用短小精悍的句子"让学生蓦然发现作者这里写法的不寻常，悟得其匠心即在运用重复、毫无伦次的语言展现老板的"见钱眼红"，感受语言中透露出的讽刺意味。更妙的是，张老师并没有就此罢手，而是又组织表演将理解和感受外化为语言与情状。这种与文本耳鬓厮磨、纠缠往复的过程不仅使学生对人物形象的感知直观深刻，而且使学生真正移情体验，感受老板的滑稽可笑，从而真切地体味到马克·吐温幽默却真实、带刺的写作风格。】

板块四：真心话大冒险

师：同学们，读小说，难道仅仅在读别人的故事吗？接下来，让我们进行一场"真心话大冒险"！

生：（学生欢呼）好！

师：考验你们的时刻到了！看看你们会不会说真心话。预备，开始！

师：请看话题："假如故事发生在现实生活中，你就是文中的伙计或者老板，面对一张百万英镑（相当于一千五百万人民币），你会不会像小说中的两个人一样丑态百出？"（学生马上举手）这么难的问题，拷问灵魂的问题，不要一下子轻率地回答，请把手放下。认真地想一想，要对自己负责哦。（学生继续思考近十秒钟）

生：我可能会丑态百出，因为我抗拒不了这么多钱的诱惑。（众笑）

师：这诱惑力实在太大了。好，说了真心话。

生：要是我的话，我也可能会丑态百出。因为这么大的一个诱惑放在我眼前，如果我去选择的话，我就会成为一个富翁了，谁不会去选择？（众笑）

师：每个人都有发财梦。

生：我觉得，我会给他推荐很贵的衣服，因为他这么有钱嘛，这样可以多赚点钱。我不会这样丑态百出，而是介于两者之间的。

师：你的意思就是说跟他公平交易。虽然内心有些波澜，但是表面上非常淡定，淡定哥。

（生大笑）

生：我不会丑态百出。我会心平气和地为他介绍衣服。就算他拿着这么多钱，难道他会把这么多钱都花在我们店里吗？他会用全部的钱把我们店里的衣服全部买光吗？肯定不可能啊！所以，心平气和！

师：好一个"心平气和"！十岁的少年说出了五十岁知天命的话。（众大笑）

师：你呢？

生：我不会丑态百出。我就是觉得为什么要为了钱，放下自己的尊严，弄得跟个奴才一样去服侍别人，犯不着。

师：你达到了八十岁老人看破红尘的境界。（全场哈哈大笑）

…………

师：作者太厉害了！表面上，写的是别人的故事；实际上，他写的是人性深处最本质的东西。经典的作家，就能把这些最本质的东西写出来。（师指着板书）同学们，你们说，金钱真的有魔力吗？（生：没有）金钱本没有魔力，是人在金钱面前着了魔，心灵扭曲了，话语失常了。所以在金钱面前"笑话"百出。（把板书中的"笑"和"话"圈起来，巧妙地连成"笑话"二字）所以，我们说，贪欲才是真正的魔鬼。每个人的内心，都藏着"贪欲"，都有可能成为小说中的人物。只有用理性战胜贪欲，你才不会丑态百出。

【**点评**：优秀文本的价值和意义如果仅仅停留于文本，停滞于理解和感受，自然是买椟还珠、暴殄天物。张老师的心灵拷问直击学生内心，把这个书本上的故事自然地转化为生活中的事件。真心话也罢，大冒险也罢，学生都有机会直面自己，重新认识自己。当然，这样的认识是虚拟的、是安全的，然而也正是通过这样安全的虚拟，学生得以直面自己的心灵。而语文，正是通过一次又一次这样直面心灵的模拟，逐渐锻炼和滋养学生正直、朴素、优雅的人格，为学生打下温暖的精神底色。】

板块五：简介背景　推测阅读

师：刚才我们读的《金钱的魔力》是从马克·吐温的小说集《百万英镑》中节选的。《百万英镑》讲的是这样的一个故事——

（出示幻灯片）

故事发生在英国，一对富豪兄弟打了个赌。哥哥认为一张面值一百万英镑的钞票会给人带来无尽的财富；弟弟则认为因为这一张一百万英镑的钞票面值太大，无法找零而花不出去，那人肯定会饿死。

于是，富豪兄弟选择了身无分文、穷困潦倒、衣衫褴褛的流浪汉亚当斯做试验，看他在一个月内如何收场，并答应亚当斯在完成任务后将得到一份不错的工作。于是，一幕幕精彩的闹剧上演了……

（学生快速浏览）

师：根据课文《金钱的魔力》和小说背景，你们觉得《百万英镑》可能还会上演哪些精彩的闹剧？

生：他可能会到饭店去免费吃饭，因为这张钞票面值太大，服务员找不开。

生：我来补充下，可能亚当斯不停地点这个菜点那个菜，导致周围的人都不停地抱怨。

生：我觉得他应该去买辆豪车，服务员看到这么一张钞票，一下子反应不过来了，干脆送他一辆车，笼络他。

师：说不定还会让他代言这辆车。同学们，假如当时的媒体获知这个消息：有一个衣着褴褛的穷光蛋怀揣着一张一百万英镑的钞票。这些媒体可能会怎样报道他？你们可以想一个标题。

生：我觉得媒体可能会说：流浪汉瞬间成为百万富翁。

生：我觉得他们可能会报道：穷光蛋富翁。

生：拥有百万英镑的穷光蛋。

生：一夜暴富的穷光蛋。

师：哈哈，这就是"土豪"！（笑）

师：同学们，我们来看一看《百万英镑》原著中，媒体对这件事的态度——

（出示幻灯片）

你随便拿起一份报纸，无论是英国的、苏格兰的，或是爱尔兰的，总要发现里面有一两处提到那个"随身携带一百万英镑钞票的角色"和他最近的行动和谈话。起初在这些谈到我的地方，我总被安排在"人事杂谈"栏的最下边。

后来我被排列在爵士之上，

再往后又在从男爵之上，

再往后又在男爵之上，

由此类推，随着名声的增长，地位也步步上升，直到我达到了无可再高的高度，就继续停留在那里，居于一切王室之外的公爵之上。除了全英大主教而外，我比所有的宗教人物都要高出一头。

（教师传递话筒，话筒轮到谁，谁就读）

师：他的地位就这样节节攀升，人气指数暴涨。用时髦的话来说，他的微博粉丝越来越多啊！可是，亲爱的同学们，有那么一天，亚当斯不小心把百万英镑丢了，我们来看看媒体是怎样来对待他的？

（观看视频：亚当斯不小心把百万英镑弄丢了，很多人来讨钱，媒体纷纷谴责亚当斯）

师：同学们，电影当中哪个片段给你留下了很深的印象？

生：一个像老板一样的人物一边喝着茶，一边看报纸，连茶水倒出来了都不知道。

师：小伙伴们被惊呆了！大老板也被惊呆了！

生：我印象深刻的是亚当斯在每件衣服里找那张百万英镑的囧态。

……………

师：（屏幕呈现百万英镑丢失前后媒体对亚当斯的对比）同学们，左边这列，是他拥有一百万英镑时的礼遇；右边这列，是他失去了这张百万英镑时的遭遇。你觉得马克·吐温这样写，用意何在？

（出示幻灯片）

后来我被排列在爵士之上，	"不再拥有百万英镑的亚当斯先生断然拒绝记者采访"
再往后又在从男爵之上，	"亚当斯先生应对自己的行骗行为进行解释"
再往后又在男爵之上，	"声名狼藉……"
居于一切王室以外的公爵之上，	"骗子……"
比所有的宗教人物都要高出一头。	……

生：在那时人们的眼里，只要你有钱，你的地位就会很高；如果你失去了金钱，你的地位就会越来越低。

生：钱代表地位，钱代表一切。

师：是的。这些势利的狗仔队，至今还在我们的身边。你看，作者借用百万英镑的故事，用极其夸张的手法讽刺了当时的现实生活。一百多年过去了，这个故事至今读来，依然新鲜，仿佛就发生在我们身边。这些，都一再地让我们感受到马克·吐温独一无二的写作风格——

（出示幻灯片）

"马克·吐温幽默、滑稽，夸张得要命，可又蛮真实的，有时还带点刺儿。"

师：抓住了这一点，像读漫画一样去读《百万英镑》，你会读到一个精彩的马克·吐温。祝大家阅读快乐！

【点评：课境推到此处，我们不禁叹为观止。简介背景、推测阅读似乎是离开了文本，但其实又在反哺文本，我以为这才是真正的文本超越。超越文本不是游离文本之外，更不是弃文本于不顾，而是在真切解读文本的价值、意义和写法之后，提炼出文本的属性，那个内在的恒定不变的"一"。本文即是马克·吐温"幽默、滑稽，夸张得要命，可又蛮真实的，有时还带点刺儿"的写作风格。布封说"风格即人"，张老师是深谙这一点的。也因此，学生在张老师的课堂上，生气郁勃地读着、演着、体味着、分享着，最终，他们从小说各种人物形象的背后读到的，是那个精彩的马克·吐温！】

（说明：此课执教于2014年）

（点评：杭州市大关小学 罗才军）

诗歌教学

第三章

第5课 忆江南

文本再现

江南好,
风景旧曾谙。
日出江花红胜火,
春来江水绿如蓝。
能不忆江南?

（人教版《语文》，四年级下册）

课堂实录

最忆是江南

——《忆江南》课堂实录

板块一：赏歌导入新课

（欣赏《忆江南》歌曲，陈俊华演唱的 DVD）

师：同学们，我们刚才欣赏到的这首好听的歌曲，歌名叫——《忆江南》，《忆江南》原是一个词牌名。什么是词牌名呢？

（屏幕出示小资料）

《忆江南》，词牌名，又名《望江南》《梦江南》《江南好》。中国古代，诗人写成了一首词，按一定的旋律来吟唱，这旋律的名称，就是词牌名。

师：今天，我们学习的《忆江南》是白居易写的，一起读。（学生齐读题）

师：同学们，关于江南，不同的历史时代有不同的说法。（圈出"江南"两字）一般人所说的"江南"是指长江中下游，长江的南岸；白居易笔下的江南，指的是苏州与杭州一带。说到苏州杭州，我们就情不自禁想起——

师生：（齐说）"上有天堂，下有苏杭。"

师：咱们杭州就是江南。自古以来，江南，就以她的美丽和富饶，吸引着一批又一批的文人墨客。他们游历江南，写下了大量歌咏江南的诗词。但是，流传最广，影响最大的，还数白居易的这首只有 27 个字的《忆江南》。那么，这首《忆江南》，究竟有着什么样的独特魅力呢？这节课，就让我们一起走进白居易眼中的江南。（指题目）一起读。

（学生齐读）

板块二：读出词中美景

一、读通词句　感受节奏美

师：同学们，学古诗词，首先得把古诗词读通顺，还要读出节奏来。自己读两三遍，一会儿我们来试一试，好吗？

（学生轻声读词）

师：好，哪位同学试一试？我找一位不举手的同学，你来。

生：《忆江南》，白居易。（将"jū"读成"jù"）

师：我没听清楚，最后三个字。

（生又读了两次，还是读错）

师：同学们提醒他一下。

生：（齐读）白居易。

（生正确读这首词）

师：读得很不错。先别着急坐下。"白居易"三个字，你读了三遍终于把它读正确了；词里边有一个"谙"是生字，你也读正确了；最难读的最后一句，你也读正确了！你看，你多了不起！（弯腰面对生）很不错，以后要多举手，知道吗？

师：其他同学，觉得能够比他读得还要好的，请举手。

（生读整首词）

师：读得非常好，请坐。同学们，古诗词光读通顺还不够，它是有节奏的，句子和句子之间也有停顿，同学们看，（大屏幕呈现整首词）你能够把这首词句子和句子之间的停顿读出来吗？哪位同学试一试？

（生读整首词）

生：是在"风景旧曾谙"这个地方稍微顿了下。还有在"春来江水绿如蓝"停了一下。

师：我再请问这位同学，你为什么要这样停？

生：我看到"风景旧曾谙"后面有个句号。

师：有个句号所以停得稍微长一点，是吗？（生点头）借助标点来停顿，这也是个方法。

师：其实，老师告诉大家，这首词一二两句讲一个意思，三四两句讲一个意思，第五句讲一个意思，是不是这样的？

生：是的。

师：那一二两句讲的是什么？

生：一二两句讲的是江南风景很好。

师：把它浓缩成一个字——

生：好。

师：三四两句写了什么？

生：景。（师板书）

师：第五句讲什么？一个字。

生：（齐说）忆。（教师板书：忆）

师：大家看，老师把这个停顿标出来了，（出示空行的整首词）我们一起读。

（学生齐读，师提示空行稍停）

师：同学们，大家能不能再仔细读一读，这首词里边藏着一个"对对子"，你发现了吗？

生："日出江花红胜火"和"春来江水绿如蓝"是一个对子。

师：好，我们来看。

（大屏幕出示）

日出江花红胜火，

春来江水绿如蓝。

师：这个对对子很有意思。下面老师读上边句子的一个词语或短句，你们读跟它相对应的词语。

师：日出——

生：春来。

师：江花——

生：江水。

师：（越来越快）红胜火——

生：（学生跟着越快）绿如蓝。

师：江花红胜火——

生：江水绿如蓝。

师：日出江花——

生：春来江水。

师：（语速更快）日出江花红胜火——

生：（更快）春来江水绿如蓝。

师：你看，这个对对子真有意思，读起来朗朗上口，非常有节奏。像这样的对对子，一般叫它为对偶句。在古诗词中的对偶句，叫对仗。来，再读，日出江花红胜火——

生：（齐）日出江花红胜火，春来江水绿如蓝。

师：同学们，学古诗词，读通了，读出节奏感了，那是远远不够的，咱们还得读懂它的意思。

二、品读词句　感受风景美

师：请同学轻轻地再读读这首词，借助注释，试着用自己的话，说说这首词的大概意思。开始！

（学生借助注释，自由说）

师：哪位同学用自己的话说说这首词的意思？（教师轻轻提示：可以

借助注释)来,你说说看——

生:春天来了,风景真美好!

师:你只说了二三句的意思,把整首词的意思说一说。哪位同学试试看?

生:江南真是好啊!风景如此秀丽,太阳徐徐升起的时候……

师:停,"风景如此秀丽"你这里还有几个字的意思没有讲进去,你说说看。

生:(继续)风景如此熟悉,太阳徐徐升起的时候,江花好像燃烧的火焰。春来,江水好像被蓝色的植物染绿了一样,怎能不让我怀念江南呢?

师:你讲得非常好。(学生坐下)别忙着坐下,老师想问你几个问题。你说"风景如此熟悉",这首词当中,哪个字就是解释"熟悉"的意思?

生:谙。

师:"旧曾谙"呢?

生:(思索)过去风景如此熟悉。

师:对,江南的风景,过去曾经如此的熟悉。我再问你,"绿如蓝"的"蓝",你刚才说像被蓝草染绿了一样。这个"蓝"为什么不是"蓝色"的"蓝",而是"蓝草"的"蓝"?

生:这……因为这首词的注释就是这样的。(场上老师们大笑)

师:(微笑着)哈哈,是啊,注释就是这么说的,借助注释理解诗句,多好!请同学们关注"红胜火"和"绿如蓝"。这"如"指的是"好像"呢,还是(停顿一下)别的意思?

(学生静静思考)

师:觉得是"好像"的请举手。(一些学生举手)

师:(环视)放下。老师告诉大家,这个"如"不是"好像",而是"胜过"的意思。为什么这里用"如"呢?因为上边用了一个"胜"字,再用"胜"就显得重复了。所以"绿如蓝"就是绿得比蓝草染过的还要绿。明白吗?

生：哦。

师：同学们，这古诗词，懂得了它的意思，我们再来读，就会越读越有味了。不信我们试试看，请接着老师的话读——

师：（深情地）江南好——

生：（深情地）风景旧曾谙。

师：（加重语气）江南好——

生：（加重语气）风景旧曾谙。

师：同学们，读着这"江南好"三个字，你们眼前会浮现出哪些你所见过的江南的美景？

生：我见到了水光潋滟的西湖，桃红柳绿的苏堤。

生：我想起了杨柳依依的苏堤，桃红柳绿的花园。

生：山色空蒙的西湖，烟雨迷蒙的楼台。

师：无论是山色空蒙还是烟雨楼台，无论是杨柳依依还是桃红柳绿，都是那么如诗如画。读着"江南好"三个字，我们还会情不自禁地想起哪些关于写江南的诗句来呢？

生：江南有丹橘，经冬犹绿林。

生：湖上画船归欲尽，孤峰犹带夕阳红。

生：迟日江山丽，春风花草香。

生：闲梦江南梅熟日，夜船吹笛雨萧萧。

生：烟波不动影沉沉，碧色全无翠色深。

师：同学们，江南美景道得完吗？

生：（齐说）道不完。

师：歌咏江南的诗句咱们吟得完吗？

生：吟不完。

师：道不完的江南美景，诵不完的江南诗词，但是白居易却只用了三个

第三章　诗歌教学　/　149

字就道尽了江南好，读——

（学生齐读一二句）

师：谁再来读读这两句？此时此刻，你再来读，一定会有别样的感觉！

生：（温柔地）江南好，风景旧曾谙。

师：你的声音流淌着江南的柔美。

（生稍微平淡地读）

师：这平静的声音中，藏着对江南的深情。

（生响亮地读）

师：好一个豪迈洒脱的赞叹！

（生舒缓而低沉地读）

师：轻声细语当中，也藏着白居易对江南深深的情啊！江南好，读——

（师生合作读）

师：同学们，让白居易感到最美、印象最深的一道风景是什么呢？

生：日出江花红胜火，春来江水绿如蓝。

师：是啊，请同学们认认真真地品读这两句，请大家读出白居易眼中的美景，比一比谁读得最美，先自己读。

（学生自由读三四句）

师：谁能用自己的声音赞美如此美丽的江南景色？

（生读）

师：你觉得自己哪个地方读得最满意？

生："红胜火"和"绿如蓝"。

师：为什么这样读？

生：因为"红胜火"讲太阳出来了，江上的花儿，像一团火焰在燃烧；春天的水，像蓝草一样绿得那样的夺人眼目。我觉得太美了！

师：所以你要尽情地放声来读，是吗？

生：是。

师：谁来挑战她？你推荐一位，好吗？

生：李逸凌。

师：好，帅哥。（生大笑）

（生放声读）

师：读得声情并茂，别忙着坐下。你能说出，你哪个地方读得特别好？

生：我觉得"绿如蓝"读得比较好。

师：为什么？

生：因为我觉得绿色给人一种安静的感觉，整个画面非常柔和，所以，我读得很轻，很慢。

师：噢，声音轻下来了，给人以非常柔美的感觉。所以你要轻一点，你再为大家读这两句。

（生再读）

师：就让我们一起沉醉在这绿绿的江水中吧！日出江花红胜火，起——

（生齐读三四句）

师：还有谁能挑战这位到目前为止读得最好的同学？

（一生高高举手）

师：我非常佩服你，给你一次机会。

（生读，但显然没有刚才那孩子读得富有表现力）

师：你的朗读很有自己的特色啊！（在场老师大笑）同学们，听了大家的朗读，张老师也情不自禁地想跃跃欲试，尽管我的嗓子有点沙哑。随着音乐，随着老师的朗读，让我们一起走进江南，请大家闭上眼睛。

（音乐起，教师深情范读，音乐渐止……）

师：请同学睁开眼睛。（教师继续引读）江南好，风景旧曾谙。日出江花红胜火，春来江水绿如蓝。（来到一学生身边）读着读着，你眼前仿佛出现了怎样的画面？

生：读着读着，我眼前仿佛出现了桃红柳绿、鸟语花香的场景。

师：（问另一生）读着这两句词，你眼前会出现怎样的画面？

生：读着这两句词，我仿佛看见轻波漾漾的江面上，泛着痕痕涟漪。上面开着火红的江花。一轮朝阳渐渐地从地平线上升起，映红了江面。微风拂过的江水，仿佛被岸边的蓝草染绿了一般，绿得让人沉醉。

师：你的描述，仿佛把我们带到了江南的水边。让我们一起把他眼中的江南美景读出来。

（师生齐读）

师：还有谁读了这两句词，仿佛看到了什么？

生：太阳出来了，江边的红花是那样的红，红得好像一团燃烧的火焰，燃烧了整个江南。春天到了，那不知疲倦流淌的江水绿得像被蓝草染过似的。那是多么醉人的绿啊……

师：这江南的景色在你脑子里是那么美，所以你读得才那么美。张老师愿意再听一次你的朗读，大家也可以轻轻地跟着读。

（生入情入境地读全词）

师：同学们，让我们走进江南——

（优美的《江南好》音乐响起，屏幕上缓缓由左向右移动的江南风光长卷展示于学生眼前，孩子们一阵惊叹；教师伴随音乐，配合渐次缓缓出现的画面，依次以古诗描述江南美景——）

日出江花红胜火，春来江水绿如蓝。

欲把西湖比西子，淡妆浓抹总相宜。

最爱湖东行不足，绿杨阴里白沙堤。

隔岸桃花蘸水开，人面桃花相映红。

接天莲叶无穷碧，映日荷花别样红。

日出江花红胜火，春来江水绿如蓝。

（音乐继续，画面定格在"春来江水绿如蓝"的意境上）

师：同学们，这江花，这江水（板书：江花　江水）是如此美丽，所以白居易在词的开篇就说"江南好"，起——

（学生齐读整首词，最后一句师生一起读）

师：再读最后一句，谁来读？

（三位同学读）

师：三位同学，你们在朗读当中都关注到了一个标点符号，那就是问号。（教师板书：？）老师告诉大家，其实在古代，所有的词都是没有标点的。这标点，是后人为了朗读过程中停顿方便加上去的。既然是后人加上去的，老师不禁要问，如果让你给最后一句词加一个标点，除了加问号，还可以加什么？为什么？

生：还可以加感叹号。因为这样读起来一定更有深深的怀念的感觉。

师：是啊，你把这深深的感叹读出来。

（生读最后一句）

生：我觉得加省略号也可以。江南的风光如此的多，这首诗并没有把江南的风光全部写完，还有很多很多，所以我觉得写省略号也可以。

师：是啊，这简简单单的六个点，包含着许许多多的江南风景，意味深长。你把这意味深长的感觉读出来。

生：可以问号与叹号一起用。既有深深的赞叹，又有强烈的反问。

师：好一个"问号叹号一起用"！你把这种复杂的感情读出来！

（生读）

师：同学们，这最后一句，可加问号，可加叹号，也可以加省略号。但是，在很多文学家和国学大师看来，最后一句加问号是最合适的。这又是为什么？

生：因为他在这个句中加了一个"不",这样一加,就表示反问的意思,表达的思念之情就更强烈了。

师：是的,问的语气就更加强了。你来问一问。

（生读"能不忆江南"）

师：谁还能问一问？

（生读"能不忆江南"）

师：我们一起替白居易问一问"能不忆江南？"起——

（生齐读）

师：是的,江南是如此的值得眷恋,所以他在开头就长叹"江南好",起——

（学生齐读整首词）

板块三：体悟景中深情

师：同学们,词读到这儿,老师的脑子里产生了这样一个问题。其实,在我们看来,这江花,这江水,是很平常的江南景物啊,为什么白居易却觉得如此的美丽？

师：请大家先关注,（指黑板上的这组词语）一起读——

江南　　江花　　江水

师：都有什么？

生：（齐说）江！

师：江里有什么？

生：江里有水。

师：江里边有水啊。同学们,水,是江南的象征。都说"水乡江南""江南水乡",还说"杏花春雨江南"。江南,景因水而秀,人因水而俊,土地因水而滋润。水,江南的灵魂啊！而此时此刻,白居易在什么地方呢？

师：在北国洛阳，洛阳是个雨水比较少的地方。所以他一想到江南，就想到江南的水。（将板书中的"江花""江水"擦掉，换成"水"字）因此，他才会觉得江南这江水和江花是如此美丽！（稍停）其实如果大家走近白居易，了解了白居易在江南的经历之后，你就会对这一点有更深的理解。让我们一起走近白居易。

（屏幕展示：资料链接。伴着配乐，教师深情地读屏幕中的文字）

白居易任刺史满三年，就要离开杭州了。三年来，他带领百姓筑起了一道美丽的湖堤，疏通了六井清澈的泉水，留下了200首杰出的诗篇，结交了许许多多的好友。

离别的那一天，杭州人扶老携幼，提着酒壶，洒泪而别，白居易落泪了……离开杭州之后，白居易又在苏州做过几年官，晚年居于洛阳。公元838年，离开杭州整整13年的大诗人，已经67岁了，他在洛阳香山脚下，深情地遥望江南。他多想重回杭州啊！但因路途遥远，交通不便，终未成行。他只能将一腔思念，托付于《忆江南》。

直到去世，他魂牵梦绕的杭州，他亲自命名的西湖，再也没有能够旧地重游。

——节选自王旭烽《走读西湖》

师：这平常的江花和江水，为什么在白居易看来是如此的美丽？

生：因为他的所在地洛阳是那么缺水，而杭州和江南是水乡，是水很多的地方。所以白居易回忆江南，把普普通通的江水、江花写进了《忆江南》的词中去。

师：是的，身处洛阳的白居易，他回想起江南风景，风景旧曾谙，所以他一遍又一遍地吟道。

（生读全词）

师：白居易还因为什么，觉得这平常的江水江花是如此美丽呢？

生：还因为在江南时，白居易结交了很多好友。他在想念这些好友们。

师：是啊，那一方百姓，那一帮朋友，就是他眼中的风景啊！所以他痴痴地想念着江南——

（生读全词）

师：白居易还因为什么，而觉得江水江花是如此美丽？

生：因为他在那里带领着百姓建筑了一道美丽的湖堤，疏通了六井清澈的泉水。

师：是啊，在白居易眼中，那一道湖堤，那六井清泉，就是一道风景。所以他无限向往地沉吟道——

（生读全词）

师：同学们，让我们再一起吟这首词吧！（屏幕出示全词，配乐）

师：（响而快）江南好——

生：（响而快）风景旧曾谙。

师：（慢而轻）江——南——好——

生：（慢而轻）风景——旧——曾——谙。

师：（轻而慢）日出——

生：（轻而慢）江花红胜火。

师：（渐快，渐响）日出江花——

生：（渐响）红胜火。

师：（更快，更响）日出江花红胜——

生：（响亮）火。

师：你看到了这团火了吗？

生：（齐说）看到了。

师：那是怎样的火啊？

生：熊熊燃烧的火。

师：那是一团跳动的火，那火焰当中跳动着的是什么？

生：白居易对江南的思念。

师：对啊，跳动着作者对江南热烈的想念啊！

师：（继续）日出江花红胜火，春来——

生：（响而快）江水绿如蓝。

师：（渐轻渐慢）春来——江水——

生：（渐轻渐慢）绿——如——蓝。

师：（很轻很慢）春来——江水——绿——如——

生：（很轻很慢）蓝。

师：看到那绿绿的江水了吗？同学们，这江水当中，流淌着的还有什么呢？

生：白居易对杭州的思念之情。

师：是啊，流淌着白居易对江南深沉的思念！所以，同学们，这江花中，这江水中，分明藏着白居易对江南深深的情啊！（教师板书：情）情深所以景美，景美更显情深啊！（完善板书：用粉笔将"景"与"情"圈起来，连成一个完整的大圆）这真是"寄情于水，情深似水"啊！因此，这首词才会深深地打动着今天的我们。

师：一起再来读这首词，"江南好"起——

（生在音乐声中齐读全词）

版块四：默写留驻精彩

师：这么美丽的词句，这么美丽的风景，应该久久地留在我们每个同学的脑海里。请同学将课文纸反过来，拿起笔，在音乐声中恭恭敬敬地把这首千古流传的词默写下来。注意"旧曾谙"的"谙"字不要写错，当然其他的字也不要写错。

（学生在音乐声中默写《忆江南》全词）

师： 写好的同学请举手。（教师环视）同桌相互检查一下，不要把任何一个字写错。因为这首词是任何一个字都换不得、错不得的。

（学生互相检查默写）

师： 好，抬起头来。让我们最后一次诵读这首词，同学们就诵读上边的几个字。（大屏幕出示：能不忆江南？）

师： 江南好，风景旧曾谙——

师生： 能不忆江南？

师： 日出江花红胜火——

生： 能不忆江南？

师： 春来江水绿如蓝——

生： 能不忆江南？

师： 留一个作业给大家，课后去找到《忆江南》的另外两首词，在你们余老师的带领下自学。学了另外两首，我相信你们对这首词会有更深的理解。

（说明：此课执教于2007年）

教学品鉴

让公开课变得可亲近

陈 琴

白居易的《忆江南》是一篇经典课文。当我得知张祖庆老师选中此文在全国首届"中华经典诗文诵读节"上为老师们献课时,心里还真有点愕然。因为,此文被众多的名家大师的公开课演绎过,自忖技术上已经鲜能突破,这样的课,对如今越来越敏感的听课老师而言,要铲除先入为主的屏障,实属不易。

课前,张老师跟我交流时表明一个态度:"就上一堂地道的家常课。"联想到时下听课的老师对公开课只能尊敬而不能亲近的感受,我非常赞同张老师给来自全国各地的老师上一堂能"模仿"的课,尽量减少可操作的课堂成本,让公开课变得亲切。

端坐台下,听完张老师的《忆江南》,发现他基本上实现了"家常课"的目标:没有过度深挖博引的牵强附凿;没有高深奇谈的炫技;没有多少只可观赏不可效仿的片段演绎,一切都是那么自然而熟悉。正如当课接近尾声时,坐在我身边的两位来自四川的老师所说的:"这样的课,朴素而扎实,能学。"

可是,仔细琢磨张祖庆老师的这节《忆江南》,又不由得心下暗暗赞叹:不愧为青年教师中的俊杰,功夫确实非等闲。所谓的"家常课"其实是张老师凭借他那精湛的教学技艺将绚烂之极的课堂以平淡的风格呈现,从而令公开课变得亲切可信。

首先,张老师对文本的解读精准令人信服。不可否认,无论语文课堂的活动形式如何展开,课堂的鲜活都以教师对文本的解读为泉眼。任何一堂课的成功设计,都首先依托老师对文本解读的感悟度。白居易的《忆江南》只有简单的二十七个汉字,内容浅白易懂。如果单从字面意义而言,这首词应该至少比第六册的《嫦娥》《乞巧》甚至《春日》要浅显一些。可是编者却把它放在第八册，其用意当然不可轻忽。唐圭璋在《唐宋词选注》中这样评价白居易的《忆江南》："这是一首充满生命力的春日赞歌……那如火如荼的春花，澄碧温莹的春水，不仅唤起人们对江南湖光山色的向往，还更引起大家对祖国河山和美好事物的无限热爱。"这不就是编者的意图吗？显而易见，张老师读懂了编者的理念。我们看到，在整个课程设计中，张老师着力以这二十七个字为经纬，展现的是一幅凝聚千年江南情物和景物的画卷，匠心独运，链接了一句句赞誉江南的诗句，让学生于低吟高诵之间惊叹江南厚重的文化，感知江南独特的脉息，赞美江南醉人的美景，具体地去感受"江南好"好在：

生：江南有丹橘，经冬犹绿林。

生：湖上画船归欲尽，孤峰犹带夕阳红。

生：迟日江山丽，春风花草香。

生：闲梦江南梅熟日，夜船吹笛雨萧萧。

生：烟波不动影沉沉，碧色全无翠色深。

……

这就是唤醒，这就是有效的指导，这就是既忠实文本又敢于超越文本的教学。而要达到这样的境界，必得清澈地透视文字背后的情语和景语。在这个环节中，我们发现，难得的是张老师知道课文的"域限"，没有通常公开课的信马由缰，没有借课堂过多地铺张教师的博学精思，因为，这仅仅是一堂课，给予量得由学生的吸纳量决定。张老师只是巧妙地掀开了"风景旧曾谙"背后的帷幕，让学生把早已"谙悉"的风景通过更多的诗句"画"出来，简单的文字瞬间散发出扑鼻的芬芳。张老师并没有过多地渲染，没有过硬地牵扯。后面的诸多环节都可以体现这种课程理性，比如对"能不忆江南"该用问号还是感叹号的讨论，对整首诗该用哪个字来概述的讨论……总之，张老师并没有让诗词的华章淹没了语文本该有的味道，也许，这是老师们认可公开课的首要因素。

第二，张老师的课堂导语和结语睿智而亲切。从课堂起承转合的流程而言，教师的语言决定着一堂课的优劣。教师的语言主要体现在对问题的提出和评价中。

张老师的课堂语言没有特别的"超乎寻常"，每句话都说得很自然，顺势而言，顺情而发。可是，课堂上，张老师的许多语言的插入看似平淡却显奇，珠落玉盘且环环相扣。回溯一下课堂，比如我们先是听到张老师亲切地询问：

同学们，读着这"江南好"三个字，你们眼前会浮现出哪些你所见过的江南的美景？

顺理成章地，学生把记忆中的美景展开了：水光潋滟的西湖，桃红柳绿的苏堤；杨柳依依的苏堤，桃红柳绿的花园；山色空蒙的西湖，烟雨迷蒙的楼台……

再听到张老师顺势一推：

无论是山色空蒙还是烟雨楼台，无论是杨柳依依还是桃红柳绿，都是那么如诗如画。读着"江南好"三个字，我们还会情不自禁地想起哪些关于写江南的诗句来呢？

你看，一棹碧涛春水路，张老师只是轻轻地一点：格局就变得无限宽广起来，每一个人都感受到了张老师春风润物般的化解力，台下许多听课的老师也情不自禁地随着台上稚嫩清脆的童声吟诵起来。

再看老师对学生读的评价："你的声音流淌着江南的柔美""这平静的声音中，藏着对江南的深情""好一个豪迈洒脱的赞叹""轻声细语当中，也藏着白居易对江南深深的情啊！"

这样的结语和导语水到渠成，自然生成，真诚而充满亲和力。

第三，张老师的教学设计简洁而易于操作。整个设计分为四大板块：一、赏歌导入新课；二、读出词中美景；三、体悟景中深情；四、默写留驻精彩。

从整个设计看出，第二板块和第三板块张老师都是通过反复吟诵来达到目标的。通过读，不仅提升了学生感悟的层次，升华由景披情的诉求欲，还体悟了诗词的文字魅力，感受到诗词蕴藏的音乐特质。比如，张老师引导学生在配乐中反复读"日出江花红胜火，春来江水绿如蓝"，让学生感受诗词的对仗和音律美——

师：（响而快）江南好——

生：（响而快）风景旧曾谙。

师：（慢而轻）江——南——好——

生：（慢而轻）风景——旧——曾——谙。

师：（轻而慢）日出——

生：（轻而慢）江花红胜火。

师：（渐快，渐响）日出江花——

生：（渐响）红胜火。

师：（更快，更响）日出江花红胜——

生：（响亮）火。

师：你看到了这团火了吗？

生：（齐说）看到了。

师：那是怎样的火啊？

生：熊熊燃烧的火。

师：那是一团跳动的火，那火焰当中跳动着的是什么？

生：白居易对江南的思念。

师：对啊，跳动着作者对江南热烈的想念啊！

师：（继续）日出江花红胜火，春来——

生：（响而快）江水绿如蓝。

师：（渐轻渐慢）春来——江水——

生：（渐轻渐慢）绿——如——蓝。

师：（很轻很慢）春来——江水——绿——如——

生：（很轻很慢）蓝。

看，简单的形式可以抵达最深邃的情感深处，学生读出了"火"的赞歌，感受到了那"日出""春来"时的勃勃生命。而这种诵读节奏的急缓起伏，是"歌之、咏之"的最好方式，学生对这样的艺术体验自是不亦乐乎。

第四板块，张老师渗透了古诗词默写的理念。吟诵是古诗词教学的必要手段，但最终的目的应该立足于"能背会默"上。朱自清先生曾经说过：读十部诗集不如背诵三百首诗词。只有背诵过的才是自己的，要不就算读过十部诗集也还是会还给别人。我想，张老师在这节课给我们做了一个极好的范例，要把读过的古诗词默写下来。

纵观张老师的整个教学设计和课堂教学过程，我们发现，这是一节贴近一线课堂的公开课，是具体到每一个细节都可供一线老师资鉴的公开课，也就难怪有那么多人对张老师的这节课虚怀"喜纳"了。

（作者单位：华南师范大学附属小学）

散文教学　第四章

第6课　我盼春天的荠菜

文本再现

我对荠菜，有着一种特殊的感情。

小的时候，我是那么馋。刚抽出来的嫩蔷薇枝，把皮一剥，我就能吃下去；才开放的映山红，我会一把把塞进嘴里；更别说青玉米棒子、青枣、青豌豆了。所以，只要我一出门，财主家的胖儿子就跟在我身后，跳着脚叫："馋丫头！馋丫头！"羞得我头也不敢回。

可是有什么办法呢？我饿啊！

一次，我实在饿极了，正在财主家的地里掰玉米棒子，被他家的人发现了。那家伙立刻拿着一根粗木棍，紧紧追来。

我没命地逃，风在我耳边呼呼直响。跑着跑着，面前忽然横着一条河。追赶我的人越来越近了，我害怕到了极点，便不顾一切，纵身跳进那条河里。

河水没过了我矮小的身子。我挣扎着，扑腾着，身子失去了平衡。冰凉的河水呛得我透不过气来，脑后却传来一阵阵冷酷的笑声。

我简直不知道我是怎样才爬上对岸的，更使我丧气的是脚上的鞋子，不知道什么时候掉了一只。我实在没有勇气回去找，可又不敢回家。我怕妈妈知道。我并不是怕妈妈打我，而是怕看见她那双哀愁的眼睛。

我独自一人游荡在田野上。太阳落山了，晚霞渐渐地退去。稍远处，羊儿咩咩地叫着，被赶回羊圈了。乌鸦也呱呱地叫着回巢去了。田野里升起了一层薄雾，夜色越来越浓，周围静得可怕。我听见妈妈在村口呼唤着我的名字，可是我不敢答应……

最使人感到饥饿的冬天过去了，春天来了。春天带给我多大的希望啊！

田野里长满了各种野菜：马齿苋、灰灰菜、野葱、荠菜……我最喜欢荠菜，把它下在玉米面的糊糊里，再放上点盐花，别提有多好吃了。而挖荠菜时的那种坦然的心情，更可以称得上是一种享受：提着篮子，向广阔的田野奔去，嫩生生的荠菜用它们绿色的手掌，招呼我，欢迎我。我再也不必担心有谁会拿着木棍凶狠地追赶我。我可以不时地抬头看看天空中吱吱喳喳飞过的小鸟，树上绽开的杏花，蓝天上白色的云朵。

荠菜，我亲爱的荠菜啊！

（浙教版《语文》，五年级上册）

课堂实录

"先于春天抵达春天"
——《我盼春天的荠菜》课堂实录

板块一：建构话题，整体感知

（由历史上的数个著名张姓人物引出教师自己，再引出本文作者——张洁）

师：张洁就是这篇文章的作者，中国当代一位著名的女作家。她有一个保持多年的特别习惯——每年春暖花开的时候，总要挎着一只小篮子，带着全家人到乡村田野去挖野菜——荠菜。对母亲的这个习惯，儿女们一直不理解：现在生活富裕了，母亲为什么还要每年都带他们去挖野菜呢？就让我们也带着这个问题，走进《我盼春天的荠菜》。

【**点评**：教者运用"问题法"切入，指向明晰，让学生带着问题进入课文的阅读。】

（学生读课题，读全文，而后学习如下词语）

羊圈　薄雾
冰凉的河水呛得我透不过气来

（着重引导学生辨析和读好"圈""薄""呛"三个多音字）

（出示生字"掰"。教师将话筒立于肩膀，请一生上来做双手掰玉米棒子的表演，再让一生做将饼掰开的动作，以此体会"掰"从双手从分的会意特点。让学生即时默写"掰"，均写对。尔后旁延扩展出"掰"，学生无师自通就理解了是"双手"把东西"合"拿起来的意思）

师：是啊，就是这个意思，咱们中国的汉字很有意思，有些字我们可以根据它们的偏旁和部首的组合猜想出它们的意思。

【点评】：注意对多音字"圈""薄""呛"的辨析和正音,特别是"掰"。通过动作演示的字理析解和旁延扩展出"掰"字的形义,凸显出汉字字理在字词析解中的重要意义和特色。教学实践证明,字词形义的析解一般应先通过字理析解了解它们的字源本义,然后再联系上下文把握它们的文中义。然而,目前能够娴熟且科学地运用此法的教师还是不多的。】

（出示词语）

嫩蔷薇枝　　　　才开放的映山红

青豌豆　　　　青枣　　　　青玉米棒子

马齿苋　　　　野葱　　　　灰灰菜　　　　荠菜

（指名学生认读,语调平直,教师让其读课文一二自然段后再读词语）

师：这些词语都是表示植物的,而且是作者小时候吃过的植物。当张洁饥饿的时候,她会情不自禁地想起这些植物。

（生齐读,语气略显凝重）

师：当她饥饿的时候,她能吃到的也只能是这些植物。

（生齐读词语,语气愈显凝重）

师：是啊,饱尝饥饿的张洁,对这些植物怀着一种特殊的感情。来,让我们走近张洁,走进那特殊的年代,再把这种特殊的感情读出来。

（生齐读,感情投入有了明显的不同）

【点评】：我们日常让学生读词语时常满足于读音正确即可,极少顾及词语的情感。而教者却有意要求学生读出词语在特定情境中蕴涵的情感,为了读出词味,先让学生阅读课文一二段以把握读词的感情基调,而后又极富感情地运用排比的引读方式激发学生的读词情感,这就把词语教学与阅读教学有机结合起来,这样的教学是很有创意的。这一教学片段同时给了我们这样的启示：孤立的读词语和阅读教学中的读词语应当是有区别的。】

师：当你把这些词语与饥饿的小张洁联系起来时，读着读着，你眼前仿佛会出现一个个画面。请大家结合课文第二段，透过这些词语你仿佛看到了哪些画面？

（生再读）

生：我仿佛看到了小张洁在野外挖荠菜的情景。

生：我仿佛看到了小张洁在狼吞虎咽地吃着这些植物的画面。

生：我仿佛看到了小张洁被财主家人追赶的画面。

……

师：是啊，读着这些词语，看着这些画面，这些词语仿佛又变了，它们变成了一个字！那就是——

生：饿！

【点评：由有感情地读词语又扩展为由词语想象画面，由词语想象画面又回归到词语，最后又再由词语抽象出一个字——"饿"。如此的画面想象和逻辑归纳，进一步地丰富了词语的内涵和情感，把词语教学与阅读教学融合在了一起。】

师：那么，作者小的时候为什么如此之"饿"呢？我们再看文中出现的另外一个词语。（板书：财主）张洁的"饿"和"财主"有什么关系呢？新中国成立前，土地集中在少数人的手里，大部分穷人没有土地，只能租种财主的田地。像小张洁这样的人家就过着吃不饱穿不暖的生活，饥饿的小张洁也就被人称为"馋丫头"。（板书：馋丫头）

（学生齐读词串：财主——饿——馋丫头）

师："财主——饿——馋丫头"三个词语勾连出了一个催人泪下的故事。大家再读读课文，看看那是发生在哪两个季节的故事？

（学生再次阅读，知道了课文描写的是发生在冬天和春天的故事）

【点评：教师提炼出的"财主——饿——馋丫头"这一词串十分精要，

能引发学生依据其逻辑关系思考和理解课文的内容，也很容易让学生从整体上把握整个故事的因果关系。】

板块二："走进"冬天，感受严酷

师：同学们，让我们用心去读一读发生在冬天的故事，一边读一边用心灵去倾听，用心灵去和作者对话。比如我读到课文第五自然段中"跑着跑着，面前忽然横着一条河"的时候，我就用笔圈出了"忽然""面前"等词语，我在想：这条河明明早就在这里了，为何说是"忽然""横着"呢？为什么不说"前面"而说"面前"？我联系上下文，读懂了小张洁那个时候被人追赶，她只顾逃命，急不择路地往前跑，以至到了"面前"才会"忽然"发现"横着一条河"，如果用"前面"则说明她的视野是比较深远且宽阔的。通过品味这些词语，我读懂了作者恐惧的内心世界。有了这样的感受，再来读这段话，就会有更深的感受。

【**点评**：针对当前语文教学"人文强化，语文弱化"的现象，小学语文论坛发出了语文教学要回归本位、凸显本色的呼唤。小学阅读教学的语文本色何在？应该说"品词、品句、品读"就是其重要的原色之一。教者是深谙此理的，以上片段中"忽然"与"横着"的品味，"前面"与"面前"的比较，真可谓经典的"三品"范例。】

（学生默读，点划批注，交流发言）

生："冰凉的河水呛得我透不过气来，脑后却传来一阵阵冷酷的笑声。"因为，作者落水后，财主家的人无情无义，看见人落水不但不解救，而且还耻笑她！

师：同学们，这哪是笑声啊？分明是一根根尖利的刺，刺痛着小女孩的心，也刺痛着我们的心，一起把这种刺痛的感觉读出来。

（学生有感情地朗读该段）

生："我并不是怕妈妈打我，而是怕看见她那双哀愁的眼睛。"作者想到她妈妈看见她这个样子，一定会很伤心。从中，我仿佛看到了她对妈妈的一片孝心。

【点评：学生的言说是"粗放型"的，大都是就句子的意思谈感受，并未到达老师例说中抓有关字词进行品味的要求。因为是临时借班上课，学生还未熟悉此法和形成学习的习惯。】

师：看见了她的孝心，你体会得真仔细。同学们，作者怕看见妈妈那双"哀愁的眼睛"，妈妈会"哀愁"些什么呢？

（多位学生发言。有的说"妈妈会哀愁债主拿她去抵债，怕债主打她"；有的说"妈妈哀愁自己家里太穷了，不能给女儿吃饱饭，委屈了自己的孩子"，等等）

【点评：教师发现学生尚未能抓住重点字词进行品味，还是一味地就句意进行"空谈"，于是只好再"提携"一把，引出"哀愁"一词。对于品味词语来说，想象"妈妈会'哀愁'些什么"应是最基本的要求了，如果能引导学生用换词法把"哀愁"与"忧愁"比较，体会到"忧愁"之"忧"从心，"忧愁"仅是在心里感到愁苦，而"哀愁"之"哀"从口，意为"口"中发出凄伤的哭声。很明显，"哀愁"要比"忧愁"一词"愁"了许多，由此再想象"妈妈会'哀愁'些什么"，这样对词语的品味和句意的理解就更深了。实践证明，要理解句意就必须抓住重点字词品味，只有悟出作者遣词造句的形象、得体和精妙后，才能更好地理解句意。】

师：同学们，做母亲的不能养活自己的孩子，还被人当成小偷，这是母亲最大的痛啊！来，把这种感受放进这段文字当中去，把这份痛读出来！

（学生有感情地朗读该句）

【点评：以上的两位学生谈了自己的感受之后，教师均让该生把那种"刺痛"的感受读出来，"以读悟语"和"以读悟情"在这里得到了很好的凸现。

"以读为本"成了本课的主旋律且贯穿始终。】

生：令我感动的还有第八自然段的最后一句："我听见妈妈在村口呼唤我的名字，可是我不敢答应……"作者因为饥饿，在万般无奈之下只得把自己的尊严暂时丢弃，因为这样，她感觉无颜见自己的母亲，只得在外面游荡。

师：老师在读这段文字的时候，仿佛觉得这段话的所有词语，像一块块石头，重重地压在我的心上。请再细细地读一读这段文字，想一想哪些文字让你为之揪心？

（两位学生先后发言，答文中描绘的太阳落山晚霞退去，羊儿回圈乌鸦回巢，而作者此时却游荡在田野上，为此而感受到作者的孤独和伤心）

【点评：以上学生的发言不能说是不精彩的，但大多仍然是停留在脱离具体字词的"空谈"之中。所以，教师再次要求学生细读课文，特别强调"想一想哪些文字让你为之揪心"。对！应该抓字词，这是小学语文教学之魂！也是基础教育阶段的小学语文与中学语文乃至大学语文的根本区别！只有阅读教学中注重品词品句，写作时才能娴熟准确地遣词造句。】

师：这是一种孤独的伤心！孩子们，老师在读这段文字的时候心情也是非常沉重，下面我想用朗读来表达我读这段文字的感受——

（教师在"神秘花园"的乐队《夜曲》声中动情朗读。读毕，掌声响起。接着，教师又进行了接续性的逻辑引读）

师：（引）我独自一人游荡在田野上。太阳——

生：（读）落山了。

师：（引）晚霞——

生：（读）渐渐地退去。

师：（引）稍远处——

生：（读）羊儿咩咩地叫着，被赶回羊圈了。

师：（引）乌鸦——

生：（读）也呱呱地叫着回巢去了。

师：（引）田野里升起了一层薄雾——

生：（读）夜色越来越浓，周围静得可怕。

师：（引）我听见妈妈在村口呼唤我的名字——

生：（读）可是我不敢答应……

【点评：哀婉乐曲的回旋，教师朗读情感和技巧的运用，深深地感染和打动了学生和现场听课教师的心，所以现场才会响起由衷的掌声。实事求是地说，目前我们的语文教师中能通过朗读打动人的不多，而张祖庆就是其中之一。范读之后又采用"逻辑引读"的方式，随着刚才老师掀起的感情余波，师生又一道进入课文的情境。】

师：夜色越来越浓重，小动物都已经回到妈妈的身边，但是女儿却久久没有回到家。母亲在村口会怎样焦急的呼唤？她在担心些什么呢？又冷又饿的小张洁，孤独地在田野里游荡，她听到了母亲的声声呼唤，此时此刻，她在心里又会对母亲说些什么呢？

（低沉凄凉的"神秘花园"乐队的《夜曲》响起，教师采用完形填空的方式让学生续写妈妈和女儿心里想说的话）

"孩子，你怎么还不回家啊？＿＿＿＿＿＿＿＿＿＿＿＿＿＿＿＿。"

"妈妈，不是女儿不想回家，＿＿＿＿＿＿＿＿＿＿＿＿＿＿＿＿。"

师：（四分钟后）孩子们，让我们停下手中的笔，一起走进那个无比寒冷的黄昏，一起走进那片让人恐惧的田野。（对着屏幕深情地）"田野里升起了一层薄雾，夜色越来越浓，周围静得可怕。我听见妈妈在村口呼唤着我的名字……"妈妈是怎么呼唤的？

生：孩子，你怎么还不回家呀？要知道，妈妈每时每刻都盼着你回来。妈妈知道你饿，可是我也是没法子啊！孩子，回来吧，毕竟这儿是你的家啊。

第四章　散文教学　/　175

师：声声呼唤，小女孩都听到了，可是她不敢回答，她多想对妈妈说——

生：（读女儿想对母亲说的话，下同）妈妈，不是女儿不想回家，我被人追赶跳进水里，追赶我的那些人都是冷血动物。女儿因为太饿了，所以才去财主家的地里掰玉米棒子，放弃了自己的尊严。但是妈妈，请您相信，以后，我一定不会再去干那些没有尊严的事情了……（台下掌声）

师：多么心酸的话语啊，孩子，这样的话语妈妈没有听到，她只能一次又一次地呼唤她女儿——

生：孩子，你怎么还不回家啊？是不是又到哪儿找东西吃了。娘没用，你爹又走了，一直没有好好照顾你，从小就让你忍饥挨饿，有一顿没一顿的。娘对不住你啊！洁洁，你快回来啊！……（学生哽咽，台下掌声）

师：妈妈的话，女儿一定听到了。（师潸然泪下）她恨不得马上扑到妈妈的怀里痛哭一场，女儿又是怎么说的呢——

生：妈妈，不是女儿不想回家，我真的没脸回家，我怕看到你那双哀愁的眼睛。爸爸早已离开了我们，咱家虽然穷，但是我们活得有骨气！妈妈，我真的不想让您为我落泪，看到您为我担心……

师：可是这一切，妈妈还是听不到。夜色越来越浓，周围静得可怕，女儿的身影还没有出现，妈妈又一次大声地呼唤起来——

生：孩子，你怎么还不回家呀？你知道妈妈有多担心你吗？你又去哪里了？不会出什么事吧？没有你，妈妈怎么办？可怜的孩子快回来吧！妈妈知道你饿，可有什么办法呢，我们穷啊，没有钱……（哽咽）

师：是啊！我们穷！孩子多么想安慰妈妈几句呀——

生：妈妈，不是女儿不想回家，而是我不能回家呀！我十分饥饿，到财主家掰玉米棒子。有一个人拿着一根粗木棍凶狠地追赶我，女儿没有办法跳进河里，爬上岸又丢了一只鞋子。妈妈，女儿对不起你啊！（潸然泪下）

师：孩子们，此时此刻，女儿有满肚子的话想跟母亲说，想把她所有的遭遇、所有的委屈、所有的伤心向她的妈妈倾诉。可是她不敢！更不忍心让妈妈知道！就让我们一起替这个可怜的小女孩向她的母亲倾诉吧。来，谁来对着大屏幕，倾诉小女孩的一片心。

生：（将课文改动几个字，以小女孩向母亲诉说遭遇的方式呈现第八自然段，读）"妈妈，我独自一人游荡在田野上。太阳落山了，晚霞渐渐地退去。稍远处，羊儿咩咩地叫着，被赶回羊圈了。乌鸦也呱呱地叫着回巢去了。田野里升起了一层薄雾，夜色越来越浓，周围静得可怕。妈妈，我听见你在村口呼唤着我的名字，可是我不敢答应……

师：让我们一起替小女孩向她的母亲倾诉吧！"妈妈，我独自一人游荡在田野上"——

生：（深情地齐读）妈妈，我独自一人游荡在田野上。太阳落山了，晚霞渐渐地退去。稍远处，羊儿咩咩地叫着，被赶回羊圈了。乌鸦也呱呱地叫着回巢去了。田野里升起了一层薄雾，夜色越来越浓，周围静得可怕。妈妈，我听见你在村口呼唤着我的名字，可是我不敢答应……

【点评：教者采用"完形填空"的动笔方式，把读与写结合了起来，继而又顺势把说与演结合了起来。在现场观课时，你会感觉教师既是导演又是演员，他极富艺术性地以电影蒙太奇的手段把母女二人同时呈现在大家面前。在老师极富感染力的角色转换"引说"之下，学生也已分别进入了角色，他们以自己的"心灵感受"扮演着"张洁"和"母亲"，进行着"心灵的诉说"。"母亲"的声声呼唤，"孩子"的句句倾诉，出之于心，发之于情，如泣如诉，这情景怎不使人动容生情？此时此刻，孩子们在写、在说、在演，这是语文课？表演课？思品课？都是，因为都具特征；又都不完全是，因为它主要是在进行写和说的语言训练，所以，其本质特征仍然是语文课！看到这里，我相信很多老师都会发出慨叹——这样的教学设计真是颇具匠心啊！】

师：同学们，对于作者来说，这，是一个怎样的冬天？

生：这是一个饥饿的冬天。（教师板书：饥饿。下同理）

生：这是一个寒冷的冬天！

生：这是一个难忘的冬天！

生：这是一个孤独的冬天！

生：这是一个漫长的冬天！

生：这是一个悲惨的冬天！

生：这是一个噩梦般的冬天！

生：这是一个令人心酸落泪的冬天！

……

【点评：词语的旁延扩展，显现了词语教学的又一特色！】

师：孩子们，虽然冬天是那样饥饿、那样寒冷、那样孤独、那样伤心！但是张洁和她的母亲依然走过了这样的冬天，因为她们在盼望着春天的到来！（板书：盼！！）

生：（齐读课题）《我盼春天的荠菜》。

【点评：经历了冬天，盼望并将要走进春天，过渡自然，接榫恰当。通过以上词句和内容的品味和感悟，学生此时念读课题就会有更深的理解，对课文的题旨也会有更深的感受。】

板块三："走进"春天，体验坦然

师：冬天过去了，春天来了！对作者来说，这又是一个怎样的春天呢？

（生自由朗读课文第九段）

生：这是一个充满希望的春天。

师：你从什么地方读到了这份希望？

生：（读）春天带给我多大的希望啊。田野里长满了各种野菜……再放

178 / 童年不可错过的文学课

上点盐花,别提有多好吃了。

师:我仿佛听到了一丝希望,谁能再读读这段文字,让我们感觉到充满了希望!

生:春天带给我多大的希望啊……

(该生读得比较有感情)

师:确实让我们感到了希望,这真是一个充满希望的春天!

【**点评**:又是一个"品读"的经典案例。教师对学生由"一丝希望"到"充满希望"的激励性评价,学生由读出"一丝希望"到读出"充满希望"的朗读过程与效果,三维度中的"过程与方法"在这里得到了形象的诠释。】

师:还是一个怎样的春天?

生:是一个无忧无虑的春天。

师:你从什么地方读到了这份无忧无虑?

生:(读)而挖荠菜时的那种坦然的心情,更可以称得上是一种享受……可以不时地抬头看看天空中吱吱喳喳飞过的小鸟,树上绽开的杏花,蓝天上白色的云朵。

师:确实给人无忧无虑的感觉!无忧无虑,用课文里的一个词语来表示,那就是——(生:坦然)老师把你说的"无忧无虑"改为"坦然"好吗?(板书:坦然)是的,"坦然"这个词语使我们想到了"无忧无虑"。

【**点评**:教师"词语训练"的意识的确是很强的,尽管"无忧无虑"在这里可与"坦然"互释,但是,教者还是强调要学习理解文中的书面词语"坦然"。对!如果撇开课文的新词而一味地去说自己原来已知的"旧词",那不是失去学习本文的意义了吗?】

师:由"坦然"你还想到了哪些词语?

生:自由!

师:请你读读这几句话,读出"自由"的感觉。

（生"自由"地有感情地朗读,学生还先后把"坦然"换成"快乐""开心"等,教师均相应地引导学生读出"快乐""开心"的语气语调）

师:让我们坦然地、自由自在地、无忧无虑地、快乐开心地来享受这挖荠菜的快乐吧!

（学生齐读该段）

【点评:品读一以贯之。一些学生读到"天空中吱吱喳喳飞过的小鸟"时,教师用口技模拟小鸟啁啾鸣叫,声音逼真,惟妙惟肖,使得场面顿时活跃起来,掌声油然响起。能有此特技者多乎哉?不多也!由此可见,语文教师多才多艺都会有派上用场的时候,真可谓艺不压身啊!】

师:同学们,同样是这一片田野,冬天和春天作者所看到的景象为什么如此不同?

（多位学生从季节和人物的心情变化方面发表自己的意见）

师:是啊,"再也不必担心有谁会凶狠地追赶我",我的心情能不"坦然"吗?请大家联系冬天的故事再想一想,我"不必担心"的,仅仅只是"有人拿着粗木棍追赶我"吗?

（多位学生发言,认为小张洁还不用担心饥饿、寒冷、孤独、恐惧了,也不用担心看见妈妈那双哀愁的眼睛了）

师:是啊,作者再也不用担心孤独和恐惧了,再也不用担心看到母亲那双哀愁的眼睛了。所以,此时此刻,她只想享受挖野菜的快乐!让我们也一起和作者分享挖野菜的快乐吧!

（伴随着鸟鸣声,轻快的班德瑞的《迷雾森林》乐曲响起。在轻快的乐曲声中,教师进行逻辑引读）

师:（引）"我"挖荠菜时的那种坦然的心情——

生:（读）更可以称得上是一种享受。

师:（引）提着篮子——

生：(读)向广阔的田野奔去,嫩生生的荠菜用它们绿色的手掌,招呼我,欢迎我。

师：(引)我再也不必担心——

生：(读)有谁会拿着木棍凶狠地追赶我。我可以不时地抬头看看天空中吱吱喳喳飞过的小鸟,树上绽开的杏花,蓝天上白色的云朵。

【点评：再次运用逻辑引读,师生一道进入让人期盼的春天。坦然的心情,轻快的乐曲,师引生读的方式,使课堂教学也走进了春天！】

师：此刻,在作者眼里,荠菜,难道仅仅是荠菜吗?

生：荠菜还是希望!

生：荠菜还是快乐!

生：荠菜就是自由!

生：荠菜就是幸福!

师：是啊,荠菜在她眼里,就是希望、快乐、自由、幸福啊！因此,她情不自禁地在课文的最后喊出了——

生：(读)荠菜,我亲爱的荠菜!

师：因此,作者在文章一开头说——

生：(读)我对荠菜,有着一种特殊的感情。

师：然而,春天毕竟是短暂的。春天过去了,夏天来了,秋天来了,让人恐惧、饥饿、寒冷、孤独的冬天,又会再一次来临。当第二年、第三年乃至往后更多的冬天来临时,张洁和她的母亲,依然要忍饥挨饿、受尽屈辱,但她们还是一次又一次地走出了冬天！因为她们在——

生：盼望着春天的荠菜！（板书：盼!!）

【点评：通过"荠菜"置换出的"希望""快乐""自由""幸福",加深了对文题旨意以及卒章收结句"荠菜,我亲爱的荠菜"的理解。】

第四章 散文教学 / 181

板块四："走近"作者，收获希望

师：有了对春天的热切期盼，母女俩走过了一个又一个漫长的冬天。其实她们走过的又何止是大自然的冬天呢？她们也同样走过了一个又一个人生的冬天啊！我现在为大家念读一篇文章，题目就叫《走过人生的冬天》。大家边听边思考，你从文中的哪些地方知道了张洁所经历的人生的冬天。

（教师有感情地朗读《走过人生的冬天》。该文着重介绍了张洁大学毕业后经历了虽辛勤笔耕却屡遭退稿以及相依为命的母亲永远地离她而去的严寒冬天。由于坚持不懈、勤奋写作，她终于迎来了人生的春天：先后两次获得茅盾文学奖；一次获意大利马拉帕蒂国际文学奖。她的作品还被翻译成多种语言，在国内外享有很高的声誉）

（多位学生谈到了张洁经历人生冬天最后迎来了春天的感受）

师：是啊，童年失去了父爱，写作屡次退稿，中年失去了相依为命的母亲。对张洁来说，这都是一次又一次人生的冬天。但是，她依然都走过来了！支持着她走过来的，究竟是什么呢？

生：因为她知道，过了冬天，春天就会到来。

生：因为她知道，风雨过后就会出现彩虹。

师：是啊，阳光总在风雨后！她心中一直有一个信念——盼望春天！（板书：盼！！！）因此，她走过了一个又一个人生的冬天。

【**点评**：补充阅读《走过人生的冬天》，带领学生从大自然天气严寒、食物匮乏的冬天又走到了人生中遭遇挫折、经历磨难的冬天。这样的材料补充和资源拓展，使文章的中心思想升华了，使学生的思想感悟加深了。】

师：同学们，学了《我盼春天的荠菜》这篇课文，了解了张洁的人生故事，你们理解了张洁每年带儿女去挖荠菜的良苦用心了吗？（生：理解了）假如，你就是作者的女儿或儿子，你能试着理解母亲的心吗？

（屏幕出示完形填空，让学生动笔以张洁儿女的身份表述自己对母亲的理解）

妈妈：

　　我终于理解了您的良苦用心，＿＿。

您的儿子（女儿）

（三分钟后交流）

生：妈妈，我终于理解了您的良苦用心，您要我们永远不要忘记，每个人都会遭遇挫折，都会遇到冬天般的寒冷。如果你放弃了，寒冷将会持续；如果你不放弃，春天般的温暖总有一天会来临的。

生：妈妈，我终于理解了您的良苦用心。您之所以这么做，是因为在您小时候，每当冬天来临的时候，您都要忍受着饥饿、寒冷和孤独，而春天的荠菜会给您带来无穷的希望。您让我明白了，要乐观坚强地面对生命的冬天！冬天虽寒冷，但心中要永远怀揣着希望，相信温暖的春天一定会到来！

（先后有五位学生发言）

师：是啊，同学们说得真好，只要我们生活在盼望中，人生的春天一定会到来！

【点评：教师再次采用"完形填空"的方式，把读与写、写与说结合起来。在内容感悟上，由上课伊始时对"母亲"挖野菜的困惑到此时"妈妈，我终于理解了您的良苦用心"的由衷述说，首尾呼应，完美收结。】

【总评：综上所述，这是一节很有语文味的语文课，究其原因，就是教语文既要"简单"又要"不简单"。所谓"简单"教语文，即是芟除繁杂，目标集中，紧紧地以"指导学生正确地理解和运用祖国的语言文字"为主线进行听说读写的训练，因而教者在这节课中扎扎实实地引导学生正音识字、品词品句、感情朗读、动笔写话、写说结合等。概言之，就是要进行常规的语言训练。说它"不简单"，是因为语言训练应当是多式多法的，在这节课中，仅就字词教学来说，就有依据字理析解字词、感情念读词语、词语抽象概括、词语旁延扩展、由词想象画面、词串勾连情节等。此外，教者精心设计的电影蒙太奇般的角色转换诉说、充满深情的引读引说、完形填空的写话训练等，如此方式多样，层次多级，又的确是"不简单"的。正是因为有了这样的"不简单"，学生才会入情入境、感悟真情，人文的感染与语文的学习天然融合；正是因为有了这样的"不简单"，才会铸就出课堂的精彩，多次响起了现场听课者由衷的非礼节性的掌声！既"简单"而又"不简单"，这就是语文教学的辩证法！唯悟此道，方能"入深山者得珍宝，下大海者获骊珠"！】

（说明：此课执教于2005年）

（点评：广西师范学院 黄亢美）

教学品鉴

心灵彼岸的"灯火阑珊处"
——感受张祖庆执教的《我盼春天的荠菜》

吴 勇

几个月前,我聆听了浙江的张祖庆老师执教的《我盼春天的荠菜》公开课。几个月过去了,我依然记得教学的许多细节,包括张老师在课堂上的一言一行、一颦一蹙。我的心被一种难以割舍的力量牵挂着,日久弥深,欲罢不能。这是一种怎样的力量呢?那就是信念!美国著名的探险家约翰·戈达德说:"让自己的心灵先到达那个地方。随后,周身便有了一股神奇的力量。接下来,只需沿着心灵的召唤前进就好了!"的确,《我盼春天的荠菜》一文的作者张洁女士的心灵正是先于春天到达春天的。因此,我们可以乘着她的文字飞翔,在严寒的冬天倾听到春天的鸟语花香。张祖庆老师也正是先于春天到达春天,因此,我们可以在他的课堂上踏上一列开往春天的地铁,心怀希望,穿越寒冷,直到春光明媚处、春意盎然时!

春天:梦想中飞舞的"黄丝带"

饥饿、苦难,对于今天的大多数孩子来说,就像神话,遥不可及。怎样让他们的心灵到达"冬季",去感悟作者童年的苦难呢?张老师的教学设计颇具匠心,他精心地在孩子的面前呈现了三个对比鲜明的画面——

其一,"野菜图"。教学伊始,在检查学生阅读情况的过程中,他出示了一组词语:

嫩蔷薇枝　　　　才开放的映山红

青豌豆　　　青枣　　　青玉米棒子

马齿苋　　　　野葱　　　　灰灰菜　　　　荠菜

这组词语在学生的视野中都是植物，可是在作者的眼中，确是赖以充饥的"美味"。张老师没有把这组词定位在识读的基础上，而是巧妙地借助引读提示，将学生们带到了一个充满饥饿的童年世界：

当张洁饥饿的时候，她会情不自禁地想起这些植物——（学生齐读）

当她饥饿的时候，她能吃到的也只能是这些植物——（学生齐读）

饱尝饥饿的张洁，对这些植物都有着一种特殊的感情。让我们一起读出这种感情——（学生再次齐读）

这一次次朗读，是学生心灵对野菜的一次次"触摸"，是学生对自己生活的一次次观照。于是，学生对张洁的童年生活有了直观的感受；于是，在清脆的童音里不仅有了野菜的形象，更有了丝丝缕缕的悲悯。因此，春天的"野菜图"成了学生心灵上的一盆"开胃汤"。

其二，"挣扎图"。这是一个让人心寒、让人悲愤的画面。它将作者在冬天的"饥饿"刻画得淋漓尽致；它把人生的"严冬"、人性的"严寒"展示得一览无余。这让我们折服张祖庆老师"教学素描"的火候和功力——

师：同学们，请大家细细地去读这段话，读着读着，你的脑子里一定会跳出两幅截然不同的画面。再读一读这段话好吗？

（自读课文第六自然段）

师：同学们，读着这段话，你的脑子里仿佛浮现出怎样的画面？

生：作者跳进水之后，冰凉的河水呛得她透不过气来，她在水里拼命地扑腾着。

师：你仿佛看到她怎样地扑腾？

生：她的手在奋力向上划，腿在拼命向上蹬！

生：她一会儿浮上来，一会儿沉下去。

师：这个画面中还有什么？

生：地主的管家在岸上哈哈大笑。

师：这是怎样的笑声呢？

生：冷酷的笑声，寒冷的笑声！

师：同学们，这哪是笑声啊？分明是一根根尖利的刺，刺痛着小女孩的心，也刺痛着我们的心，一起把这种刺痛的感觉读出来。

生：（齐读）河水没过了我矮小的身子。我挣扎着，扑腾着，身子失去了平衡。冰凉的河水呛得我透不过气来，脑后却传来一阵阵冷酷的笑声。

水中弱小的生命在挣扎，岸上强大的幽灵在狂笑，这样的对比，是何等的残忍！何等的残酷！叫人怎么不悲愤！叫人怎么不心寒！如果学生在品味"野菜大餐"时是矜持的，此刻一定是激动的；如果学生在"野菜图"上读到的是若隐若现的同情，此时一定是按捺不住的悲愤！

其三，"对话图"。这部分的教学，张老师将文本中的语言转化成了母女心灵对话的情境，使学生从"幕后"走向"台前"，从"隔岸观火"式的感受走向"感同身受"式的体验，在音乐的催化下、情感的共鸣中，他们成了作者那段苦难历程的见证者、亲历者。

师：孩子们，让我们停下手中的笔，一起走进那个无比寒冷的黄昏，一起走进那片让人恐惧的田野。（对着屏幕深情地）"田野里升起了一层薄雾，夜色越来越浓，周围静得可怕。我听见妈妈在村口呼唤着我的名字……"妈妈是怎么呼唤的？

生："孩子，你怎么还不回家呀？要知道，妈妈每时每刻都盼着你回来。妈妈知道你饿，可是我也是没法子啊！孩子，回来吧，毕竟这儿是你的家啊。"

师：声声呼唤，小女孩都听到了，可是她不敢回答，她多想对妈妈说——

生：妈妈，不是女儿不想回家，我被人追赶跳进水里，追赶我的那些人都是冷血动物。女儿因为太饿了，所以才去财主家的地里掰玉米棒子，放弃了自己的尊严。但是妈妈，请您相信，以后，我一定不会去干那些没有尊严的事情了……

师：多么心酸的话语啊，孩子，这样的话语妈妈没有听到，她只能一次又一次地呼唤她女儿——

生：孩子，你怎么还不回家啊？是不是又到哪儿找东西吃了，娘没用，你爹又走了，一直没有好好照顾你，从小就让你忍饥挨饿，有一顿没一顿，娘对不住你啊！洁洁，你快回来啊！……

师：妈妈的话，女儿一定听到了。她恨不得马上扑到妈妈的怀里痛哭一场，女儿又是怎么说的呢——

生：妈妈，不是女儿不想回家，我真的没脸回家，我怕看到你那双哀愁的眼睛。爸爸早已离开了我们，咱家虽然穷，但是我们活得有骨气！妈妈，我真的不想让您为我落泪，看到您为我担心……

这母女间心灵深处的呼应产生了强烈的视觉感染力，振聋发聩，催人泪下。它将苦难演化在每个孩子的心头，沁入了每个孩子的肺腑，让他们身临其境，演绎其中。

如果"野菜图"是简洁流畅的白描，那么"挣扎图"就是跳动明快的水粉，"对话图"则是浓油重彩的油画。它们将作者"冬天"所经历的苦难由表及里地表达出来，使每一个学生从感知到感染，由感染到感动，再由感动到感化。文本解读到这里，是否就可以到位了呢？这似乎还不是张祖庆老师的真实意图，因为他想告诉每个孩子："冬天来了，春天还会远吗？"于是苦难中就有了期盼，就有了等待，就像老橡树上随风飞舞的"黄丝带"。在这份等待和期盼之中，他不断加大苦难的"砝码"，以唤醒儿童心中对"春天"更加强烈的期盼！哲学家周国平先生说："倘若一个人落入某种不幸的遭遇，基本失去了积极的创造和正面的体验的可能，他的生命是否还有一种意义呢？在这种情况下，人们一般靠希望活着，即相信或至少说服自己厄运终将过去，然后又能过上一种有意义的生活。"这可能就是张祖庆老师要借助文本传达给学生的精神本义。

春天：心头绽放的"一枝红杏"

哲学家周国平说："以尊严的方式承受苦难，它显示的不只是一个人的品质，而且是整个人性的高贵和尊严，证明这种尊严比任何苦难更有力，是世间任何力量不能将它剥夺的。"如果说严寒的冬日带给作者童年的是屈辱，那么春天的荠菜带给她的则是尊严。为了获得有尊严的生存方式，她盼望着"春天的荠菜"，尽情地享受着"春天的荠菜"。张祖庆老师是怎样带着孩子走出"严寒"，走向温暖的春天的呢？这一环节，他延续一贯的"咏叹"手法，纲举目张，扣住一个"坦然"，给课堂营造一片明媚的春光，让学生心头绽放一朵朵灿烂的"红杏"。

感悟"坦然"。如果说，冬天里"有谁会拿着木棍凶狠地追赶我"是一种暴风骤雨式的交响，粗犷而激荡；那么春日里"提着篮子，向广阔的田野奔去"便是和风细雨式的协奏，轻柔而舒张。张老师正是踩着这样的节奏缓缓而来，在冬日的阴霾里铺展开一片艳阳天。

师：冬天过去了，春天来了！对于作者来说，这又是一个怎样的春天呢？

生：这是一个充满希望的春天。

师：你从什么地方读到了这份希望？

生：（读）春天带给我多大的希望啊！田野里长满了各种野菜：马齿苋、灰灰菜、野葱、荠菜……我最喜欢荠菜，把它下在玉米面的糊糊里，再放上点盐花，别提有多好吃了。

师：这还是一个怎样的春天？

生：这是无忧无虑的春天。

师：你从什么地方读到了这份无忧无虑？

生：（读）而挖荠菜时的那种坦然的心情，更可以称得上是一种享受：

提着篮子，向广阔的田野奔去，嫩生生的荠菜用它们绿色的手掌，招呼我，欢迎我。我再也不必担心有谁会拿着木棍凶狠地追赶我。我可以不时地抬头看看天空中吱吱喳喳飞过的小鸟，树上绽开的杏花，蓝天上白色的云朵。

师：确实给人无忧无虑的感觉！无忧无虑，用课文里的一个词语来表示，那就是——（生接：坦然）老师把你说的"无忧无虑"改为"坦然"好吗？（板书：坦然）是的，"坦然"这个词语使我们想到了"无忧无虑"，还让你想到哪些词语？

生：自由！

师：请你读读这几句话，读出自由的感觉。

生：（再读）我再也不必担心有谁会拿着木棍凶狠地追赶我。我可以不时地抬头看看天空中吱吱喳喳飞过的小鸟，树上绽开的杏花，蓝天上白色的云朵。

师：小鸟飞得太快了，请同学闭上眼睛，我们来听一听小鸟的叫声，好吗？

（师范读，当读到"飞过的小鸟"时，教师用口哨模拟鸟叫，场面活跃，台下掌声响起）

师：让我们坦然地、自由自在地、无忧无虑地、快乐地来享受挖荠菜的快乐吧！

生：（齐读）我可以不时地抬头看看天空中吱吱喳喳飞过的小鸟，树上绽开的杏花，蓝天上白色的云朵。

在学生的诵读感悟中，在教师轻快的口哨声里，春天的田野充满了生机，春天的作者快乐无比。应该说，这一切的一切，都源于"荠菜"。有了荠菜，饥饿感就会减轻；有了荠菜，就不必忍受地主家胖儿子的嘲笑；有了荠菜，就不会在冰冷的河水中狼狈地挣扎。荠菜呀，荠菜，它就是一个苦难家庭活下去的希望，它就是一个穷苦孩子赖以获得尊严的方式。在张老师的渲染和感召下，一片绿油油的荠菜在学生心中勃勃地生长，挖荠菜时的轻松快乐在学生的语调里飞扬，课堂里春色满园、春意盎然。

体验"坦然"。"坦然"是一种贯穿精神的心境，作为旁观者，可以感受，却未必能体验到包蕴在"天空不留下我的痕迹，但我已飞过"中的境界。的确，仅仅是几株绿绿的荠菜，就可以解决生活的饥荒吗？其实，"荠菜"只不过是潜藏在作者心中希望、自由的隐喻，就像伸在墙外的"一枝红杏"。在这里，张祖庆老师设计了"四问"，步步为营，让"坦然"的境界渗入学生的心中，让学生从表象意义上的"春天"走向精神意义上的"春天"。

一问：同样是这一片田野，冬天，作者看到的是什么？

二问：冬天，这是让人恐怖的田野。而春天里，春天的田野却呈现出怎样的一幅景象？

三问：读到这里，不知道大家有没有产生和老师同样的疑问：同一个人，看同样一片田野，为什么看到的却如此不同？这是为什么？

四问：是啊，"再也不必担心有谁会拿着木棍凶狠地追赶我"，我的心情能不"坦然"吗？请大家联系冬天的故事再想一想，我"不必担心"的，仅仅只是"有人拿着粗木棍追赶我"吗？

在这"四问"中，第一、二两个问题，让学生在对比中获得体验。春天和冬天，情感上一悲一喜，画面上一冷一暖，反差强烈，对比鲜明，冬天的"恐惧"，让学生更珍视春天的"坦然"。第三问，让学生在移情中获得体验。作者对于冬天的田野，作者对于春天的田野，是物的姿态与人的情趣往复回流；我对于冬天的作者，我对于春天的作者，进行推己及人的切身体悟。这两层体验，让孩子由对季节的关注、对荠菜的关注，迁移到对作者精神的关注。第四问，让学生在冥思中体验。原来心中的"坦然"是作为一个人尊严的复归，这种尊严足以使作者克服生理上的饥饿，享受到精神上的饱涨和自由。

张祖庆老师在这环节的教学中，忠实地固守着这样一个使命——在儿童的心间播种"春天"！用春天的温暖去融化生活的严寒，用春天的绿色去唤醒心灵的希望，用春天的坦然去面对生命历程中的一切苦难。他要在学生的心中种植一片芳草地——"野火烧不尽，春风吹又生"！他要给学生心灵撑起一片艳阳天——"沉舟侧畔千帆过，病树前头万木春"。尽管学生的理解还局限在字里行间，尽管在学生的生命中还没有"严寒"的体验，但是在他们的精神深处，已经有一颗春天的种子悄然种下。在生命的严冬到来之前，它可能会破土而出，顶风挡雨；在人生孤独无助之时，它可能傲然绽放，映亮心灵。

春天：心灵彼岸的"灯火阑珊处"

课文的教学在这里似乎可以戛然而止，因为无论是语言文字层面，还是精神价值层面，都似乎到达了目的地。可是张祖庆老师并没有"罢手"，而是渐行渐远，将学生的感悟带入一个更上位的高度——由读文本到读作者，直抵文本的隐喻层面。这是以往的小学阅读教学中不敢跨越的深度。张祖庆老师在这一环节的教学中大胆地采用"互文"的手法，引入了作者张洁的自传体散文《走过人生的冬天》，以拉长文本的长度、阅读的宽度、感悟的深度，不断给学生的心灵刷新出新的起点，将学生心中的"春天"延及到人生道路上永不磨灭的信念和希望。

反哺文本。互文理论告诉我们，每一个文本都是其他文本的镜子，每一个文本都是对其他文本的吸收与转化，它们相互参照，彼此牵连，形成一个潜力无限的开放网络，以此构成文本过去、现在、将来的巨大开放体系。《走过人生的冬天》一文的引入，给课文《我盼春天的荠菜》的理解提供了一个"过去"的背景，让学生已有的文本感悟"更上一层楼"：原来文中的"冬天"，是作者经历的苦难生活的一个缩影，作者盼望的"春天的荠菜"，原来不仅仅是荠菜，更是人生中的希望呀！同时它给文本提供了一个"未来"的指向，将学生关于课文的体悟和精神更明晰地指向一个终点：那就是心怀春天，永葆希望。

回应起点。作为一个完整的教学过程，张老师善始善终，竭力地画好课堂这个"圆"，使整篇课文的教学形成首尾呼应之势——

教学的起点：

师：张洁有一个保持了多年的很特别的习惯：每年春暖花开的时候，她总是要挎着一只小篮子，带着全家人，到乡村田野去挖野菜，这种野菜就叫作荠菜。但是，对于母亲的这个习惯，儿女们一直不理解：现在生活富裕了，母亲为什么还要每年都带他们去挖野菜呢？就让我们带着这个问题，走进《我盼春天的荠菜》。

教学的终点：

师：同学们，学了《我盼春天的荠菜》这篇课文，了解了张洁的人生故事，我想，你们一定找到了课刚开始时，老师提出的那个问题的答案。你一定深深地理解了张洁每年带儿女去挖荠菜的良苦用心。假如，你就是作者的女儿或儿子，你能试着理解母亲的心吗？

我们可以发现张老师的教学"起点"是文本中作者流露的"荠菜情结"，并以此作为"问题"，引领教学一路前行，最终以学生体悟到的"人生的希望"作为教学"终点"，实现了语言和精神的同构共生。张祖庆老师这样的教学圆融，让我们倾听到了花开的声音，领悟到了阅读的真谛，更给我们教者确立起"点灯者"的角色地位。

课文中的"春天的荠菜"是作者张洁精神的诗意"具象"，《走过人生的冬天》则是她"啄破"心灵外壳的直接铺陈。它们相互交融，形成一簇明亮的灯火，永远立在每个学生的心灵彼岸，指引着他们人生的航程劈波斩浪，越走越远！

在追寻春天的路上，张祖庆老师是一个"长袖善舞"的歌者。在严冬里，他用温暖的歌声传递着春的信息；在春光里，他用润泽的歌声播种下信念的种子；在人生的旅程中，他用悠远的歌声召唤着跋涉的心灵。因为有了憧憬光明的信念，蛹虽然经历漫漫长夜，但矢志不渝；因为有了绽放美丽的信念，梅虽然饱受风刀霜剑，但仍傲雪挺立；因为有了播种"春天"的信念，张祖庆老师胸怀"春天"，虽然历经艰辛，但百折不挠。在不经意中，我们发现，我们主人公教育人生中的春天已经悄然到来！

（作者单位：江苏海门实验学校）

第7课　和时间赛跑

文本再现

　　读小学的时候，我的外祖母去世了。外祖母生前最疼爱我。我无法排除自己的忧伤，每天在学校的操场上一圈一圈地跑着，跑得累倒在地上，扑在草坪上痛哭。

　　那哀痛的日子持续了很久。爸爸妈妈也不知道如何安慰我。他们知道与其欺骗我说外祖母睡着了，还不如对我说实话：外祖母永远不会回来了。

　　"什么是永远不会回来了呢？"我问。

　　"所有时间里的事物，都永远不会回来了。你的昨天过去了，它就永远变成昨天，你再也不能再回到昨天了。爸爸以前也和你一样小，现在再也不能回到你这么小的童年了。有一天你会长大，你也会像外祖母一样老，有一天你度过了你的所有时间，也会像外祖母一样，永远不能回来了。"爸爸说。

　　爸爸等于给我说了一个谜语，这个谜比"一寸光阴一寸金，寸金难买寸光阴"还让我感到可怕，比"光阴似箭，日月如梭"更让我有一种说不出的滋味。

　　以后每天放学回来，在庭院里看着太阳一寸一寸地沉进了山头，就知道一天过完了。虽然明天还会有新的太阳，但永远不会有今天的太阳了。

　　我看到鸟儿飞到天空，它们飞得很快呀。明天它们飞过同样的路线，也永远不是今天了。或许明天飞过这条路线的，不是老鸟，而是小鸟了。

　　时间过得飞快，使我的小心眼里不只是着急，还有悲伤。有一天我放学回家，看到太阳快落山了，就下决心说："我要比太阳更快地回家。"我狂奔回去，站在庭院里喘气的时候，看到太阳还露着半边脸，我高兴地跳起来。那一天我跑赢了太阳。以后我常做那样的游戏，有时和太阳赛跑，有时和西北风比赛，有时一个暑假的作业，我十天就做完了。那时我三年级，常把哥哥五年级的作业拿来做。每一次比赛胜过时间，我就快乐得不知道怎么形容。

后来的二十年里，我因此受益无穷。虽然我知道人永远跑不过时间，但是可以比原来跑快一步，如果加把劲，有时可以快好几步。那几步虽然很小很小，用途却很大很大。

如果将来我有什么要教给我的孩子，我会告诉他：假若你一直和时间赛跑，你就可以成功！

（人教版《语文》，三年级下册）

课堂实录

"时间就是生命，生命在我心中"
——《和时间赛跑》课堂实录

板块一：质疑问难　建构话题

师：同学们，今天我们要学习一篇散文，题目是《和时间赛跑》（板书，引导学生注意"赛"字的写法）。作者林清玄，（板书：林清玄）林中小溪的"林"，清清浅浅的"清"，有点玄的"玄"。有人说林清玄的散文就像林中小溪一样"清清浅浅"，表面上一读就懂，但仔细品读，却又有点儿玄妙。今天就让我们一起去品一品林清玄的散文——《和时间赛跑》。

（接着，教师引导学生整理预习，将难读的句子或认为的重要段落多读几遍，在特别有感悟或者想不明白的地方做个记号。之后，教师检查预习，通读课文，书写难写生字。紧接着，引导学生质疑）

师：好，谁来提问？

生："说不出的滋味"是什么意思？

师：请同学拿起笔，在这句话边上打个问号。你的学号是——

生：34号。

师：再在问号边上注上"34"，表示34号同学提出的问题。还有谁想提问？

生：为什么"假若你一直和时间赛跑，你就可以成功"？

生："使我的小心眼里，不只是着急，还有悲伤"，这是为什么？

生："后来的二十年，我因此受益无穷"，"我"受到了什么益？

生："明天它们再飞过同样的路线，也永远不是今天了。"为什么"永远不是今天了"？

……

师：刚才大家提了很多很有价值的问题，我们回过头来，按照课文的顺序梳理一下。（梳理确认并做上记号）

板块二：扣疑解"迷"　细品课文

师：会提问题，很了不起；会解决问题，更了不起！同学们提的好多问题都集中在一个字上——

生：谜。（师板书）

师：如果把这个"谜"解开了，很多问题便迎刃而解了。你认为文章哪一段读懂了，这个"谜"就解开了？

生：第四自然段。

师：请你读，其他同学思考：这段话爸爸说了几句？你认为哪一句话就是所指的"谜"？（出示课件）

"所有时间里的事物，都永远不会回来了。你的昨天过去了，它就永远变成昨天，你再也不能回到昨天了。爸爸以前和你一样小，现在再也不能回到你这么小的童年了。有一天你会长大，你也会像外祖母一样老，有一天你度过了你的所有时间，也会像外祖母一样永远不能回来了。"爸爸说。

师：爸爸说了几句话？

生：四句。

师：哪句话是爸爸对我说的那个"谜"？（生答案不一）

师：（把生请上台）他们分别代表四句话，如果让你从这四位同学中选出一个领导，你认为应该选谁？认真研究课文。

生：第一位。因为爸爸说的第一句话是总起句，其他几句都是对爸爸这句话做出的说明。

师：谁有补充或反对？

生：我也认为是第一句，后面都是爸爸对第一句话的阐述以及说明。

师："阐述、说明"，用词非常贴切。哪句话是爸爸说的"谜"？

生：第一句。

（生回座位，说第一句的学生暂留台上）

师：你把这个"谜"再读一遍。（生读）

师：林清玄当时只有三年级。我们来猜猜看，爸爸这句话到底想要告诉林清玄什么？

生：告诉林清玄不要浪费时间。

生：我觉得爸爸要告诉林清玄，时间过去了就永远不能再回来了。

生：只要是过去了的时间，就永远成了过去，就不会再重复一遍了，这是谁都改变不了的规律。

师：你们能把这个"谜"猜成这样，相当不容易。带着这样的初步理解，读这段话。（生齐读）

师：如果我们换一个角度再去猜的话，也许大家理解得会更深入。看到屏幕上来："所有时间里的事物，都永远不会回来了。"也就是说，时间把很多事物都带走了。（板书：带走）时间分别带走了什么呢？研究爸爸说的话，想一想，可以轻轻地读出来。（生轻读）

生：时间带走了昨天。

生：时间带走爸爸的童年。

生：我觉得时间还带走了外祖母的生命。

（师相继板书：昨天、童年、生命）

师：你发现了什么？（手指向板书，用手势画圈演示）

生：我发现老师写的字，"昨天"比"童年"更小，"童年"比"生命"更小。

师：爸爸为什么先说带走了昨天，再说带走了童年，最后说带走了生命？我能否这样说——先说带走了外祖母的生命，再说带走了爸爸的童年，最后说带走了昨天？

生：我认为不行，因为昨天比童年的时间还要短，一个人的童年还需要更长的时间。

师：你发现爸爸说这一段话，先说短的时间，再说稍微长一点的时间，最后说更长的时间。还有谁有不同的想法？

生：昨天是所有时间里的事物稍微短暂一点的，童年是比昨天稍长一点的时间里的事物，而生命是比童年更长的。

生：我认为这是一个循序渐进的过程。因为昨天的时间很短，那么童年的时间也许会稍长，一生比童年的时间还要更长。

师：你的理解真深刻！童年、生命都是由一个又一个的昨天组成的。时间带走了很多个昨天；(教师在"昨天"两字外画圈)很多个昨天过去了，一个童年也过去了；(画圈，圈住"昨天、童年")长长的生命也就过去了。(画圈，圈住"昨天、童年、生命")时间就是这样悄无声息地把人的一天带走，把人的童年带走，把人的生命带走。相信再读这段话的时候，你一定会有别样的感触。(生读，语速缓慢，有点深沉)

师：你已经走进了爸爸的心，我们一起读这部分，读出爸爸想要表达的意思。

(师引第一句，生读)

师：读得真好！根据推算，林清玄的爸爸当时在说这一番话的时候应该在四十岁左右，也相当于张老师现在的年纪，我也很想把这一番话说给我的儿子听，说给你们听。(配乐，师深情范读，读毕，师生鼓掌)

师：我在读这一番话时，你听出我把哪一些词语读得特别慢，特别轻？

生：老师把"永远"读得很慢。

师：这里的"永远"出现了几次？

生：三次。

师：我还把哪一个词语读得特别轻、特别慢？

生："再也"。

师："再也"出现几次？

生：两次。

师：同学们，不要小看这些看起来平平常常的"永远、再也"，它能表达很微妙的感情。这段话里还有一个字反反复复地出现了六次，你找到了吗？

生："了"。

师：对！"了"，不要小看它啊！林清玄散文的玄妙就藏在这"永远、再也、了"看起来很平凡的词语中。不相信，我们来对比着读读。（师读上边一段，生读下边一段）

（出示课件）

"所有时间里的事物，都不会回来。你的昨天过去，它就变成昨天，你不能回到昨天。爸爸以前和你一样小，现在不能回到你这么小的童年。有一天你会长大，你也会像外祖母一样老；有一天你度过了你的所有时间，也会像外祖母一样不能回来。"爸爸说。

"所有时间里的事物，都**永远**不会回来**了**。你的昨天过去**了**，它就**永远**变成昨天，你**再也**不能回到昨天**了**。爸爸以前和你一样小，现在**再也**不能回到你这么小的童年**了**。有一天你会长大，你也会像外祖母一样老；有一天你度过了你的所有时间，也会像外祖母一样**永远**不能回来**了**。"爸爸说。

师：我的朗读、同学的朗读分别带给你什么样的感觉？

生：我觉得老师的朗读把"永远、再也、了"去掉之后，感觉很冷静，一点也不惋惜时间的流逝。

生：我觉得同学的朗读带给我一种对时间流逝的无奈、无助。

生：我感觉把"永远、再也、了"去掉，没有父亲对孩子说话的深情了。

生：老师的朗读，没有句子中蕴含着的那种悲伤了。

师：爸爸的话里蕴含着的仅仅是悲伤吗？

生：我觉得父亲语重心长地想安慰林清玄，让儿子懂得时间流逝的无情后，才能忘记自己的哀伤。

师：说得真好，安慰在里边了，伤感在里边了，语重心长也在里边了，无奈无助也在里边了，用上"了""再也""永远"这些词语，传递的情感就不同了。这就是林清玄散文的魅力——清清浅浅，有点玄。这么好的文字，我们应该把它读好、记住。

（教师利用总分结构的段式特点帮助学生记忆。五分钟后，全部学生会背）

师：不到五分钟时间，整段话全部背下来了，真能干！背书是有窍门的，我们理解了这段话，把握了这段话的结构，品味了它们的妙处，背诵就水到渠成了。

师：同学们，时间带走了每个人的昨天，时间也带走了每一个人的童年，时间也必将带走所有人的生命。时间把一切都带走了。

（教师依次擦掉板书中的"昨天、童年、生命"，在大圆圈中板书：一切）

师：包括今天的会场，今天的这一堂和时间有关的课，也会被时间带走。当时的林清玄听到爸爸的这番话后，他忽然明白了很多很多，他心里受到了触动，一起读文章第五自然段。（生齐读）

师：34号同学，现在请你说说为什么有一种"说不出的滋味"？这滋味里边到底包含着什么？

34号生：我认为这滋味里边包含了他对外祖母的思念和心里的忧伤。

师：你们认为"说不出的滋味"还有哪些？

生：还有对时间的畏惧。

生：他当时也明白了爸爸说的道理，要珍惜时间。

师：他已经默默地在心里想，一定要珍惜时间，这种感觉说不出。但是他朦朦胧胧地明白了，在他眼里，以前平平常常的事物发生了变化，请大家继续往下读——

（生齐读第六自然段）

师：他看到鸟儿，又感悟到今天的鸟儿也不再是昨天的鸟儿了，读——

（生齐读第七自然段）

师：6号同学请你说说为什么"永远不是今天"了？

6号生：因为时间过得很快，飞过这条路线的鸟儿——

师：不再是昨天的鸟儿——

生：而是今天的鸟儿了。

师：9号同学，你说说为什么飞过这条路线的"不再是老鸟，而是小鸟"呢？

9号生：因为有可能时间把老鸟带走了，飞回来的，可能是它的孩子了。

师：同学们，在我们身边的那些很平凡的事物中，今天是这样的，明天却不再是这样的，你能发现吗？你能仿照着课文第六、七两自然段的写法写几句吗？（生练笔，师巡视指导）

生：（齐读）所有时间里的事物，都永远不会回来了。

生：皱纹渐渐地爬上了母亲的脸庞，就知道时间把母亲的青春带走了。母亲，永远不再年轻了。（掌声）

师：时间，把母亲的青春带走了。

生：我看到蜘蛛在织网，它们可真是不屈不挠啊。可是到了明天，这一只蜘蛛和这一张网也永远不是今天的了。或许明天展现在我眼前的，是一只新的蜘蛛和一张新的网。（掌声）

生：我看到叶子从枝头冒出，闪耀着翠绿的颜色，明天也许也会有许多新叶冒出，但永远不是今天了。或许有一天，冒出这个枝头的是另一批新叶了，而上一批已经默默地掉落了。

师：真是"零落成泥碾作尘"啊！

…………

生：今天，张老师给我们上课，明天可能也会有其他老师上，但这次是这一个老师，下次可能不会是同样的老师了。（全场掌声、笑声连成一片）

师：我希望，我还能够给大家上课。（掌声热烈，众笑）我明白这位同学的意思：即便你站在同样的舞台上，上同样的课，也永远不会是今天的课了。今天的课是永远不会回来了。

师：同学们，时间就这样带走了一切。回到课文中，思考刚才同学提出的问题我为什么"不只是着急，还有悲伤"？

生：因为他开始知道这一天真的过完了。

师：如果再不加把劲——

（生迟疑）

师：谁能继续补充完整？

生：时间很快就过去了，时间将带走生命。生命是严肃的，在我的生命日历里，也许时间会是永远地消失。（掌声）

师：说得真好！无论是昨天、童年，还是生命，无论是落下去升起来的太阳，无论是在天空飞来飞去的小鸟，都一次又一次地告诉我们——

生：（齐读）所有时间里的事物，都永远不会回来了。

师：所以，林清玄要和时间——

师生：（齐）赛跑。

板块三：深究拓展　升华认识

师：快速默读最后三段，想一想，你从什么地方读懂了林清玄"一直和时间赛跑"，注意"一直"这个词语。快速浏览，找重点句，圈关键词，一会儿用最简洁的语言来回答。

（生浏览，师生对话，理解作者用"和太阳赛跑、和西北风赛跑、和作业赛跑"的事例写出"一直和时间赛跑"，教学过程略）

师：上面我们所说的都是用具体事例来说明"和时间赛跑"。其实还有一些语句暗含在文章里面，谁读出来了？

生：我觉得"后来的二十年里，我因此受益无穷"也说明了林清玄一直和时间赛跑。

师：记得这个问题是3号同学提出来的，你能从这一句话读出他一直和时间赛跑吗？

3号生：我从这个"无穷"看出他经常和时间赛跑。

师：你现在已经明白了一点点，待会儿，你看了老师提供的资料后，一定会感悟更深。

生：每一次比赛胜过时间，我就快乐得不知道怎么形容。

生：我从"那几步虽然很小很小，用途却很大很大"读懂了林清玄一直在和时间赛跑。

师：好，让我们一起去见证林清玄是怎么和时间赛跑的，请同学们看屏幕。（师配乐介绍）

（出示课件）

一直和时间赛跑的林清玄，台湾高雄人，1953年生。

10岁，立志做一名作家；

17岁，发表第一篇作品；

30岁，获遍台湾重要文学奖；

57岁，写出了一百多本著作。生命在继续，写作在继续。

（紧接着，屏幕上依次呈现林清玄的作品封面：《在云上》……《林泉》《清欢》《玄想》，画面最后定格在作品封面上，封面上依次出现"林、清、玄"三个字）

师：同学们，你觉得一个写出了那么多好作品的作家，长什么样？闭上眼睛，我把林清玄请到屏幕上来。（出示林清玄照片）睁开眼睛。

生：啊？……（全场大笑）

师：你为什么嘴巴张得大大的？

生：我还以为他……他……，他就是秃头嘛！

师：你的意思是，他的脑袋上应该是很茂盛的？（生笑）

生：他长得太谦虚了。（众笑）

师：哈哈，总而言之，跟你心目中的林清玄相差甚远。

师：同学们，2006年，林清玄来到浙江绍兴讲学的时候，一上台，全场爆笑。林清玄静静地对台下的老师说："我知道你们在笑什么，你们一定在想，林清玄怎么可以长成这样呢？（众笑）但是，如果你们看了这一组数据，我不到57岁就写出了一百多本书。你们就会明白我这个地方为什么这么稀少了。"（师摸摸头）

师：（指着3号生）现在你回答为什么"后来的二十年里，我因此受益无穷"？

3号生：因为林清玄和时间赛跑，经常赢过时间，所以他写出了一百多本书。

师：写出了那么多的书，取得那么大的成绩，所以说"受益无穷"！3号同学，你说为什么"假若你一直和时间赛跑，你就可以成功"？你能用林清玄的生平告诉大家吗？

3号生：我觉得在每走一步的时候，稍微提前干以后需要干的事情的话，到后来，你会发现一直这样下去，很多事情会快好几步的。

师：是啊，就在不知不觉之间，做出了不起的成就，就像林清玄一样。虽然时间带走了一切，包括带走了他脑袋上原本茂盛的头发，（笑）但是，他一直和时间赛跑，通过写作留住了美好的一切。（板书：写作，留住）

师：所以，林清玄要和时间赛跑，所以他深有感触地说——（生读）

（出示课件）

虽然我知道人永远跑不过时间，但是可以比原来快好几步，如果加把劲，有时可以快好几步，那几步很小很小，用途却很大很大。

师：如果将来，我有什么可以告诉我的孩子的，我一定会说——

生：（齐读）假若你一直和时间赛跑，你就可以成功。

师：时间在不断地流逝着。这篇文章，林清玄写于30岁。到了40岁，林清玄对时间的认识又变了。40岁的时候，他写了一篇散文，题目是《和太阳赛跑》。老师把有关的精彩句子摘录到屏幕上了，我读黑色字，你们读蓝色字。（下面的三组师生对话，都选自《和太阳赛跑》）

师：到了40岁，可能说不出"跑赢太阳了"这样有豪情的话。

生：但是，每天我起床的时候，对着镜子的第一件事就是对自己的影像说："嗨！让我今天来为生命创造一点什么吧？"

师：每天，都含着笑意，来与宇宙时空的无情、与岁月生命的多变，共同运转，那么在大化中，也会有江上明月——

生：山间清风，岸边垂柳，那样的美景，不断地映现。

师：我，宁与微笑的自己做搭档，不要与烦恼的自己同住。

生：我，要不断地与太阳赛跑，不断穿过泥泞的田路，看着远处的光明。

师：这是林清玄在40岁时对时间的感悟，你们感悟到了吗？（生点头）

师：恭喜你们，你们已经提前成熟了！（众笑）同学们，老师今年40

岁了，但在时间面前，我依然困惑。因为困惑，我去读一本关于时间的小说，当我读完这本小说后，我更困惑了。（全场笑声）

师：这本书就是《毛毛——时间窃贼和一个小女孩的不可思议的故事》。"时间就是生命，生命在我心中"是这本书中最关键的一句话。这句话，也许需要我们用一辈子的时间去思索。

（说明：此课执教于2012年）

教学品鉴

一堂始终关注学生"学"的语文课

钱正权

学生成长是语文课的出发点和归宿。成长,须在语言发展中提升精神世界。读了实录,感到这样的要求做到了。始终关注学生"学"是本课的主要特点。我体会最深的有以下几点。

质疑释疑一条线。

深入地阅读课文是从让学生认认真真提问题、"建构话题"开始的。老师让学生提了八个问题。这些问题几乎涵盖全文的主要内容,利于学生全面而有深度的学习。问题不急于回答,把它作为阅读的向导。语文课程标准里讲,阅读教学的过程是师生与文本对话的过程。对话需要话题,话题从哪里来?话题当然可以由老师提出来,现在大多数老师是这样做的,但最好还是由学生提出来。问题由学生提出来的好处很多:它能激励提问者积极主动地在阅读中思考,在探究中学习;教学有了真实的起点,即便从文本的未知处或疑惑处入手;提问更是创造性思维的开端。

质疑释疑像一条经线贯穿着教学过程。学生提的八个问题有主次之分,当突破了首要问题之后,余下的问题迎刃而解。如34号同学问的"说不出的滋味"是什么意思?这"滋味"里边包含着对外祖母的思念和自己的忧伤,还有对时间的畏惧等。学生提的所有问题,随着教学进程一一有着落、一一有回音。这样做是对学生学习的尊重,折射出先学后导、顺学而导的教学理念,其教学效果的"生成"也显而易见。

突破重点见真谛。

重视学生提问，教师是学生提的问题的细心"管理者"。他就像一位尽职的仓库保管员，对问题按课文内容顺序做了梳理，并一一记上提问者的学号。释疑从何处着手？第五自然段开头有句话："爸爸等于给我说了一个谜。"它是针对第四自然段中"爸爸"说的话而出现的。这样，由解"谜"切入，"品"课文顺理成章。

怎么"品"这段话呢？品的层次分明，层层推进，步步为营：第一步，从这段话中找出写这个"谜"的是哪一句——"所有时间里的事物，都永远不会回来了。"这句话是总起句，"挈领而顿，百毛皆顺"，有必要先品它的含义。学生先说说自己的理解，它告诉我们"不要浪费时间"，因为"时间过去了就永远不能再回来了"。第二步，再品这段话的表达顺序。这段话先说短暂时间（昨天），再说较长时间（童年），最后说更长时间（一生）。这个顺序不能颠倒，既是内容合乎逻辑的理解，又是表达形式的领悟。第三步，转而指导朗读。学生把"这份别样感触"在读中表达出来。有了内容与表达形式的理解和领悟，学生情感起了变化，读得语速缓慢，有点深沉，有些感伤。第四步，顺势深入品读词语。读的那种玄妙感，是哪些词语在发挥作用呢——"永远、再也、了"。这些看似平常的词语，在句中有还是无，对比着读，就会感到玄妙所在了。第五步，积累语言。利用总分结构的段式，这段话学生仅花五分钟就会背了。

读写结合有新意。

阅读教学中读与写结合的情况屡见不鲜。本课有何新意呢？学生写前齐声朗读中心句："所有时间里的事物，都永远不会回来了。"写是读的延续和深入，写是读的移情体验。"老鹰飞上蓝天""皱纹爬上妈妈的额头""蜘蛛织成新网""枝头冒出新叶"等，学生从课文中得到启发，联想身边寻常事物的发展变化，从中实实在在地感受到时间在飞逝。这又为第三板块理解作者"和时间赛跑"做了铺垫。写又有写本身的任务，从课文中习得语言表达形式，应用于表达实践。学生较成功地迁移了第六、七两自然段的写法。

写的交流本质上是思与想的交流，是智慧的交流，更是语言的交流。语言的粗疏或者精致，就是思想的含混或者缜密。交流的任务是既要互相启迪共同分享，又须发现问题指导矫正。学生写，不是会写了再来交流，而是不会写来交流学习写。写的困惑，不在思考要表达的内容，而在于组织和运用要表达的语言。假如对学生写的句子在语言上择要做些适当评价，那学就更踏实，课也就更完美。

（作者单位：浙江省杭州市教研室）

第8课　在大熊猫的故乡

文本再现

　　我们乘着一辆汽车，行进在大熊猫的故乡——四川省卧龙山区。卧龙山区苍绿幽静。这里地势高，常年云雾缭绕，满山长着郁郁葱葱的原始森林、高大的云杉、红桦和松树，像一根根擎天柱威武挺立，青翠的箭竹丛填充着森林里的空间。林中鸟鸣声声，山下泉水清清。远处，浅灰色的山峦上，缕缕白云裹着山顶银白色的积雪。好一个"大熊猫的天堂"！

　　路上，大熊猫研究中心的专家老胡同志告诉我们，大熊猫的生活离不开四个条件：一是冷暖适度，二是山高谷深，三是箭竹茂密，四是流水涓涓。所以大熊猫的栖息地往往是风景秀丽的地方。听他这么一说，我就更加喜爱大熊猫的故乡了。

　　第二天天刚亮，我就同老胡他们一起去寻找大熊猫的踪迹。路很难走，只有靠手攀竹枝，脚踩树根，才能一步步爬上悬崖陡坡。我们个个累得气喘吁吁。这天，我们只发现了大熊猫的粪便，形状像大萝卜，却始终见不到大熊猫那可爱的模样。

　　第三天，我们来到海拔2950米的高山上，忽然隐隐约约地听到了小猪一样的叫声。"这是什么声音？"我警觉地问。老胡说："是大熊猫幼仔的叫声。"我们循声找去，发现大熊猫的"家"就在紧贴地面的枯树洞内。洞口用竹子和野草遮掩着。老胡说："这表明大熊猫妈妈出去寻食了。"

　　我们轻轻扒开洞口的竹子。"看到了！看到了！"我们高兴得嚷了起来。

　　啊！一个多么娇嫩的小生命：大小如猫，胖墩墩的，淡淡的短毛下露出粉红色的皮肤。老胡催促道："好了，快离开这儿，大熊猫妈妈离仔不会很久，马上会回来的。要是让它碰上，它可要发怒了。"

我们找了一个隐蔽处躲藏好。不到十来分钟，远处竹林传来了"沙沙"声，越来越近……

我睁大眼睛望去，只见大熊猫拨开竹子，一步步向"家"走来。这圆滚滚的身躯，油光光的皮毛，逗人的黑眼圈，文静悠闲的样子，真不愧是大自然的"明星"，咱们的"国宝"！

（原浙教版《语文》，五年级上册）

课堂实录

一次美妙的探索之旅
——《在大熊猫的故乡》教学实录与赏析

板块一：复习导入　建构阅读话题

师：课文大家都预习了吧？现在老师来检查一下。

（出示第一组词语——均为生字组成的新词）

填充　踪迹　萝卜　小猪

幼仔　遮掩　隐蔽　不愧

海拔　拔

（学生认读）

师：读得真不错。大家有没有留意到，老师将其中两个字放得特别大？

生：是"拨"和"拔"。

师：谁来说说这两个字有什么区别？

生：拔，右边是朋友的"友"字肩上加个点；拨，右边是头发的"发"。

师：看得真仔细，请同学在课本上将这两个字认真地写两遍。

（学生写字，师指导"仔"字的两种读音）

（出示第二组词语）

苍绿幽静　鸟鸣声声

郁郁葱葱　泉水清清

箭竹茂密　流水涓涓

师：请同学自己读读这组词语。（生读）

师：现在请一个同学来读。（正音：幽，涓）

师：同学们，咱们中国的语言，很美很美，有时候，一个词语就是一幅画。请你再读读其中一些你最有感觉的词语，你的脑子里会出现怎么样的画面呢？

（生读词语）

师：读着哪个词语，你脑子里出现了怎么样的画面？

生：读着"苍绿幽静"，我好像来到了郁郁葱葱的原始森林，里面不见天空，很静很静，偶尔传来几声鸟叫。

师：真美！再读读这个词语，把你的感觉读出来。

生：苍绿幽静。

生：我读着"鸟鸣声声"，仿佛看到了很多鸟在树林里飞行，耳边传来不少鸟的叫声。

师：想听听鸟叫声吗？

生：想。（师用口哨模拟很多鸟在叫）

（生满脸惊喜，热烈鼓掌。其余词语教学过程略）

师：孩子们，学词语要学会联想，这样才能把词语学活。请把最有感觉的这个词语直接读给大家听听。

（生读得很好）

师：大家看看，屏幕上的词语有什么共同的特点？

生：都是四个字。

生：都是写风景的。

生：左边一组是写绿色植物的，右边一组的组合方式是"ABCC"。

师：好多词语都是有规律的，咱们平时积累的时候不妨按规律将它们归归类。接下来，老师要了解你们课外搜集大熊猫知识的情况。

（生接连汇报，略）

师：老师还想问大家一个问题：有谁去过大熊猫的故乡？（生摇头）

老师也没有去过。这节课，我们就去大熊猫的故乡做一次假想考察。

【赏析：教师以学生的起点为基础，在学生对词语的认读、比较、联想中，调动了已有的生活经验，"复活"了词语的本来面目。有了生活经验的对接，就引发了情感的共鸣，直至发现词语的规律。理解词语与感悟文本密切相连，指导朗读与情感体验融为一体，词语教学不再是概念，变得有温度、有亮度，让学生真正能触摸到。读其文，感其情，悟其法，这样的教学有深度、效度。教师对教材的深入钻研、高度把握可见一斑。】

板块二：创设情景　踏上考察之旅

师：（请生闭上眼睛）同学们，我们经过一天的长途跋涉，来到了苍绿幽静的原始森林。这里，树木郁郁葱葱，箭竹茂密，泉水清清；鸟鸣声声应和着流水涓涓，咱们，仿佛来到了美丽的天堂。（教师描述的语言中有意识地用运了第一环节中的第二组词语）请睁开眼睛。同学们，现在我们仿佛在什么地方？

生：在大熊猫的故乡。

师：第一次来大熊猫的故乡，你的心情怎样？

生：我感到很新奇。

师：那你就很新奇地告诉大家你在哪里。

（生读课题）

生：我感到很兴奋，因为我马上可以看到大熊猫了。

师：那请你很兴奋地告诉大家。

（生读课题）

生：我觉得很自豪，因为一般人无法轻易来到大熊猫故乡的。

师：呵呵，现在，你们居然轻易地来到了这个地方！那么请你很自豪地告诉大家你在哪里。

（生齐读课题）

【**赏析**：教师先自己创境朗读第一自然段，再指导学生带着自己或新奇、或兴奋、或自豪的心情读好课题，触摸到作者的内心。由文见义，循文会意，为后文的学习搭建了宽广的桥梁。这必将是一次美好的考察之旅，期待之心陡增。】

板块三：考察探究　"亲密接触"大熊猫

师：同学们，我们马上就要进入原始森林考察了。既然是考察，得带着一定的目的进去。你想通过考察了解有关大熊猫的哪些知识？

生：大熊猫的生活习性是怎样的？

生：我想知道大熊猫的样子。

生：我想知道大熊猫生活的地方究竟是怎么样的。

……

师：就让我们带着各自的考察目的进入郁郁葱葱的原始森林吧！让我们用读课文的方式，从字里行间发现并搜集最关心的信息，这就是对大熊猫进行假想考察。

（学生读书圈画）

师：你看到的大熊猫故乡和你所想象中的有什么不一样？

（生回答，师请其读相应的句子或段落）

师：大家考察的成果还真不少，下面就请同学们拿起笔，记下自己的考察成果。

（下发考察记录表并出示）

	大熊猫居住地考察
环境与生活条件	
外形	
生活习性	
其他	

（师提示选择最感兴趣的填写）

（生填写表格，师巡视指导）

【**赏析**：教师贴近学生的最近发展区，先让学生比较自己获得的资料和课文已知信息的区别，再从中梳理出课文的脉络。培养了学生收集和提取信息的能力、概括能力、思辨能力，又为后面的学习做足铺垫。让精彩于学生，才能留精彩于学生。让学于生，处处蓬勃着学习的张力。妙极！】

师：现在请大家拿出记录表，汇报考察成果。你对哪块内容感兴趣就从哪儿开始汇报吧！

生：我汇报大熊猫的生活条件。大熊猫的生活离不开四个条件：一是冷暖适度；二是山高谷深；三是箭竹茂密；四是流水涓涓。

师：这是大熊猫的生活条件，请同学们看——（出示大熊猫的四个生活条件）我想请你用自己的话来总结这四个生活条件，行吗？

（生答略）

师：大家想象一下，同时符合这四个条件的地方是一个怎么样的地方？

生：这样的地方，是苍绿幽静、郁郁葱葱、流水涓涓、山高谷深、鸟鸣声声的地方。

师：也就是非常美丽的地方，大家想不想和老师一起去看看这美丽的地方？（生：想）来，随老师一起去大熊猫的故乡。（师来到刚才说老师课文朗读不怎么样的学生旁边）请你特别仔细地听，老师的朗读哪些地方应该注意什么?

（师对着课件画面，在配乐中朗读第一段中写卧龙山区风光的句子）

师：果然，卧龙山区苍绿幽静。……好一个"大熊猫的天堂"！（生热烈鼓掌）

师：这地方的确太美了，就让我们带着这样美丽的画面，美美地、陶醉地读读这段话吧！

（学生朗读）

师：谁能把大家带进大熊猫的故乡？（那个"陈老师"将手举得高高的）你别忙着举手，待会儿请你。

生：卧龙山区苍绿幽静。这里地势高，常年云雾缭绕，漫山长着郁郁葱葱的原始森林……

师：停，先读到这里，她把大家都带进去了吗？

生：没有！

师：谁能把大家带进原始森林？

（生重读开头两句）

师：现在感觉呢？

生：把我们带到了边上。（笑）

师：请一个同学继续将我们往里带，随着她的朗读，想象着课文所描述的一切景物都好像在你面前活了起来。

生：高大的云杉、红桦和松树，像一根根擎天柱威武挺立，青翠的箭竹丛填充着森林里的空间。（教师范读这句，该学生再跟读）……好一个"大熊猫的天堂"！

师：我们仿佛陶醉在这片原始森林里了。（快速来到"陈老师"身边）现在轮到"老师"读了！（笑）

生：卧龙山区苍绿幽静。（师：果然不错——笑）满山长着……（该生

第四章 散文教学 / 219

越读越好）

师：读得真好，你是我的大师傅，她（指刚才朗读的孩子）是我的二师傅。两位老师，为了表示我的诚意，我这个弟子要为你们献上一份见面礼，什么礼物呢？为你们配上一段音乐，请你们两个再一次领着所有的同学到大熊猫的故乡去走一走。你们站起来读，其他同学轻轻跟着读，读到最后一句的时候，咱们齐声赞叹。

（师生配乐合作读第一段，学生读得很投入）

师：孩子们，这么美的语言，这么美的景色，就让我们把它永远印在脑子里吧！

（学生自由练习背诵）

师：看着画面，听着音乐，让我们一起把这美丽的景色留住。（师生配乐齐背课文）

【赏析：怎么让学生深切感受大熊猫生活的环境呢？教师将语言学习与情感体验巧妙融合，善于从文字中捕捉蕴含其中的丰富情感与意义。先让学生找出大熊猫生活的四个条件，再用自己的话叙述，接着让学生在读中感受栖息地之美。难得的是教师直面学习困难的学生，不遮蔽教与学的落差，让学生站在课堂的中央，引导学生在朗读想象中迸发思维，把学生带入唯美的语言学习的意境中，感受到了语言文字的魅力。真实的课堂再现，源于教师对学生心理的高度重视和深度体恤。】

生：我对大熊猫的幼仔感兴趣——大小如猫，胖墩墩的，淡淡的短毛下露出粉红色的皮肤。

师：你发现了大熊猫幼仔非常可爱，大家想看看大熊猫幼仔吗？

生：想！（图片出示幼仔刚出生、一个月、三个月的可爱模样）

生：哇！（满脸的惊讶）

师：（对某一个学生）你说，你刚才为什么那么乐呵呵？

生：它是那么可爱！

生：它太小了，像小老鼠一样。

…………

师：是啊，第一次见到大熊猫的幼仔时，有的孩子感觉惊喜，有的感到很新奇，有的感觉很意外。就请你们带着各自不同的感受，读读课文中写大熊猫幼仔的句子，读出自己独特的感受。

（生自由朗读写大熊猫幼仔的句子）

师：对着屏幕，把你对幼仔的喜爱之情充分地表达出来。

（生读）

师：果然读出了对幼仔的喜爱之情，我觉得你的声音也很娇嫩。

（男女赛读，齐读）

师：同学们，刚才我们只是看到了大熊猫幼仔的图片，就这样开心、兴奋，那么作者和他的伙伴们在看到幼仔的时候，又有什么表现呢？请找到相应的句子读一读。

生：他高兴地叫着："看到了！看到了！"

师："叫"吗？"叫"和"嚷"有什么不一样？

生：是"嚷"！"嚷"比"叫"声音要响得多。

生："嚷"说明很兴奋很激动。

师：谁来"嚷嚷"看？

生：（声音比较轻地）看到了！看到了！

师：这不是嚷，谁来？

生：（比较响亮地）看到了！看到了！

师：这才是嚷！再嚷一次，让台下听课的老师都知道咱们看到大熊猫幼仔了。声音可以稍稍拖长。

生：（提高嗓门）看到——了——，看到——了——（掌声，笑声）

第四章 散文教学 / 221

师：哈哈，她仿佛真的看到大熊猫了！来，让我们一起嚷起来——

生：看到了！看到了！

师：作者和他的同伴们只是看到了大熊猫的幼仔，为什么高兴地"嚷"起来呢？请同学从课文中找找原因。

（学生默读课文）

生：因为第三天，他们来到海拔2950米的高山上，忽然隐约听到小猪一样的叫声。因此，他们很激动。

师：这位同学一下子强调了两点：第一，第三天才看到；第二，海拔那么高的高山上。是啊，他们能不如此激动惊喜吗？

生：因为他们历尽千辛万苦，好不容易才看到熊猫幼仔——

师：从什么地方看出"历尽千辛万苦"？

生：因为他们去爬悬崖陡坡，爬得气喘吁吁。

……

师：同学们，就让我们一起和作者分享发现大熊猫的激动与喜悦吧。第一天，看不到大熊猫；第二天，只见到大熊猫的粪便；第三天，终于见到大熊猫幼仔了，我们不由激动地嚷了起来——

生：看到了！看到了！啊！一个多么娇嫩的小生命：大小如猫，胖墩墩的，淡淡的短毛下露出粉红色的皮肤……

师：海拔1000米，没有大熊猫；海拔2000米，还是没有大熊猫；海拔2950米的高山上，终于见到这些小生灵了。我们不由喜出望外地嚷了起来——

生：看到了！看到了！

师：看到了什么呢？

生：啊！一个多么娇嫩的小生命。

师：陡峭的山壁上，没有看到大熊猫；潺潺的小溪旁，没有看到大熊猫；终于，在贴近地面的枯树洞内，看到了可爱的小生命。我们不由惊喜地嚷起来——

生：看到了，看到了！

师：看到了什么呢？

生：啊！一个多么娇嫩的小生命。

【**赏析**：有比较才有发现。教师敏锐捕捉到学生将"嚷"读成"叫"的契机，引导学生比较品评两词之间的细微区别，再探究其原因。最后在师生引读中再现大熊猫的千辛万苦，感悟其内心的激动、兴奋。"嚷"的张力在比较中激活，"嚷"的魅力在品评中彰显，语言的生命也在"嚷"的朗读中熠熠生辉。】

生：我喜欢大熊猫的样子——这圆滚滚的身躯、油光光的皮毛、逗人的黑眼圈，文静悠闲的样子。

师：就让我们把大熊猫请出来。大熊猫需要同学们用好听的声音把它请出来。先自己练练。

（生读大熊猫妈妈样子的话）

师：大师傅，（对刚才那个说老师朗读不太好的孩子）你来读！（笑）

（生读，比较有感情）

师：大家觉得大熊猫妈妈出来了吗？

生：就差一点点了。（笑）

师：谁再使把劲，把它请出来。大家推荐一个朗读比较好的同学。（学生不约而同地指着后排的女同学）

师：原来是二师傅啊！（笑）来，你来。

生：（很有感情地）这圆滚滚的身躯、油光光的皮毛、逗人的黑眼圈，文静悠闲的样子，真不愧是大自然的明星，咱们的国宝！

师：你真不愧是朗读的"明星"，咱们的"班宝"啊！（大笑）大熊猫妈妈终于出来了！（出示文静悠闲的大熊猫妈妈图片）来，好好夸夸它吧！

（生自由练读）

师：老师也想来夸夸大熊猫妈妈，好吗？（生：好）这圆滚滚的身躯……"国宝"！（问"陈老师"）师傅，我读得怎么样？

生（"陈老师"）：比我好！（笑）

师：哈哈，这叫"名师出高徒"嘛！来，孩子们，让我们一起来夸夸这大熊猫妈妈。（学生齐读）

【赏析：自己练读、赛读，幽默地激励读之后，再出示大熊猫的样子，图文结合读。在磕磕绊绊的学步中，学生学会了自己走路，那将是属于他们自己独有的色彩。】

师：读着读着，老师忽然发现了一个问题——作者在介绍大熊猫的时候，观察得好像不够仔细。我觉得少写了好多东西，比如没有写大熊猫的嘴巴、尾巴、四肢和鼻子等，是作者观察不够仔细，还是特意这样写的？

生：我认为不是作者观察不够仔细，而是为了突出大熊猫的特点。因为眼圈、身躯、皮毛，是大熊猫和其他动物不一样的地方。把这三个地方突出出来，大熊猫的特点就介绍清楚了。

师：总结得好。作者介绍大熊猫的时候，将最能突出大熊猫特点的部位做了具体描写。这么一来，一只文静悠闲的大熊猫就出现在我们眼前了！让我们一起把这文静悠闲的大熊猫妈妈留在脑子里。（齐背诵）

（生继续汇报大熊猫的生活习性）

【赏析：学贵有疑。教师关注到此处的表达方式，并引领学生朗读想象、比较鉴别揣摩作者的表达意图，潜移默化地让学生悦纳这样的语言形式，在润物无声中润泽了学生的语文意识。】

师：考察任务完成得很不错，不过张老师还有个问题请教大家：大熊猫故乡秀丽的风光和大熊猫悠闲地栖息有什么关系吗？

生：因为环境那么美丽，所以大熊猫才那样悠闲自在。

生：因为环境美丽加上符合四个生活条件，因此大熊猫才这样无忧无虑地生活。

师：是啊，大熊猫故乡那涓涓的流水、茂密的翠竹、葱郁的树木……这一切就是一幅天然的画，也是一首动人的诗。正因为有了这样如诗如画的地方，大熊猫才能"悠闲地栖息"在自己的故乡，这美丽的天堂！

【赏析："惊风乱飐芙蓉水"，看似"见异思迁""移情别恋"的一问，实则恰逢其时、恰到好处地溅起了学生思考的涟漪，唤起了学生强烈的阅读期待。】

【赏析：整个第三板块，教师紧贴学生的学习需求，创设假想考察情境，以开放性话题"你对哪块内容感兴趣"统领对话，提领而顿。追随作者的脚步，应和着作者的呼吸进入文本，角色在想象中置换，情感在体验中融通。最后回归大熊猫栖息地与环境的关系，真真切切地走了一个来回。让孩子们带着"考察"任务，潜心会文，很好地实践了"自助、合作、探究"的学习。大处落笔，整体勾连，以学定教，顺学而导，信手拈来，饱满酣畅。】

板块四：拓宽视野　　了解熊猫生存环境

师：同学们，经过三天紧张而又认真的考察，我们圆满地完成了任务。但是，此时此刻，你的脑子里，肯定还有很多谜团没有解开。对于大熊猫和大熊猫的故乡，你还想知道些什么呢？

生：我想知道大熊猫祖先和现在栖息的地方有什么不一样。

生：我想知道大熊猫现在还活着多少只。

生：我想知道大熊猫的天敌有哪些。

生：箭竹吃光了，大熊猫吃什么？

生：别的地方还有大熊猫吗？

…………

师：老师在网上下载并整理了一篇文章，也许能回答大家的一部分问题。请同学默读以下补充材料。（出示群文）

穿越历史看熊猫

文/周晓红

（一）珍贵的"活化石"

（二）大熊猫的平均寿命

（三）大熊猫是"和平的使者"

（四）保护大熊猫迫在眉睫

（五）加强保护区建设是保护大熊猫的关键

（六）大熊猫保护区是动植物的天然乐园

（此处只呈现群文目录，具体文本略）

师：看了这些材料，你对大熊猫以及它的栖息地有了怎样新的认识和理解？

生：我知道，大熊猫正濒临灭绝了。目前世界上只剩下不到一千只了。

生：想不到大熊猫的生存环境是这样的恶劣。

生：因为目前数量很少，加上只有中国才有，而且有很高的科学研究价值，所以称它为我国的"国宝"。

生：我原来不知道大熊猫有天敌，现在我知道了它有很多天敌，我想大熊猫也许有一天会真的灭绝。

师：是啊，据有关资料记载，咱们浙江也有大熊猫活动的记录。而现在，我们这个有着"天堂"美誉的城市，却再也寻觅不到大熊猫的踪迹了，只能在动物园里才能见到大熊猫的身影。

生：我知道，大熊猫的寿命很短。

师：是啊，孩子们，这篇文章带给我们一个信息：保护大熊猫刻不容缓！

【赏析】教师以教材为凭借，下载整理的六个方面的补充资料，让学生在富于挑战的思维情境中，和资料充分对话，为他们打开了通往认识大熊猫的又一扇窗户，反哺了对文本的感悟，推动了他们认知的深刻，最终体悟到保护大熊猫的刻不容缓。不以教材为藩篱，让文本相互参照，彼此牵连，最大限度地提升了文本的意蕴。此处教学可谓"见人所之未见，发人所之未发"。】

板块五：参与申遗　畅想美好未来

师：看了这份材料，我想每一个同学的心情都会变得沉重起来。大熊猫的故乡的确需要我们好好地保护。这一点，大熊猫研究专家们比我们更加清楚。因此，四川省政府提出了要用申报"世界自然遗产"的方式来保护大熊猫的故乡。请大家看这样的一则新闻：

（出示）

四川大熊猫栖息地要申遗

来源：中国环境报　2005/1/20

据透露，四川省准备申报的大熊猫栖息地包括了邛崃山脉国家级自然保护区、卧龙保护区、四姑娘山风景区及夹金山等范围。目前申报委员会正向全国范围征集申遗主题，申报方案正在紧锣密鼓地筹备中。

师：作为强烈呼吁并有志于大熊猫保护的我们，能不能为大熊猫栖息地申遗做一些我们能做的事情呢？比如设计申遗主题词或策划一个保护大熊猫的宣传广告呢？

（出示：用一两句话来表达申遗的美好愿望或设计一则保护大熊猫的公益广告）

师：这项任务可以单独完成，也可以小组合作，现在开始。比如，北京2008年奥运会的申请主题就是"绿色奥运，人文奥运，科技奥运"。再比如，中央电视台保护水资源的公益广告是这样的：如果人类再不节约用水，那么，地球上的最后一滴水，将是我们自己的眼泪。

（学生动笔，教师巡视）

师：开始汇报。

生：我写了三条：第一条，保护大熊猫，别让大熊猫成为灭绝动物；第二条，保护大自然，让大熊猫快乐地生活；第三条，别让"活化石"成为博物馆的标本。

师：太棒了，一下子就来了个高产作家！（笑）

生：杨柳枯了，有再青的时候；熊猫走了，没有再回的时候。

师：哈哈，当代朱自清！（笑，掌声）

生：保护大熊猫，为中国添一份荣耀！

师：掷地有声！掌声！（掌声）

生：等到大熊猫灭绝的时候，你的记忆里是否还有它的模样？

师：诗一般的语言。

生：世界上只剩下一千多只大熊猫了，我们怎样才能保护它呢？好好爱护环境，让大熊猫多起来吧！

师：自问自答，好！

生：茂密箭竹，绵绵白云，清清泉水，可爱熊猫……

师：一幅画！一首诗！当代小诗人。

…………

（全场笑声、掌声，气氛热烈）

【赏析】教师切准了学生情感的触发点，以设计申遗主题词和广告的形式，设置具体生动的读写情境，不仅让学生亲切与新鲜，而且给学生提供了想象与思维的支架。多元与开放、丰富与独特，充分的预设必将绽放无限的精彩，"兴风作浪"的设计，才会使学生产生争奇斗艳的烂漫畅想，才会看到学生思维的张力、情感的迸发。】

师：孩子们，为了支持四川大熊猫栖息地申遗，张老师在课前也做了个宣传片。大家想不想看看？这个片子是一首诗。（诗句在屏幕上缓慢上移，背景音乐是萨克斯乐曲《回家》）

中国，是大熊猫的故乡

地球，是人类的故乡

大熊猫的故乡

也就是人类自己的故乡

而今天

在这个繁华富庶的星球上

大熊猫的故乡

只剩下一片小小的绿洲了

守护大熊猫的故乡

也许就是守护

人与动物

共同栖居的

诗意家园

【赏析：既在情理之中又在意料之外，课尽而意无穷！教师以其独特的文本解读视角，带着孩子们走进文本深处，走进文本高处，让置身其中的孩子们获得了崭新的成长。一次难忘的阅读历程，一次美妙的探索之旅。有境界自成高格！】

（说明：此课执教于2005年）

（赏析：湖北枣阳第一实验小学　杨冬梅）

故事类文本教学

第五章

第9课　詹天佑

> 文本再现

詹天佑是我国杰出的爱国工程师。从北京到张家口这一段铁路，最早是在他的主持下修筑成功的。这是第一条完全由我国的工程技术人员设计施工的铁路干线。

从北京到张家口的铁路长 200 千米，是联结华北和西北的交通要道。当时，清政府刚提出修筑的计划，一些帝国主义国家就出来阻挠，他们都要争夺这条铁路的修筑权，想进一步控制我国的北部。帝国主义者谁也不肯让谁，事情争持了好久得不到解决。他们最后提出一个条件：清政府如果用本国的工程师来修筑铁路，他们就不再过问。他们以为这样一要挟，铁路就没法子动工，最后还得求助于他们。帝国主义者完全想错了，中国那时候已经有了自己的工程师，詹天佑就是其中一位。

1905 年，清政府任命詹天佑为总工程师，修筑从北京到张家口的铁路。消息一传出来，全国轰动，大家说这一回咱们可争了一口气。帝国主义者却认为这是个笑话。有一家外国报纸轻蔑地说："能在南口以北修筑铁路的中国工程师还没有出世呢。"原来从南口往北过居庸关到八达岭，一路都是高山深涧、悬崖峭壁。他们认为，这样艰巨的工程，外国著名的工程师也不敢轻易尝试，至于中国人，是无论如何也完成不了的。

詹天佑不怕困难，也不怕嘲笑，毅然接受了任务，马上开始勘测线路。哪里要开山，哪里要架桥，哪里要把陡坡铲平，哪里要把弯度改小，都要经过勘测，进行周密计算。詹天佑经常勉励工作人员，说："我们的工作首先要精密，不能有一点儿马虎。'大概''差不多'这类说法不应该出自工程人员之口。"他亲自带着学生和工人，扛着标杆，背着经纬仪，在峭壁上定点、测绘。塞外常常狂风怒号，黄沙满天，一不小心还有坠入深谷的危险。不管条件怎样恶劣，詹天佑始终坚持在野外工作。白天，他攀山越岭，勘测线路；晚上，他就在油灯下绘图、计算。为了寻找一条合适的线路，他常常请教当地的农民。遇到困难，他总是想：这是中国人自己修筑的第一条铁路，一定要把它修好；否则，不但惹那些外国人讥笑，还会使中国的工程师失掉信心。

铁路要经过很多高山，不得不开凿隧道，其中居庸关和八达岭两个隧道的工程最艰巨。居庸关山势高，岩层厚，詹天佑决定采用从两端同时向中间凿进的办法。山顶的泉水往下渗，隧道里满是泥浆。工地上没有抽水机，詹天佑就带头挑着水桶去排水。他常常跟工人们同吃同住，不离开工地。八达岭隧道长一千一百多米，有居庸关隧道的三倍长。他跟老工人一起商量，决定采用中部凿井法，先从山顶往下打一口竖井，再分别向两头开凿。外面两端也同时施工，把工期缩短了一半。

铁路经过青龙桥附近，坡度特别大。火车怎样才能爬上这样的陡坡呢？詹天佑顺着山势，设计了一种"人"字形线路。北上的列车到了南口就用两个火车头，一个在前边拉，一个在后边推。过青龙桥，列车向东北前进，过了"人"字形线路的岔道口就倒过来，原先推的火车头拉，原先拉的火车头推，使列车折向西北前进。这样一来，火车上山就容易多了。

京张铁路不满四年就全线竣工了，比计划提早了两年。这件事给了藐视中国的帝国主义者一个有力的回击。今天，我们乘火车去八达岭，过青龙桥车站，可以看到一座铜像，那就是詹天佑的塑像。

（人教版《语文》，六年级上册）

课堂实录

穿越百年的时空隧道
——《詹天佑》课堂实录

板块一：导入——建构阅读话题

师：孩子们，课前我向你们打听了一些中国人的名字，他们都是非常了不起的。张老师再向你们打听一个人。这个人，被千万个中国人所怀念着、敬仰着，请看我在黑板上写他的名字。（师板书：詹天佑）知道他吗？

生：知道。

师：谁能用一句话来介绍詹天佑。

生：詹天佑带领了一些工程人员建成了我国的第一条自修的铁路。

师：我特别佩服你回答问题时的沉稳、自信。来，谁接着说。

生：詹天佑是我国最著名的工程师，也是第一批留美学生。

师：他是第一批留美幼童当中的一个，后来，被誉为"铁路之父"。

生：詹天佑还是我国杰出的、伟大的工程师。

师：最后请一位同学说。

生：詹天佑是在一批公办的留美学生当中获得博士学位的。

师：大家知道得可真不少。一提起詹天佑，人们就会情不自禁地想起一条铁路，这条铁路就是——（生：京张铁路）（师板书：京张铁路）京张铁路始建于哪一年？（生：1905年）（师板书：1905）孩子们，今年是几几年？

生：2005年。（师板书：2005）

师：大家发现了什么？

生：2005年是京张铁路修筑满一百周年。

师：开始修筑也叫"肇建"，今年是京张铁路肇建一百周年。孩子们，2005年对京张铁路来说，是一个特别的年份。为了纪念这个特别的日子，北京市和河北省举行了一系列庆祝活动。请同学们看大屏幕：

（屏幕出示）

10月15日，北京市文化广场举行纪念大会暨大型文艺演出；

10月15日上午，张家口火车南站举行詹天佑铜像建塑落成揭幕仪式；

10月期间，京张铁路肇建百年电视专题片在河北、北京等电视台播放；

……

师：看到这儿，你有什么想法？

生：我觉得詹天佑受到了很多人的爱戴。

生：我想到了中国人很重视京张铁路的诞生。

生：我真想亲自参加这样的活动。

师：看了这些材料，张老师不由得产生了这样的疑问：一条铁路的诞生，真的有那么重要吗？为什么京张铁路在咱们中国人心头有这样重的分量呢？就让我们到《詹天佑》这篇课文当中寻找答案吧。请拿出课文纸，自读课文，注意将生字词语读准，边读边寻找关键的信息，作者重点向我们介绍了詹天佑修筑京张铁路的哪几件事情。（学生读书，教师巡视）

【点评："课标"指出：阅读是搜集处理信息、认识世界、发展思维、获得审美体验的重要途径。本案开讲的设计确实是一个很好的诠释。教师从组织学生交流关于詹天佑的信息入手，并丛中渗透了连缀、点拨、拓展的引领功夫，尤其耐人寻味。特别是借"1905年"到"2005年"这个时空隧道的飞跃而渲染的百年庆典，凭借现代教学手段的造势，为进入新课做了行云流水般的铺垫。李渔《闲情偶记》有云："开首笔机飞舞，墨势淋漓，有自由自得之妙，则把握在手，破竹之势已成，不忧此后不成完璧……"

作课如成章，开篇之理共通，于此可见。】

师：读完的同学想一想，你怎样用最简洁的语言把这几件事情概括出来。

生：课文向我们介绍了三件事情。第一件事：詹天佑不怕困难，也不怕嘲笑，毅然接受任务，开始勘测路线。

师：你能把你这句话浓缩一下吗？詹天佑做了什么事情？

生：詹天佑开始勘测线路。

师：浓缩成四个字。

生：勘测线路。

师：好的，你把"勘测线路"这几个字写到黑板上。请大家特别注意他写的"勘"字是否正确。（生板书后）大家继续说，还做了什么事情？

生：开凿隧道。

师：非常简洁。把这四个字写在旁边。请同学特别关注"开凿"的"凿"字他是怎么样写的。课文还向我们介绍詹天佑做了什么？你说。

生：还向我们介绍了詹天佑设计路线。

师：设计路线。好，也请写上去。

【**点评**：初读课文能把课文读通，是阅读教学的"底线"，也是教学全程的"基石"，实在不可忽视。教师在这里以概括要点作为初读检查的反馈，又自然地融于字词教学中，无疑是可取的。若能有更多的投入，必然会有更多的收获。】

板块二：品读——再现动人细节

师：孩子们，刚才我们通过快速默读，对詹天佑修筑京张铁路有了一个整体的回顾。在1905年到1909年这近一千四百个日子里，詹天佑在修筑铁路的过程当中，一定有许多的细节让我们难以忘怀，就让我们通过课文走进一百年前的施工现场，捕捉那一个个动人的场景。请同学们看大屏幕。

（屏幕出示）

细读课文四至六自然段，思考：詹天佑在修筑京张铁路中的哪些细节，让今天的我们依然深有感触。

【点评：把"细读"与学生的"感触"联系起来，是极妙的一问。】

师：边读边找到一些细节画出来，在自己特别有感触的词语下面圈圈画画。（师巡视与个别学生轻声交流）

师：好多同学都用符号留下了读书的痕迹，现在肯定有很多话想说。谁先来说说哪个细节给你留下了很深的印象，你为什么对它印象特别深。

生："他亲自带着学生和工人，扛着标杆，背着经纬仪，在峭壁上定点、测绘。塞外常常是狂风怒号，黄沙满天。一不小心就有坠入深谷的危险。"我觉得作为一个主持修筑京张铁路的领导，一般来说，都是在办公室指挥这些工人该怎么做。然而，他却是亲自下到基层，和工人一起去修这条铁路，非常敬业，完全投入在这个工作中。

师：你既善于抓住关键的词语，又善于联系身边的生活理解课文，非常好。关于这句话，我想你们肯定还有话要说。

生：我从这一段可以感觉到詹天佑身体力行，不怕危险，与工人们一起修筑铁路。

师：这叫同甘共苦！孩子们，来，咱们一起来把这句话读一读，融入我们的感受，融入我们的体验。

（生齐读句）

师：好，我们继续交流。

生："遇到困难，他总是想：这是中国人自己修筑的第一条铁路，一定要把它修好；否则，不但惹那些外国人讥笑，还会使中国工程师失掉信心。"我从这一细节感受到詹天佑他非常爱自己的祖国，不想让别的国家讥笑自己的祖国。

师：你读出了他的爱国情怀。孩子们，课文说"遇到困难"，詹天佑在修筑铁路的过程中，他遇到了哪些困难？从文章里边找一找。（学生默读）

生：铁路要经过许多高山，不得不开凿隧道。其中居庸关……

师：简单地说，开凿隧道是很大的困难。还遇到了什么困难？

生：路过青龙桥的时候，坡度很大，火车没法上去。

生：八达岭长，居庸关高，很难开凿隧道，所以他利用……

师：我发现这个孩子说得很简练："八达岭长，居庸关高。"一个"长"，一个"高"，概括了这两座山岭的特点，真会读书。

生：在凿井的时候，由于井底下的氧气不足，所以他们很难进行施工。

生：我还从高山深涧、坠入深谷、攀山越岭、狂风怒号这些词语读懂了困难。

师：是啊，这些都是困难。张老师将课文中描写詹天佑遇到困难的部分词语摘录了下来，请大家自己读读。

高山深涧　　悬崖峭壁　　狂风怒号
黄沙漫天　　山高坡陡　　隧道渗水
攀山越岭　　定点构图　　坠入深涧

师：谁来读读这些词语？读出感觉来。（生读略）

师：读着这些词语，你的脑子里仿佛浮现出哪些画面？

生：我仿佛看到了塞外到处都是黄沙，詹天佑带领一群工作人员，在悬崖峭壁上不分昼夜地工作。

生：我仿佛看到詹天佑在昏暗的煤油灯下伏案绘图计算的身影。

生：我仿佛看到了有的工作人员不小心坠入深涧的悲惨画面。

师：孩子们，这一切，就是詹天佑生活、工作、战斗的地方。了解了这些，你再来读读他在困难面前是怎么想的句子，你一定有更深的感触。

（两生读句子，比较有感情）

师：孩子们，詹天佑在修筑铁路的过程当中，还遇到了许许多多鲜为人知的困难。张老师从课外资料中摘录了一份：

（屏幕出示以下文字，背景音乐为《命运》）

◎慈禧太后为修颐和园每年不惜数千万金，但不愿为修路出钱。京张铁路经费被控制在英国汇丰银行手中。正当进入第二段工程时，汇丰银行故意刁难，拖付工钱，造成误工。

◎帝国主义乘机欺凌，他们派人打扮成猎人的模样，在詹天佑修筑铁路的地段巡视，以便随时看中国人出洋相。

◎铁路要经过皇室亲戚的坟地，他们率众闹事，要求改道。詹天佑忍辱负重，花费许多时间跟权贵周旋，终于让铁路从墓墙外通过。

◎和詹天佑一起修筑铁路的好友，有的坠入深涧，不幸牺牲；有的中途逃跑；最让詹天佑感到痛心的是，女婿被绑架，心爱的女儿不幸身亡。

师：读着屏幕上的文字，你对詹天佑遇到的困难有了更深的感受吗？

生：读着"好友牺牲，女婿被绑架，女儿身亡"这些词，我真为詹天佑伤心，詹天佑肯定是顶着巨大的悲痛在修筑铁路。

生：我读到慈禧太后不愿意为铁路花一分钱时觉得很寒心，也替詹天佑担忧。

生：我为那些乘人之危的帝国主义者感到羞耻。

师：大家都谈得很好，了解到了这些，你再来读读这段话，你一定会有别样的触动。来，自己读读，读出心中的感受。

（屏幕出示）

遇到困难，他总是想：这是中国人自己修筑的第一条铁路，一定要把它修好；否则，不但惹那些外国人讥笑，还会使中国的工程师失掉信心。

师：来，孩子，谁来读读这句话。当资金短缺、铁路修筑被迫中断的时候，詹天佑总是想——（生读）

师：当帝国主义打扮成猎人的模样，看中国人出洋相的时候，詹天佑总是想——（生读）

师：当皇亲国戚来阻挠的时候，他总是想——（生齐读）

师：当亲友牺牲、离去，当女婿被绑架、女儿身亡，詹天佑陷入了巨大的悲痛之中时，他总是想——（生齐读）

师：好，孩子们，继续交流。在詹天佑主持修筑铁路过程中还有哪些细节让你有很深的感触？

生："他常常和工人们同吃同住，不离开工地。"从这个细节，我感到他非常的尽职尽责。按说他是总工程师，他可以指导别人去做，他可以在家。但是，他却不离开工地，跟同事一起干。

师：特别欣赏你能联系生活来谈体会。还有其他让你感触很深的细节吗？

生：詹天佑经常勉励工作人员，说："我们的工作首先要精密，不能有一点儿马虎。'大概''差不多'这类说法不应该出自工程人员之口。"从这句话我感受到詹天佑对工作非常认真负责，力求精密，不让模糊的词语出自工作人员之口。

师：请同学们特别注意"经常勉励"，想一想，在什么样的情况下，詹天佑会这样勉励他的工程人员。

生：我知道一个事例。有一次，他们上山去勘测线路。风沙特别大，所以，他的学徒就马马虎虎记了几个数字就走了。后来，詹天佑又上去重新勘测了一遍，回到他们的住处之后告诉他们，你们这些测的，如果是测错了，就……

师：他还会在什么样的情况下说这句话？

生：詹天佑在检查线路的时候，发现线路有些问题，会去勉励他的工作人员。（生读句）

师：詹天佑就是经常这样勉励他的工程人员的，他对待工作的态度是多么严谨呀！我们一起来读这句话。（生齐读）

【点评：进行"自主、合作、探究"的课堂，"交流"便成了一个将学生边读边思的"暗箱"操作转化为合作共享的"白箱"呈现的重要环节。"交流好，才是真的好"已成为教师修炼教学艺术的共同追求。研读这段"实录"，我们看到了教师或正面激励，或侧面拓深，或补充实证，或顺势转移，或梳理小结……那有声有色的引领交流的功力，使课堂交流既是个体探究成果的展示，又是群体合作使探究不断拓深的延续。这是极具现场感的随机生成的教学智慧。】

师：孩子们，在整个修筑铁路的过程中，我们不仅仅要关注詹天佑的言行、想法，还要特别关注三个工程，因为三个工程相比于整个京张铁路这个大工程，也是细节。哪一个细节给你留下了很深的印象？

生：他修筑的工程遇到了居庸关和八达岭两条很难开凿的隧道，这是一个非常艰巨的任务。因为……

师：（提示）他就想出了……

生：他就想出了"两端凿进法"和"中部凿井法"，大大缩短了工期。

师：到底是怎么样开凿隧道的呢？孩子们，看大屏幕。

（屏幕出示居庸关图片和字幕）

师：这是哪一条岭？

生：（齐读）居庸关山势高，岩层厚，詹天佑决定采用两端同时向中间凿进的办法。

师：怎么开凿呢？大家看。（课件演示两端凿进法）

师：（屏幕出示八达岭图片和字幕）这是哪一条岭？一起读：从山顶往下打一口竖井，再分别向两头开凿。这样一来，四个工作面可以同时施工，把工期缩短一半。（八达岭——中部凿井法）

（生齐读）

师：他是怎么凿的呢？同学们请看，（课件演示）先打一口竖井，然后分别向两头开凿：一个工作面、两个工作面，三个、四个。这样开工有什么好处呢？

生：这样可以缩短工期。

师：为什么？

生：因为它有四个工作面，两边可以同时向中间凿进，中间可以同时向两边开凿。

师：既然工作面多，可以节省时间，为什么不多打几口竖井，可以打十口、二十口，多打不是更省事吗？

生：是因为多打竖井也要工作的时间，打得太多还不如用这些时间一个工作面去挖隧道。

师：是啊，多打竖井要时间，那干脆不打好不好？

生：不好。

师：詹天佑前前后后设计了好几套方案，最终才定下这一套方案。他的计算是多么的——

生：精密。

师：他的思考是多么的——

生：周密。

师：他能根据不同的山采取不同的凿井办法，你从中感悟到了什么？

生：詹天佑很聪明！

生：詹天佑很智慧！

师："聪明"和"智慧"用哪个词语更正确？（生：智慧）是呀，不是一般的聪明，不是一般的智慧，而是大智慧啊！

师：好，咱们再来关注另一个细节，关于"人"字形线路。谁把这一

第五章　故事类文本教学　/　243

段话读一读。(指一生)

生：詹天佑顺着山势,设计了一种"人"字形线路。北上的列车到了南口……火车上山就容易多了。

师：列车究竟怎样过山呢?明白吗?请同学自己研究研究。

(师请一学生朗读相关句子,一学生上台用话筒当火车,在老师画的线路图上演示行车轨迹)

师：同学们想一想,这样的设计当时在全世界范围内还没有人想出来过,这叫什么?

生：独一无二!

生：创新!

生：创举!

师：对,是创举!一般的小聪明,想得出这样的创举吗?这需要大智慧呀!孩子们,一起来读读这段话。

生：(齐读)北上的列车到了南口……火车上山就容易多了。

【**点评**：用图示解读詹天佑为缩短工期的两种开凿法和"人"字形线路的设计原理,无疑有助读功能,因而被普遍采用。但是读图的轻松有时会损害学生解读的兴趣和能力。所以要不要以图示代读,何时以图示代读,是教师的智慧选择,而孔子的"不愤不启,不悱不发"便是一种准则,"愤""悱"才是机不可失之时。】

板块三：研读——回眸百年沧桑

师：孩子们,刚才我们穿越时光隧道,抓住一些细节了解了当时的情况。但詹天佑在修筑铁路的过程当中让我们深有感触的细节,远不止这些呀!孩子们,如果我们对当时的情况了解得更加真切的话,一定会更加佩服詹天佑。请同学们把目光投注到课文的二三两自然段。默读这两段,一边读一边回想詹天佑修筑铁路的一些细节,想一想,这两段话当中哪一些句子,让你的心不平静了。请你把它画出来,想一想为什么让你不平静了。

(生默读二三两段)

师:每一个有良知的中国人,读着这一段文字,心情一定是非常沉重的,一定是很不平静的。来,说说哪些句子让你的心不平静了?

生:帝国主义者却认为是一个笑话。……"能在南口以北修筑铁路的中国工程师还没有出世呢。"

师:这句话为什么让我们不平静呢?你能说说吗?

生:外国人正在嘲笑我们。

师:你听出了这句话的弦外之音,他在嘲笑我们什么?

生:嘲笑我们中国人的落后。

生:嘲笑我们清朝政府的腐败。

生:嘲笑我们中国人才的匮乏。

师:是的,当时我们是落后,政府是腐败,人才是匮乏,落后挨打啊,孩子们!我们一起来读读这句话。

(生齐读句)

师:来,继续说,哪一句话,让你的心不平静了?

生:"当时,清政府刚提出修筑的计划……想进一步控制我国的北部。"我知道,那时候争斗非常的激烈,他们都想得到中国的北部,他们都在想尽任何办法不让我国得到修筑权。

师:他们在阻挠我们。他们仅仅在阻挠我们吗?还有一些句子,也说明了他们当时的一些做法,你找到了吗?

生:他们以为这样一要挟,铁路就没法子动工……

师:对不起,老师想打断一下。"这样一要挟"是怎样的"要挟"?

【**点评**】:从学生的交流中抓住一个词往深处开掘,是本案教学富有个性的引领艺术。此处是抓"要挟"说事,前面还有抓"经常勉励""遇到困难"等的反诘。这些都是学生提到,但是阐发不透的"穴位",教师在这里点"穴",既有"顺学而导"的本色天然,又有"曲径通幽"的艺术匠心,自是可圈可点。】

生:他们以为这样就能把清朝政府给打垮了,彻底的垮掉了。最后就只能让他们其中的一个国家来修筑京张铁路。

师:尽管你用自己的话来解释了"要挟",但是,还没有把他们是怎样的要挟讲清楚。这句话的上面,注意"他们最后提出一个……"

生:他们最后提出一个条件:清政府如果用本国的工程师来修筑铁路,他们就不再过问。

师:"不再过问"就是什么?对,"要挟"!他们仅仅在阻挠、在要挟吗?

生:他们认为清朝政府没办法修筑这条铁路,最后还得求助那些外国人帮助来修筑这条铁路,所以,他们会这样一再地欺负我们。

师:说得好,欺负咱们。阻挠、要挟、嘲笑,他们的目的只有一个,那就是控制我国的北部。同学们,因为当时这条铁路联结着华北和西北,是我国北部的交通要道。控制了这条铁路,从某种意义上来说,相当于控制了咱们中国的整个北方。读到这儿,我们的心情能平静吗?来,拿起书,一起来读一读这些让我们心情不平静的文字。

生:(齐读)当时,清政府刚提出修筑的计划……他们以为这样一要挟,铁路就没法子动工,最后还得求助于他们。

师:让我们心情不平静的,仅仅只是帝国主义的态度吗?请关注当时修筑铁路的自然条件。读了这些句子,你的心情一定也会不平静的。

生:(读)原来从南口往北……至于中国人,是无论如何也完成不了的。

师:说说为什么读到这句话,你的心情很不平静。

生:因为本身在这里修筑铁路就是很难的事情,再加上当时中国的科技很落后,外国主义者……

师：帝国主义者。

生：帝国主义者觉得中国人不可能修建铁路，所以他们这样要挟。

师：你在心里为詹天佑捏了一把汗！孩子们，再看看当时国内的反应。看到了吗？一起来读这句话："1905年，清政府任命詹天佑……"

（生齐读句）

师：这句话表面上是说咱们争了一口气，事实上对詹天佑来说，这些话意味着什么？

生：意味着詹天佑必须要完成这项工程。

师：意味着詹天佑面临着巨大的压力，是吗？孩子们，面对着帝国主义的阻挠、要挟、嘲笑，面对着一路的高山深涧，面对着国人的殷殷期盼，詹天佑所面临的巨大压力，你们感受到了吗？

生：感受到了。

师：但是詹天佑有没有犹豫？

生：没有。

师：有没有放弃？

生：没有。

师：有没有动摇？

生：没有。

师：从哪句话看出来？

生：詹天佑不怕困难，也不怕嘲笑，毅然接受了任务，马上开始勘测线路。

师：在修筑铁路的过程中，他遇到很多困难，他总是想，读——

生：（齐读）遇到困难，他总是想：……还会使中国的工程师失掉信心。

师：孩子们，正是凭着这样一份坚定的信念，凭着对祖国的忠诚，凭着自己的智慧，凭着自己的才华，詹天佑最终带领他的工程人员让京张铁路提前两年竣工。让我们牢牢记住这个难忘的日子吧，（一字一顿地）1909

年 8 月 11 日，那是京张铁路竣工的日子。詹天佑提前完成京张铁路修筑计划，为清政府节省了白银 28 万两，创造了一个了不起的奇迹！让我们一起来读一读课文的最后一段，再一次去感受这个奇迹。

（生齐读最后一段）

【点评：全程以"哪些细节让你深有感触"统领，但又把"施工现场"和"为国争气"分成两个板块来做，更加凸显了詹天佑的生命精神。对课文作如是处理，实现了由实到虚，由内而外的提升，既是逐层深入的探究规律，又传达出拾级而上的艺术情韵，显得慧意玲珑。】

板块四：活读——倾诉满腔情怀

师：这是危难中的奋进，这是艰辛中的辉煌！为了纪念这个伟大的时刻，为了纪念这个伟大的人，2005 年 10 月 12 日，河北省政府在京张铁路的青龙桥南口火车站，重新塑造了詹天佑的铜像。这天上午，举行了铜像的揭幕仪式。詹天佑身着风衣，手握图纸，神情坚毅，目光坚定，眺望远方。尽管，我们没能亲眼看见詹天佑的铜像揭幕的那一刻，但是，我们可以通过想象去弥补这个遗憾。假如，这一天，我们目睹了詹天佑铜像的揭幕仪式，面对着高大的铜像，我想每一位同学一定有很多话想对詹天佑爷爷说。来，孩子们，拿起我们的笔，先将要说的话写下来。写的时候，可以选用课文当中学过的下列词语，也可以不用这些词语。但是，一定要表达此时此刻你内心最真挚的情感。（音乐《沉思曲》渐起）

（课件屏幕出示）

假如你目睹了"詹天佑铜像揭幕仪式"，面对着高大的铜像，你一定有许多话想对詹天佑爷爷说……先将要说的话写下来，写的时候可以选用课文中学过的下列词语：

阻挠　要挟　嘲笑　藐视　毅然

竣工　　回击　　赞叹不已　　高山深涧

悬崖峭壁　　狂风怒号　　爱国　　杰出

（生在淡淡的《沉思曲》中写话）

师：好，孩子们，放下你手中的笔，饱含深情地向詹天佑爷爷倾诉吧。
（和着淡淡的背景音乐）

生：詹天佑爷爷，我很敬佩您！您不怕困难，不怕外界的嘲笑，以杰出的才能修筑了京张铁路。这是中国人修筑的第一条铁路。我敬佩您的爱国精神，敬佩您的卓越才能，敬佩您修筑京张铁路时的坚定信念。我长大了，也要像您一样为祖国奉献出自己的一份力量。

师：写得多么好啊！来，孩子们，以掌声来表达我们的感动。

生：在帝国主义的阻挠、要挟，外国报纸的嘲笑、蔑视面前，您毅然接下了这份重担。狂风怒号、高山深涧没能使您屈服。当铁路提前两年竣工的时候，不仅给了帝国主义者一个有力的回击，国人更是欣喜万分。您是一位杰出的爱国工程师！

师：更多的是国人的欢喜，更多的是国人的振奋！

生：詹天佑爷爷，您太棒了！如果当时没有您毅然接受那任务，现在，就不会有我们的伟大创举。您不管遇到什么困难，总是为自己的祖国、为自己的国人着想。我为您所做出的一切感到骄傲、自豪！

师：你为什么落下一句话没读？"您虽然失去了女儿、亲人，但是，我们可以做您的亲人。"为什么不可以呢？孩子，这是真情的流露，你，以及所有的同学，我们为什么不可以做詹天佑的亲人呢？是吧？（该学生含泪点头）

生：詹天佑爷爷，您以自己杰出的工作，完成了值得中国人骄傲的创举。悬崖峭壁、狂风怒号、高山深涧在您的眼里算得上什么？您的创举，使全世界的人对您、对中国人的意志都赞不绝口。

师：是啊，您是中国人的杰出代表。孩子们，我们对詹天佑爷爷有着无尽的话要倾诉。来，站起来，面对着詹天佑的铜像，尽情地倾诉我们的感情吧。

【点评：以结果来判定教学行为的过程价值，此处的"读写结合"应该是水到渠成的顺理之章。学生在短短的时间里能写出有个人感受的一段话，体现了"情动于衷而形于言"的那种生命状态，而非形式的矫情之举。】

（生面对铜像真情告白）

师：听了你们对詹天佑爷爷的真情告白，张老师想起了很多很多。我不由得想起了电影《詹天佑》当中的一个让人感动的片段：1919年，詹天佑抱着重病之身，登上了八达岭长城，他眺望着自己曾经为之战斗过的这块土地，眺望着那一条"人"字形铁路，（师板书一个大大的字：人）他深情地说了这样一番话："生命有长短，命运有沉升。粤汉路没有修通，南北大干线无法建成，初建全国铁路网的梦想破灭，是我人生中的一大憾事。所幸的是，我的生命早已化成匍匐在华夏大地上的一段铁轨，也算是我坎坷人生中的莫大幸事了……"说完这话不久，年仅59岁的他就与世长辞了。读读詹天佑临终前的话吧。（生动情地读詹天佑的话）

板块五：究读——体察历史意义

师：孩子们，让我们把思绪拉回到刚刚开始上课的时候，张老师提出的一个问题：为什么今天我们要隆重地纪念京张铁路的肇建，隆重纪念詹天佑？

生：（动情地）詹天佑爷爷他不怕艰难困苦，不怕高山深涧、狂风怒号，在铁路上奉献了自己的大半生。他是中国人民的骄傲，因此我们要怀念他。

生：因为他是一个伟大的工程师。我们要纪念他，纪念他为祖国付出的一切。

师：是呀，想起他，我们就会想起他为祖国做的一切。这一切怎能不值得纪念呢？（师潸然泪下）

生：因为这是我国第一条自修的铁路。作为工程师，他为我国人民争得了光荣，而且给了藐视中国的帝国主义者一个有力的回击。

师：是呀，这样一个为中国争光的人，我们怎能把他忘记？张老师也想就这个问题发表自己的看法。我写了一首小诗。（屏幕出现，教师朗诵）

1905　2005

百年沧桑

可以改变很多很多

但，詹天佑用生命书写的"人"字

永远留在了华夏大地

纪念一条铁路

是为了

牢记一段历史

缅怀一位伟人

更为了

传承一种精神

师：请大家一起读屏幕上的话。

（师生共读"纪念一条铁路……传承一种精神"）

师：孩子们，老师的话还没有说完。（点击屏幕，出现以下文字）

但是　不要

仅仅在特别的日子里

才将詹天佑想起

【点评："结尾如撞钟"，一首小诗升华了本文对学生的感染力和震撼

力，可谓余音绕梁，荡气回肠，把课堂气氛自然地推向了高潮。】

（师板书）

勘测线路　　　詹天佑　　　缅怀一位伟人

开凿隧道　　　　　　　　　传承一种精神

设计路线　　　京张铁路　　纪念一条铁路

（1905—2005）

【总评：如果说"教材"是作者的一度创造，那么"教学设计"是教师的二度创造，"课堂呈现"则是师生合作的三度创造。追溯本案始末，从字里行间你不难感受到三度创造的那种智性美丽。纵观全程，我们体会到的是开放中透射出的那种大气洒脱，精微处拥有的那份细腻感人。水无常势，教无定法，教师的引导探究不从常见的"杰出""爱国"处入手演绎，而是从"哪些细节让你感触最深"中着眼于归纳，可谓创意独具，而是从"1905年"到"2005年"的百年跨越中点化，使阅读教学具有了常读常新的时代光彩。】

（说明：此课执教于2005年）

（点评：浙江省绍兴县教研室　周一贯）

教学品鉴

站直了教语文
——与贾志敏、吴琳互动研讨《詹天佑》

背景简介：

2005年金秋，在北京海淀区一个可容纳五百人听课的礼堂，不时传来阵阵掌声和笑声。来自浙江杭州的优秀青年教师张祖庆刚刚上完观摩课《詹天佑》，正在与北京的语文教研员吴琳老师和上海特级教师贾志敏老师进行一场互动研讨。

贾志敏：张祖庆老师很年轻，但很有经验。课虽然稍稍延长了几分钟，但我们一点儿不感觉到累，还想继续听下去。

《詹天佑》是一篇老课文。早在二十世纪五十年代，我刚刚走上工作岗位时，就教过它。现在看到这个教材，感觉在弘扬民族精神的时候教这篇课文是很有现实意义和历史意义的。

我对张老师这堂课总的评价是十六个字：充满激情，设计精心，驾轻就熟，行云流水。

看得出，张老师上这堂课前，把整个的历史背景摸得清清楚楚、了解得明明白白。所以，他课上充满了激情。这种认真钻研教材的态度，值得我们学习。

整堂课张老师无痕地衔接，无痕地过渡，非常自然。一开始打出的数据，让人触目惊心。比如慈禧太后为修颐和园，每年投入几千万，却不愿修铁路。还有帝国主义要看中国人笑话等史实，我们在座的老师不知道，学生更不知道。课件一出，就把学生带入了情境；而结尾戛然而止，留给人很多想象的空间。整堂课设计精心，如诗如歌。

这篇课文很难讲。不但历史久远，而且没有生动的例子，对詹天佑的言行也没有什么具体的描述，再加上许多乏味的专业名词，詹天佑的形象并不丰满。所以，学生读起来很枯燥。但张老师却利用自身丰富多彩的语言，包括肢体语言，把这堂课调控得很好。

还有八个字，想和张老师商榷："严肃有余，宽松不足。"一堂课，在老师的帮助下，学生什么都懂了，什么全明白了。但研究问题、商讨问题的场面太少了。

吴　琳：张老师的课确实给大家留下了深刻的印象，手机尾号是4468的朋友发来短信说："张老师设计了一个又一个情境来帮助学生理解、学习，真是太妙了。"

《詹天佑》是一篇老课文。通常，老师们在讲到四至六三个自然段时，会遇到很多难点不好突破。但是，今天我们看到张老师用了一些简单的课件，通过课件演示、动作演示，轻而易举地就让学生理解了。

比如："从两头向中间凿进的办法"用了两个形象的箭头；"中部凿井法"，几个工作面的问题，也通过四个白色箭头的课件演示，让学生一目了然。特别是教材中关于"人"字形线路的那段描述，张老师让学生用话筒当火车，沿着老师画好的路线"走"一遍，很快弄懂了其中的意思。

对这个教学环节，现场听课的老师不断发来短信发表自己的看法。有表示认同的，也有与张老师商榷的。

手机尾号是0525的朋友的看法很具有代表性，他说："本课的难点是理解'人'字形铁路，本人认为学生应自己研读理解，张老师没有让学生读就直接演示，这样处理好吗？"

张祖庆：谢谢提问的老师。我刚才对吴老师说，我愿意回答最尖锐的问题，越尖锐我越高兴，这是帮助我成长的一个最有效的方法。

对四至六三个自然段，我根本没有把它当难点处理。为什么呢？我是基于这样的考虑。

第一，《詹天佑》这篇课文，所涉及的年代离学生比较久远，还夹杂着一些比较难懂的铁路建设的专业术语。让今天十一二岁的孩子完全理解那么深奥的文本，是不是有必要呢？

第二，让学生自己去读懂，还是借助于课件让他们去弄懂？首先，我想说，"让学生读懂"和"借助课件让他们弄懂"并非是对立的。"读懂"是目的，"借助课件"是手段。课堂上，我并不是脱离课文使用课件，而是借助课件来缩短学生与文本的距离。我想，一堂课的时间是有限的，如果把大量的时间花在我认为不必让每一个孩子都弄懂的问题上，那么，对学习，我觉得是一个浪费。我借助了课件轻而易举地就让学生理解了，那么就能腾出更多的时间，进行更重要的读写训练。况且，在课堂上，并不是像这位老师说的"没有让学生读就直接演示"。

我以为，语文老师要把课堂上宝贵的时间花在听说读写上，而不必纠缠在一些细节的地方。我一直以为，语文课要上得大气，有时候该舍则舍。有些常识课可以讲清楚的东西，为什么一定要在语文课上解决呢？

我一直追求"密不透风，疏可走马"的语文教学风格。中国山水画讲究"留白"的艺术，颜真卿的《祭侄文稿》讲究"飞白"，音乐中"此时无声胜有声"，留下了一个个遐想的空间，这有何不好呢？（掌声）

吴 琳：张老师，教材中的难点是对学生来说的，是客观存在的，不是谁"认为不认为"呀！课件是教师做的，不是学生做的，你不可能每篇文章都给学生配个课件给学生演示！学生怎么能够自己读得懂一篇文章呢？你可能觉得这里不是难点，但学生读起来，如果不借助你的课件，是会有困难的！（掌声）

张祖庆：正因为有困难，所以要借助课件来降低困难，这正发挥了现代教育技术的优势呀！（笑声、掌声）我觉得在"人"字形线路这一段，学生看课件已经完全弄明白了，就没有必要再深究下去。至于几个工作面的问题，我曾经试过让学生自己去画图，结果很多同学画得乱七八糟，他很难理解。我用课件这么一演示，他弄明白了，如果有机会再去看那些文字，就会清清楚楚、明明白白，而不是雾里看花、水中望月。（笑声）

吴　琳：但问题是课件呈现的内容是教师读懂的，并不是学生读懂的！如果学生自己去画，即使乱七八糟，但展示了他们学习、思考的过程，我们上课是要结果，还是要过程呢？你不觉得这是教师在代替学生读书吗？（掌声）

张祖庆：我想，用课件呈现并不是"教师读懂"，而是学生在研究文本之后，借助课件演示来展示自己的思考。这也是一个过程，只不过这个过程比较短罢了。这和教师代替学生读书是两码事。

吴　琳：我的意思是，老师在课上如何教给学生阅读的方法，让学生自己去读懂，而不是看老师的课件看懂。对这个问题，您怎么看呢，贾老师？

贾志敏：课件是个好东西，是帮助我们达到教学目标的一个手段，但它不是教学的全部。我的意见是，该用的时候用，可用可不用的时候，不用。张老师在讲到开凿隧道的方法和"人"字形线路时用课件演示，他认为这样一讲就清楚，不用耽误时间，我觉得也未尝不可。但其他老师不用媒体，而是通过让学生认真研读，自己作画，自己理解，也没什么不可以，我过去就是这么教的。我觉得手段可以多种多样，达到目的就可以。

吴　琳：贾老师，我还是认为应该先让学生好好读一读，读过之后再像您说的那样让学生自己先画一画，看看他自己能够读懂多少，在学生有困难的时候，也就是您刚才说的"需要用的时候"再把课件展示给他看，看明白以后再去读内容，我想这样是不是对学生学习阅读更有帮助呢？

张祖庆：我还是坚持我自己的观点。（众笑）

首先谢谢德高望重的贾老师，对我的课整体上的肯定。我一直是听着贾老师的课成长起来的。今天能够得到贾老师这样零距离的点评，我真的很感动，也很高兴。在贾老师面前，我永远是个学生，所以，学生讲错了话，权当是交了一份糊涂的作业。请贾老师批阅。（众笑）

我觉得一堂课，手段要为目的服务。我这堂课的目的不是让学生去理解那么艰深的专业术语，所以我就这样轻描淡写地处理被很多老师看作重点的段落。这课的教学目的是通过《詹天佑》这个文本，引导学生去走近那段历史，了解那段历史，进而领略詹天佑的人格魅力，从而使这个课上得厚重一点，上得有历史的厚度。于是，我就有所为，有所不为。如果一堂课什么都不敢放手的话，那么什么都抓不住。我还是这样一个观点：到处挖沟，不如深掘一口井。把泉眼挖深了，泉水才会从大地深处涌出，我们牺牲一些东西，是为了获得一些东西。回答完毕。（掌声）

吴　琳：但是这口井到底从哪儿来挖呢？

手机尾号是4464的朋友刚刚发来短信说："张老师，您觉得立足教材，理解教材，深挖教材重要，还是吸纳课外资料重要？"

手机尾号是0525的朋友也发来短信说："张老师的课，研读文本的时间是否被拓展的时间所占用？"

手机尾号是3969的朋友说："您课外延伸占用太多的时间，语言训练怎么办？"

张祖庆：问题提得非常好，正是我深思熟虑过的问题。（笑声）

我正是有意去这么做的。一个文本，当它是垃圾的时候，老师奉为经典，那是老师的失职。《詹天佑》不是垃圾，但它也不是经典。所以，面对不是经典的文本，我们怎么样有取有舍？有些东西，学生一读就懂。我们有必要这样微言大义，拿起锄头这样深深地挖下去，花上二十分钟、三十分钟在一段话上大做文章吗？

我在想，语文课，首先是一门文化的学科，要用广博的文化来支撑。只有这样，语文课才能厚起来，立起来。不然，在一篇不怎么经典的文本里面挖来挖去，挖到的不会是什么好东西。（笑声）

吴　琳：那么，我们怎么理解这个文本是不是经典呢？因为它选在教材里面呀，我们认为选在教材里面的课文绝大多数都是经典呀，因为编者都是专家呀，学者呀……（掌声）

张祖庆：不一定！专家学者也有走眼的时候。有的文章我就懒得教。对学生不喜欢的文章，生字教一教就可以了。有些内容课文里没有的，我反而郑重其事地教。"感动中国年度人物"颁奖词多好啊，它不是教材，但是我每年都把它拿来当教材。有些课文，自己读了都没感觉，就像谈恋爱一样，你对这个姑娘没感觉，你说谈什么呀？（众笑）自己读了都没感觉的课文，又怎么能引领孩子走进文本呢？

吴　琳：那么现在是要问你自己对教材有没有感觉，还是让你把课文教给学生呢？（掌声）

张祖庆：好的，我愿意回答这样的问题。（笑声、掌声）

我为什么选《詹天佑》这篇课文来教呢？有来龙去脉。2003年我上过"感动中国年度人物"版，以感动中国年度人物入手，让学生把詹天佑放在历史坐标系中去考察：假如我们来评选感动中国的百年历史人物，詹天佑肯定是一个有力的竞争者，通过读文本，詹天佑的哪些事情感动了我们，最后为詹天佑写颁奖词。后来，我在重新设计这课的时候，找到了"纪念京张铁路肇建百年"的一些资料，我就在想，能不能跳出"写人"的定势思维，站在整个文化视野中去解读《詹天佑》这个文本？于是，有些无关紧要的东西，我就一带而过。在课件中所补充的詹天佑遇到的困难的资料，我觉得远比原文鲜活，于是我把它有机地穿插在学习过程之中，我觉得正是对贾老师所说的文本不丰满、不生动、不形象的一个有力的补充。

我想,我们的语文老师不要狭隘地理解文本。我以为,只要有助于学生学习语文,什么都可以是文本。视频,是一个活动着的文本;屏幕展示的文字是电子文本;音效手段能让学生很快与课文融为一体,这更是立体的文本!(笑声)

我还想说,我的教材我来定!有些时候不一定要听专家的!(笑声、掌声)因为"教师是课程的开发者"。

语文老师,我以为,你站在讲台上,要敢于面对学生说:"我就是语文,请跟我来!"要有这个豪言壮语。所以,要敢于抛弃。有些课文,生字一教,那是为了应付考试。我的语文书,都是详教一大半的,一小半则只是教生字、词语,那是为了应付考试,其他的我就不教,为什么不可以?学生到了六年级的时候,考试卷拿来你考我好了,其他的过程你不用管我。(笑声、掌声)

吴　琳:我想也只有祖庆这样少数的优秀教师可以这样做。我们绝大多数的一线教师听了之后,可能更不会教语文了。(笑声、掌声)

其实,我个人是很欣赏张老师的教学风格的,我们也是很好的朋友。只是今天出于研讨的需要,我还是要和他继续讨论一些问题。(笑声)

张老师的课上得很美,如贾老所说,如诗如歌。在课的结尾部分他作了一首诗:

纪念一条铁路,是为了牢记一段历史,缅怀一位伟人,更为了传承一种精神。但是,不要仅仅在特别的日子里,才将詹天佑想起。

前一句学生还可以理解,但后一句我觉得是张老师个人的,一个成人的解读,年龄这么小的孩子他能不能体会到呢?你觉得学生能理解吗?对学生来说这是不是一种"美丽的灌输"?(掌声)

张祖庆:不要小看我们的孩子。(众笑)

今天,在他们心里种下一棵思想的种子,未来,会生根发芽,开花结果。

回答完毕。（笑声、掌声）

贾志敏：张老师是极具个性的一个语文老师，不是一般的语文老师。（众笑）

他自己对语文有独到的见解，对语文教学有独特的思想，在今天这堂课上展现得淋漓尽致。我是很欣赏的，也从他身上学到好多东西。文无定法，教无定法。张老师因为有他自己的想法，所以就产生他的教法。他这样设计，甚至大胆地挑战考试，挑战教学制度，甚至挑战教学专家，我认为这没什么不可以，百家争鸣，百花齐放。张祖庆老师还年轻，如果这样走下去，定能成为大家，我们祝祖庆前途灿烂！（掌声）

吴　琳：在张老师的课上，强大的视听效果给了学生强烈的心灵震撼，也令听课的老师热血沸腾。手机尾号是3969的朋友，发来短信说："《詹天佑》老课新上，有了更新的诠释，听着张老师的课让人感觉热血沸腾。"

我们注意到张老师在教学中两次配乐：一次是在进一步体会詹天佑遇到的困难的时候，配了贝多芬的《命运》交响曲，第二次是在最后拓展延伸时，让学生写下自己最想对詹天佑说的话，这时也配了一首曲子，而且始终伴随学生写话的全过程。手机尾号是1024的朋友发来短信问："在音乐声中写话，对学生思维的运转有好处吗？"当时，我问了一下坐在我旁边的几个孩子，问他们听着音乐是不是有助于写话。问了四个学生，回答如下：

生：这音乐好像与我要写的不太符合。

生：挺好的，老师为了帮助我们想象。

生：有些影响，不过没事。

生：无所谓，有没有音乐我也写。

除了音乐的震撼，我们也注意到课上还有一些视频的震撼。比如在拓展阶段，播放的电影《詹天佑》的那个片段。我在想，究竟是什么东西激起了学生的情感？是阅读呢？还是这些有震撼力的音乐和视频？因为我们在看那个视频的时候，注意到男演员的表演是极富感染力的，特别是詹天佑的话外音，那么有磁性，听了之后会产生一种深深的感动。

我的问题是，从效果看，学生被感染了，詹天佑的形象在他们心中丰满起来了。但不甘心的是，这样的效果却是声像带来的，而不是学生用文本的方法获得的。我们能不能让学生去读书，哪怕是给他一些文字的资料，让他去读，去从文字中获得这份感动呢？毕竟这是语文课呀！我们到底要不要借助强大的声像手段，或者说，怎样把握它的一个"量"和"度"？

张祖庆：又提了一个我正在思考的问题。（众笑）

第一，我选择，我喜欢。（众笑）

第二，刚才吴老师说"究竟是什么触发了学生的情感？"我想起了艾青的一句诗："为什么我的眼里常含泪水？因为我对这片土地爱得深沉。"我想说，为什么学生情动而辞发，被詹天佑那伟大的人格感染了呢？这种感染不仅仅靠文本。

我以为，一个语文老师要有宏阔的课程视野和广义的文本观，不要仅仅认为只有语文课本是至高无上的。有些文本读起来没味道，为什么要翻来覆去地读上十遍、二十遍浪费时间？借助媒体，调动和触发学生的灵感，借助书上的一些词语写下自己的感受，这是不是在进行语言训练？我认为这是一种读写结合。从最后学生的反馈中，我们可以感受到学生是学得不错的。离开媒体，也许不一定有这样的效果。

有的老师可能会说，整个互动你似乎都在给自己辩护，难道就没有缺陷吗？有的，很多很多，哪些地方，我现在还没有想好。（众笑）

吴　琳：一个充满自信的张祖庆！（众笑、掌声）

这里，现场听课的老师们也提了一些问题，仅供祖庆老师参考。

手机尾号是 2439 的朋友："请问，詹天佑修建这条铁路的意义是什么？为什么不顾帝国主义的阻挠，非得自己修建，学生懂了吗？"

手机尾号是 1267 的朋友也提出个别学生发言的次数过多的问题。

以上问题我们暂且不在这里继续讨论了，最后请贾老师再讲几句。

贾志敏：张祖庆老师是个好老师，很难得。今天上的这堂课是好课，提供给我们许多研究的内容。我要补充的一点，大家可以讨论，那就是关于课堂教学艺术的问题。

我认为，舞台表演是一门艺术，课堂教学也是一门艺术。两者之间有相通的地方，但是也有不同的地方。不同点在于舞台表演追求的是"美"，而课堂教学追求的是"真"。学生有不会的、不懂的、不理解的，都很正常，什么都会反而不正常，是超常。（众笑）舞台表演看的是结果，课堂教学看的是过程。

张老师境界高，对自己要求也高，这是无可非议的。对广大教师群体来讲，要达到张老师这样的水平和境界，是不容易的。我感到大家还是追求一种常态的教学为好，自然、真实、质朴，这是一件很严肃的事情。我们要向张老师学习，学习他刻苦钻研、认真备课的精神和态度。毕竟，教室和舞台是有区别的。

吴　琳：贾老师从"观摩课"和"家常课"的联系方面，又给了老师们一些提示。作为教研员，我其实也是有些担心。现在，这样的观摩活动很多，如果老师们看了很多阳春白雪般的观摩课，就认为平时的语文课也应该这样上，甚至在自己没有一定的底蕴，没有对文本很深入、到位的解读的情况下，刻意地去模仿一些形式，其实是很可怕的。

第10课　一个小村庄的故事

文本再现

　　山谷中，早先有过一个美丽的小村庄。山上的森林郁郁葱葱，村前河水清澈见底，天空湛蓝深远，空气清新甜润。

　　村里住着几十户人家。不知从什么时候起，家家有了锋利的斧子。谁家想盖房，谁家想造犁，就拎起斧头到山上去，把树木一棵一棵砍下来。就这样，山坡上出现了裸露的土地。

　　一年年，一代代，山坡上的树木不断减少，裸露的土地不断扩大……树木变成了一栋栋房子，变成了各式各样的工具，变成了应有尽有的家具，还有大量的树木随着屋顶冒出的柴烟消失在天空了。

　　不管怎样，家家户户靠着锋利的斧头，日子过得还都不错。然而，不知过了多少年，多少代，在一个雨水奇多的八月，大雨没喘气儿，一连下了五天五夜，到第六天黎明，雨才停下来。可是，小村庄，却被咆哮的洪水不知卷到了何处。

　　什么都没有了——所有靠斧头得到的一切，包括那些锋利的斧头。

（人教版《语文》，三年级下册）

课堂实录

解开故事的密码

——《一个小村庄的故事》课堂实录与赏析

板块一：质疑，讲了一个怎样的故事

师：同学们打小一定很喜欢听故事，你认为怎样的故事才是好故事呢？

生：有趣。

师：情节曲折。

生：故事要感人。

生：受益匪浅的。

……

师：今天这堂课，老师要与大家分享一个故事，它叫——一个小村庄的故事。（板书课题）一起读。（生读）

师：现在，同学们都没拿到课文。我们可以先来研究课文的题目。可以提问题，也可以大胆猜测。

生：这是一个怎样的故事？

生：故事会告诉我们一个什么样的道理？

生：这是哪个小村庄？怎么样的？

师：有没有同学大胆地去猜测可能讲了一个怎样的故事？

生：可能讲这个小村庄原来荒凉一片，后来人们来到这儿后植树美化了环境。

生：这个小村庄就是地球，人们为了得到更多的钱财去砍树，后来人们忽然觉悟去种树，让小村庄重新美丽起来。

师：你可真有编故事的才能，了不起！同学们，学课文，要从研究题目开始。我们可以围绕着题目质疑。比如：究竟是一个怎么的小村庄呢？（板书：?）发生了一个怎样的故事？（板书：?）故事背后又隐藏着什么呢？（板书：?）大胆地去质疑、猜想，带着猜想和问题去阅读，也许你会更有收获。（发放课文）请大声地读读课文。

（生读）

师：请五位同学读一读课文。

（一至五段，生轮读课文，随机正音，略）

师：读得不错！这是一个怎样的小村庄？发生了怎样的故事？如果课题"小村庄"和"故事"前边，各填一个词语的话，你会添加什么？

生：一个山清水秀的小村庄，令人心痛的故事。

生：一个原本树木繁荫的小村庄，因乱伐树木而毁灭的故事。

生：一个美丽的小村庄，逐渐消失的故事。

师：我们一起来梳理。（看板书，梳理，过程略）

【赏析：教师以"故事"二字切入，从喜欢听什么样的故事引入课题；接着引导学生猜测故事内容，教给质疑的方法；最后梳理故事主要内容。行云流水中激发了学生的兴趣，直指文本重点。】

板块二：发现，故事的开头妙在哪里

师：同学们，读故事，只知故事的梗概是远远不够的，我们要关注作者是怎样写这个故事的？故事背后藏着什么？请大家把目光聚焦到这个小村庄。（出示：小村庄插图）哪位同学看着图，能用几句话介绍这个村庄？

生：小村庄山清水秀，许多树木围绕房屋，郁郁葱葱，景色秀丽。

师：能否具体地讲讲村庄里的景物？

生：村庄里，树木郁郁葱葱，鸟儿自由自在地飞翔，小鱼在河里自由自在地嬉戏着，蝴蝶在花丛中上下翻飞，一片祥和的景象。

师：你就是一位小诗人，为她鼓掌。（生鼓掌）那么，作者是怎么写这个故事的开头的？认真读故事开头。现在，让我们做一个尝试，只读一遍，就把它背下来，敢接受这个挑战吗？

生：敢。（生尝试背诵）

师：觉得自己能背的同学举手，（生举手）谁来试试？（生背）

（出示）

山谷中，早先有过_____。山上_____，村前_____，天空_____，空气_____。

师：总体不错，错了几个字，谁能比他背得更好？（生背）

（出示）

山谷中，早先有过_____。山_____，村_____，天_____，空_____。

师：现在屏幕上什么都没有，谁能背？（生背）

师：真好！我们一起来背一背。（齐背）

师：三分钟就能背下一段话，真了不起。段落短是一个原因，你们记性好是一个原因，这个故事开头写得好也是一个原因。接下来，我们就认真研究故事开头，你认为这个故事的开头，哪些地方值得我们学习？自己先圈画，再和同学交流。

（生圈画讨论）

生：我发现每句话前面都有一个形容地点的，比如：山谷、村前……

师：你发现了作者选择了每个方位的一处景物来写。再看看，每个地方，后面跟着什么？

生：形容这个地点的都是四字词语。

师：我们一起来读一读。（生读）

（出示）

森林郁郁葱葱

河水清澈见底

天空湛蓝深远

空气清新甜润

师：再请位同学读一读，边读边想象，读出这些词语传递给你的感觉。

（生有感情地朗读）

师：很有感觉！我们一起来读。（齐读）

师：同学们，刚才很多同学在看图介绍这个村庄的时候，说到了房屋、村庄、鱼虾……那么，作者为什么不写这些，而是只写森林、河水、天空、空气呢？

生：我觉得先写出原先村庄的美丽，后面再写乱砍滥伐后是什么样的，形成了对比。

师：加上蝴蝶、房屋对比就没有了吗？还不够有说服力。

生：森林、河水非常漂亮，我觉得富有代表性。

师：这些景物，城市里有吗？

生：没有。

师：这个同学说到点子上了。我们看，城市里有森林吗？

生：没有。

师：有，钢筋水泥森林。（笑）城市里有河水吗？

生：有。

师：清澈见底吗？

生：不，污浊不堪。

师：城市里有湛蓝深远的天空吗？

生：城市的天空，一片灰蒙蒙。

师：城市里有清新甜润的空气吗？

生：没有，被严重污染。

师：重度污染。来，我们对比着读一读。（生读小村庄的景物，师读相对应的城市的景物）

（出示）

森林郁郁葱葱	钢筋水泥森林
河水清澈见底	浑浊不堪河水
天空湛蓝深远	灰霾弥漫天空
空气清新甜润	重度污染空气

师：同学们，这就是作者写故事的高明之处，写小村庄时处处与城市对应着写，抓住城市里没有的事物来写。所以，我们才觉得这个小村庄这么美丽。我们再来读一读。

（指导学生有感情地朗读、背诵）

【赏析：故事内容浅显易懂，但妙在哪里却是学生认知和思维的"拦路虎"。教师先以图为媒，让学生在背诵中感悟到小村庄的美好，继而反弹琵琶，话锋一转，聚焦作者的写法，引导学生探究其原因。通过梳理出的环境描写的特点，生发出矛盾的思辨，在让学生对已有生活的勾连中，碰撞出农村与城市环境的区别，对比的写法于无声中水到渠成。】

师：这个故事开头，还有一个精妙的地方呢！有一个词语，如果没有了，整段话的意思就变了。

生：（争抢着）早先。

师：为什么"早先"这个词语没有了的话意思会完全不一样呢？

生：因为后来这个村子被河水吞没了。

师：如果没有"早先"这个词语，这美丽的村子依然存在是不是？（生点头）你看，这个"早先"多妙！第一句话为整个悲剧性故事埋下了伏笔。

老师第一次读到这句话时,心里"咯噔"了一下,为什么是"早先有过一个美丽的村子"呢?这一定是一个悲剧故事。很多好故事,开头往往都会埋下伏笔。大家今后读故事要留意这样的伏笔。让我们一起再读。现在读这段话,你还是会兴高采烈吗?(生略带低沉地读第一段)

【赏析:围绕"早先",先扬后抑,探其妙用,既明白了故事叙述的需要,又铺垫了全文的感情基调。至此,作者写好故事开头的两种方法——对比、伏笔,学生了然于心。知其然还要知其所以然,锤炼了学生敏感的语文意识。】

板块三:探究,作者怎样把感情藏在故事里

师:山谷中,原先有个美丽的小村庄。可是后来,这个小村庄竟然消失了,令人心痛地消失了。请大家默读文章二至四自然段,拿起笔画出表现小村庄变化的词语、句子,思考它是怎样一步一步消失的。

(生默读圈画)

师:我们按照课文的顺序来交流。第二自然段的哪一句话写出了小村庄的变化?

生:就拎起斧头到山上去,把树木一棵一棵砍下来。

(出示)

谁家想盖房,谁家想造犁,就拎起斧头到山上去,把树木一棵一棵砍下来。就这样,山坡上出现了裸露的土地。

师:把这句话读正确。(生读)"裸露"再读一次。(生读)

师:"裸"字和我们以前学过的哪个字很相像?这个字里边也有"衣服"也有"果"字。

生:裹。

师:但它们的位置有什么不一样?谁发现了?

生:"裹"的衣服在下面。

第五章 故事类文本教学 / 269

生：衣服藏在中间。

师：衣服中间藏着"果"，这就是"裹"，而这个"裸"字衣服到哪儿去了？

生：在边上。

师：同学们，在课文里土地的"衣服"是什么？

生：树木。

师：对，树木慢慢消失了，土地就逐渐"裸露"了。回到这个句子上来。

（出示）

（　）家想（　），（　）家想（　），就拎起斧头到山上去，把树木一棵一棵砍下来。就这样，山坡上出现了裸露的土地。

师：土地是怎么渐渐"裸露"的？全体同学起立，现在，你们仿佛就是一棵棵树，此刻的森林郁郁葱葱。但是，一家家的村民都去砍树，这树啊，越来越少。（随机问一位学生）你姓什么？

生：王。

师：你来说"王家想——"，接着说。

生：王家想做茶几，就拎起斧头到山上去，把树木一棵一棵砍下来。

生：卢家想做衣柜，就拎起斧头到山上去，把树木一棵一棵砍下来。

生：唐家想做床，就拎起斧头到山上去，把树木一棵一棵砍下来。

师：其他人家也想造的，请你们也来说一说。（生自由练说）

（五位学生不愿坐下）

师：同学们啊，原本，森林全部都是树木，现在只剩下这孤零零的五棵树，土地就——

生：裸露了。

师：是啊，大片大片地裸露了，山上，只剩下一个个树桩了。你看，作者就这样不动声色地讲着这个故事，而他的感情，却藏在文字的背后。

【赏析：没有体验的方法是无用的。怎么让学生深入故事的情境中感同身受？教师让学生以村民的身份参与其中，以"（ ）家想（ ）"提炼感悟"……想……就……"的句式的表达效果，在文本的张力处丰富教学，在矛盾冲突中生发思考，学生自然体会出村民破坏树木的随心所欲、无所顾忌。】

师：继续找，这个小村庄后来又发生了什么样的变化？第三自然段中有没有写到？

生：一年年，一代代，山坡上的树不断减少，裸露的土地不断扩大……

（出示）

（ ）家想（ ），（ ）家想（ ），就拎起斧头到山上去，把树木一棵一棵砍下来。就这样，山坡上出现了裸露的土地。

一年年，一代代，山坡上的树木不断减少，裸露的土地不断扩大……树木变成了一栋栋房子，变成了各式各样的工具，变成了应有尽有的家具，还有大量的树木随着屋顶冒出的柴烟消失在天空了。

师：自己读一读这段话，注意作者在写故事的时候既把故事情节往前推进，又把自己的感情藏在里边。你觉得作者把感情藏在哪些词语里边？

（生自由读）

生："山坡上的树木不断减少，裸露的土地不断扩大"中的两个"不断"。

师：为什么你觉得作者把感情藏在这两个"不断"里边？

生：他眼睁睁地看着山坡上的树木减少。

师：眼睁睁地看着却无能为力，写出了作者的感情。

生："各式各样的工具"中看出砍掉的树木很多很多。

师：是啊，有多少树木在消失呀！

生：我觉得"树木变成了一栋栋房子，变成了各式各样的工具，变成了应有尽有的家具，还有大量的树木随着屋顶冒出的柴烟消失在天空了"这句也是，人们不断砍伐树木，树木越来越少，用来当家具，用来当柴烧，

第五章 故事类文本教学 / 271

让人心痛。

师：是的！两个"不断"、三个"变成了"，都藏着作者的感情。来，让我们通过朗读把这种感受读出来。（生齐读）

师：同学们，好的故事，不但故事情节在推进，还把讲故事的人的感情藏在文字里边，让读者自己去琢磨。

【**赏析**：立足引导学生探究故事感情上表达的密码，重点关注两个"不断"、三个"变成了"，通过朗读比较，解开了感情表达的方法——感情藏在词、句子的背后。表面是语言的品悟，实质是思维的锤炼。】

生：然而，不知过了多少年……小村庄，却被咆哮的洪水不知卷到了何处。

师：如果让你在这段话中只摘一句，你摘哪句？

生：可是，小村庄，却被咆哮的洪水不知卷到了何处。

师：你认为作者的感情藏在哪些词句中？（生练读）通过自己的朗读来表达出来。

（出示）

然而，不知过了多少年，多少代，在一个雨水奇多的八月，大雨没喘气儿，一连下了五天五夜，到了第六天黎明，雨才停下来。可是，小村庄，却被咆哮的洪水不知卷到了何处。

师：哪位同学愿意把作者藏在文字里的感情读出来？

（生有感情地朗读）

师：读得很不错！刚才你特别想强调哪些词？为什么？

生："咆哮的洪水"，因为没有树木，保护村庄，村庄就被卷走了。

师：你想强调哪个词？

生："不知卷到了何处"，人们乱砍伐树木，遭到了报应。

师：我们的同学都关注原因，有没有同学关注到一个词语，作者仿佛把它当人来写?

生:(抢着叫出来)没喘气儿。

师:什么叫"没喘气儿"?

生:没有停歇。

师:没有停歇,不间断。那这个小村庄,这五天五夜仅仅是大雨没有喘气儿吗?谁接下往下说。

(出示)

大雨没喘气儿,一连下了五天五夜……

山洪没喘气儿,一连……

河水没喘气儿,一连……

生:山洪没喘气儿,一连冲下去很多泥沙。

师:它一连冲走了一间又一间房屋,没喘气儿地冲。

生:河水没喘气儿,一连往上涨,往上涨。

生:山洪没喘气儿,一连把村庄里的所有都淹没了。

师:是啊,山洪也没喘气儿地冲刷、淹没着一切。同学们,这部分,是故事的高潮。一般人在讲故事的时候,讲到高潮,会故意停一下,制造一种紧张的氛围。我们来试一下,你觉得在哪儿可以稍微停顿一下,制造听故事人的那种紧张感?自己试试看。(生练读)

师:谁来试试?要用讲故事的方式读。

(指导生朗读,师范读)

【**赏析**:思维与语言是孪生兄弟。教师紧扣"没喘气儿",创设情境,学生从理性走向了感性,最终感悟如出其口,如言其心。这个过程丰富了文本。

这种含而不露的感情怎样引导学生参悟呢?在第三板块,教师引导学生来了一场"寻情之旅"。先让学生沉入故事,凭借语言,找到触发自己的词句，再借以比较，让学生从已知中不断发现未知，还原生活、比较对照、移情入境、切己体察。在层层推进中真切感受到村民因贪婪而自食其果，保护环境的内涵体悟因关注到文本表达的特点而走向深入。将"感情"的体悟巧含于课文情节的推进学习中，内容与形式齐头并进，浑然一体，滴水不漏。】

板块四：沉思，故事给我们留下什么

师：（淡淡忧伤的背景音乐响起）什么都没有了，所有靠斧头得到的一切都没有了！

（课件镜头回闪：房子、家具、工具等一件件消失，而后定格在那把锋利的大斧头上。最后，斧头也渐渐消失，画面上一片空白）

师：什么都没有了，所有靠斧头得到的一切，包括那些锋利的斧头，只剩下白茫茫的一片。那个美丽可爱的小村庄没有了……同学们，这个小村庄真的什么都没有了吗？请你看看这幅图，可能还留下了什么？（出示插图）

生：可能会看到残留的树根。

生：洪水还在漫卷。

生：断壁残垣。

生：用斧头砍过来的家具浮在水面上。

生：房子只剩下一些瓦砾。

师：是啊，其实，留下了很多。虽然小村庄已经消失了，但是，我们脑子里的思考——

生：并未消失。

师：是啊，今天读到这个故事的人，也许需要好好追问：小村庄究竟毁于天灾，还是人祸？

生：（纷纷抢答）人祸。

师：我希望听到自己独特的想法，到文章中找找依据。可以四人一组讨论交流一下。

（生讨论交流）

生：我觉得既有天灾，也有人祸。

师：天灾哪儿讲到了？

生：天灾就是"雨水奇多的八月"。

生：人祸就是不把树木全部砍掉的话，这些树木就会稳固泥土，挡住洪水。

师：你能找到相关的词语吗？

生：一年年，一代代，山坡上的树不断减少。

生：不知过了多少年，多少代。

生：裸露的土地不断扩大。

生：谁家想盖房，谁家想造犁，就拎起斧头到山上去，把树木一棵一棵砍下来。

【**赏析：**思考源于主体对意向信息的加工。人之思考是自己心智对意向、对信息内容的加工过程。回扣全文，再次走进文本，探究背后原因。】

师：请同学们关注前面关于时间的词语，我们来读。（生读）

（出示，见下页图）

师：也就是说他们的毁灭是一代又一代人堆积而成的，你又想发表什么观点？

生：两种可能。一种离奇的想法是天灾，确实他们这样子对大自然不尊重，遭到大自然报应。

师：对大自然不够敬畏，大自然报复人类。

生：（继续）还有一种科学的讲法就是——因为他们经常让树木死亡，

第五章 故事类文本教学 / 275

小村庄究竟毁于天灾，还是人祸？

大雨没喘气儿，一连下了五天五夜，到了第六天黎明，雨才停下来。

不知从什么时候起，家家有了锋利的斧子……山坡上出现了裸露的土地。

一年年，一代代，山坡上的树木不断减少，裸露的土地不断扩大……

不知过了多少年，多少代……可是，小村庄，却被咆哮的洪水不知卷到了何处。

树根不能紧紧地抓牢，也不能吸收雨水，所以雨水就直接把房屋给冲走了。

师：如果让你用句简洁的话概括的话，是什么导致了天灾？

生：过度开发。

师：如果是一个词语呢？

生：贪婪！

师：你把这个词语写在黑板的中间。（生板书）

生：我觉得是人祸引起的天灾，如果他们不经常砍树的话，即使下大雨树也会把水挡住的。如果他们没砍树的话，他们仍会过得很快乐，就像第一自然段中写到的那样美丽。

师：说得真好！人祸引起的天灾，归根在于人祸。小村庄的故事虽然学完了，但是留给我们的思考却是永远的。

【赏析：在教师不断的追问、反问、质疑中，学生真正明白了"天灾""人祸"的原因，将其思维引向新的领地，对村民有谴责，有惋惜，在哀其不幸中，感悟跃然纸上。】

师：你们刚才讲的这些，作者懂不懂？

生：懂。

师：那他为什么不在结尾写出来？

生：他想让我们自己动脑筋，自己去思考。

师：对，好的故事是不断地留给大家回味的，留给我们无尽的思考。

师：(总结)你看，就是这样一个故事。开头平静地叙述，巧妙地为故事埋下伏笔；中间一步一步把变化写清楚，把自己的感情藏在文字里边；结尾戛然而止，留有余味，让读者自己去体会故事中藏着的道理。好的故事，就是这样巧妙地把感情、道理藏在文字中。以后我们去读故事的时候，要去关注故事是怎么写的：这个故事好在哪里？里边藏着些什么？如果你学会了这些，也就读懂了故事。

【赏析：语文的核心问题是思维问题。语言背后是真实的思考与深刻的思想。教学的着眼点始终紧盯表达，指向表达，直到学生感悟到表达的通道。正是教师在引导学生品味、推敲语言表达的形式中，帮助学生领悟到故事谋篇布局的方法，实现了借助文本之力得语文之力。】

师：最后，有个问题想问大家，你觉得今后还会上演这样的悲剧吗？

生：会。

师：人类不是都已经清楚了吗？（生议论纷纷）

生：人类还是会这样做，他们为了钱财，为了让自己的生活更好，他们没有想到真正让生活更好的是保护大自然。把大自然毁了，家园也就毁了，那时候人类才会真正的悲伤，而人类现在却还不知道。

师：是啊！小村庄的故事不仅仅是这一个小村庄的故事。其实，地球在宇宙中就是一个小小的村庄。眼下，地球正在遭受着怎样的摧残呢？张老师给大家带来法国纪录片《家园》片段，让我们在电影片段中结束今天的课。

（播放纪录片《家园》，听着如泣如诉的音乐，读着触目惊心的数据，看着惨不忍睹的画面，孩子们一个个表情凝重）

师：同学们，人类只有一个地球，人类只有一个村庄。当贪婪的人类耗尽地球上所有的资源时，人该往何处去？带着这沉甸甸的思考。下课！

【赏析：语文的独当之任是什么？不是枯燥乏味的知识传授，不是凌空蹈虚的人文说教，而是动态生成中培养学生的思维。"你觉得今后还会上演这样的悲剧吗？"这一问对学生是一种创新的考验。教师搭建的阅读支架《家园》纪录片的播放，与学生最近发展区密切关联，打通了课内外文本的阅读。将思考进行到底——朴素而天下莫能与之争！】

【总析：王荣生教授说："阅读就是一种文体的思维。"如何让学生在学习中以思维导向，既能通过理解内容得到情感熏陶，又能通过学习语用领会表达方法，实现语文课上文本内容的理解与表达方法的有机融合呢？

本节课，教师结合本文故事篇幅短小、语言清新优美、内容发人深思的特点，在教学中以"故事"为深入的基点。先以故事品悟为切入口，在梳理主要内容的基础上，引导学生深层次思考故事的开头妙在哪里。然后抓住文中的关键词，学生在比较品评、联系揣摩、诵读体味的探究性学习中，多种感官参与体验，在深入故事的情境里，感悟到语言文字表达的精妙。这样，学生对文本的认识从感性逐渐走向理性，明白不仅要关注故事写了什么？怎样写的？还要关注为什么写？让"难点"变成"亮点"，作者含而不露的情感表达密码自然引出。课末，教师引导学生在梳理故事的表达中，不仅明晓了内容，还洞悉到形式。至此，学生在故事中入情入境地走了一个来回。

整节课教师都是在引导学生解密故事是如何开始，推进，高潮，结束，以及留给我们的思考。教师凭借教材这个"例子"，为学生搭建了语言实践的平台，引导他们在实践中品味、推敲语言表达的形式，领悟遣词造句、谋篇布局的方法，从而升华了他们的人文情怀，教出了叙事性文本的个性。】

（说明：此课执教于2014年）

（赏析：湖北枣阳第一实验小学　杨冬梅）

第11课　登山

文本再现

俄国十月革命前，列宁为了躲避沙皇警察的搜捕，隐居在一个叫普罗宁的小地方。

普罗宁四周都是巍峨的高山。一天早晨，列宁请波兰革命者巴果茨基作向导，上山顶去看日出，但是出发晚了点儿。

"有没有到山顶的近路呢？"列宁问巴果茨基。

"有是有。就是……"

"什么？"

"路太窄，又太危险，要经过深渊边上。"

"您走过这条小路吗？"

"走过几次……"

"我们就走那条小路吧！"

不一会儿，他们就来到小路跟前。路宽只能容一只脚，一边是峭壁，一边是深渊。

"您看看，是这样的路。"巴果茨基说，"您不能从这儿过。"

"那么您呢？您能过去吗？"列宁问。

"当然能。不信，我走给您看看。"

巴果茨基背贴着峭壁，扭转了头，不去看深渊，用碎小的步子在狭窄的小路上慢慢向前移动。

走过了最险的地方，巴果茨基轻轻地舒了口气，才回过头来看列宁。这一看，吓得他险些掉进深渊。

列宁跟在他后边，就在最险的地方停住了。他知道列宁头昏目眩了。

"往回走！"巴果茨基大声喊。

列宁站立了几秒钟，定了定神，又小心地向前移步。他不慌不忙，一步一步地走过了这段危险的小路。

他们登上山顶，一股柔和的阳光正好射穿黎明前的薄雾。远处蔚蓝色的湖水开始反射出耀眼的亮光。

山顶上的雪刹那间变成了粉红色，树丛和草地上的露珠儿也开始闪烁着光芒。好像有谁在指挥似的，鸟儿们放开歌喉，欢快地唱了起来。

大约过了一个小时，他们开始往回走。

"回去不用着急了，"巴果茨基说，"我们不必走那条险路了。"

"可是我，"列宁说，"我打算仍旧走那条小路。"

"为什么？"

"很愿意解释一下，但是必须在走过那条小路之后才行。"

于是，他们又来到靠近深渊的那条小路。

"这一次我先走。"列宁说完，就毅然决然地走了过去。

巴果茨基也顺利地走了过来。列宁握着他的手，说："感谢您陪伴我，这次野游非常有趣。"

"现在请您告诉我吧，"巴果茨基说，"您为什么还要走这条危险的小路？"

"就是因为我害怕它。"列宁说，"一个革命者不应该让害怕把自己压倒。咱们得每时每刻、随时随地锻炼自己的意志。"

（浙教版《语文》，四年级下册）

课堂实录

登山，因为山在
——《登山》教学实录

（课前师生一起背诵交流古诗词和格言）

师：刚才大家背诵了许多自己喜爱的格言警句，张老师最欣赏的是这一句——（课件展示列宁在登山之后，对巴果茨基说的最后一番话）大家一看就知道，这段话选自——

生：（齐）《登山》。

师：这是第八册语文书中的一篇选学课文。下面先来检查一下大家的预习情况，这段话是谁说的？

【点评：重现式提问，突出主人公。】

生：列宁。

师：这就是列宁。（课件出示列宁头像和相关简介）这段话是列宁在什么情况下对谁说的？

【点评：重现式提问，注意亚角色。】

生：是在第二次走完那条险路时对他的朋友巴果茨基说的——

师：那他第一次走这条小路是为了什么？

生：看日出。

【点评：为第二次走险路的更高目的作陪衬。】

师：好，下面请大家自己读读这段话，想一想有什么不懂，待会儿提出来。

生："望而生畏"是什么意思？（该生把"畏"读成了"wēi"）

师：望而生——

生：（齐）畏（wèi）。

师：对，要读准。你觉得这个"畏"是什么意思？

生：害怕。

师：（板书：害怕）那整个词呢？

生：可能是看到什么东西就感到害怕。

【点评：从正音到释义夯实对关键词的理解。】

师：就是这个意思。那课文里指看到什么而害怕？

生：课文指看到这条危险的小路而感到害怕。

师：对。请大家继续提问。

【点评：由教师的导读询问发展到学生的自读追问。】

生：从什么地方看出这条小路令人望而生畏？

【点评：发现式提问，激起探索阅读的热情。】

生：为什么一个革命者不应该让害怕征服自己呢？

生：为什么列宁知道这条小路令人望而生畏，还要去走呢？

生：革命者为什么要每天、每时、每刻锻炼自己的意志？

【点评：学生提问层层逼近课文主旨。】

师：刚才同学们提了不少问题，很有思考价值，一个比一个深。特别是杨高增提的问题：从什么地方看出这条小路令人望而生畏？"牵一发而动全身"，有助于我们理解这段话乃至全篇文的意思。下面我们就采用小组合作学习的方法来研究这个问题。

【点评："探索性阅读"要求由"课文理解"向"课题研究"延伸，它提出的课题最好是"牵一发而动全身"的问题。】

师：咱们先来回顾一下小组合作学习分几步？

（师生一起回顾了小组学习四步法：选择学习伙伴——确定学习方式——展开合作学习——汇报学习成果）

【点评：小组合作学习的四步操作，展示了"合作性阅读"的常规模式。】

第五章 故事类文本教学 / 283

让学生自由地朗读、表演、谈谈,正好具体落实了对课文("路险")的感受、体验和理解。】

(学生自由选择学习伙伴后,开始小组合作学习,每组都由组长分配合作学习的任务,谁读哪一段,谁演谁,分工明确,课堂上气氛热烈)

师:好,开始汇报学习成果。大家希望先读、先说还是先演?

(生举手表决,大多希望先演)

师:哪组敢上台表演?请王俏文这一组来表演。(指着合唱台最高一级的台阶对演巴果茨基的同学)注意,这就是令人望而生畏的小路,那么你的身后是什么?

生:悬崖。

师:悬崖前边是什么?

生:无底的深渊。

师:对,无底洞就是深渊。大家要边看边思考,每个人都是导演,我是总导演。好,演出正式开始。

(两位同学比较逼真地表演列宁和巴果茨基过小路的那部分内容。演完后,在"小路"旁相互拥抱,师生一阵哄笑,气氛热烈)

师:现在请各位导演发表自己的意见。刚才哪几组是谈体会的?这一组来谈吧,说说他们哪些地方演出了小路的令人望而生畏?哪些地方演得还不够?评的时候要抓住课文的词句,请注意课文巴果茨基示范挪步的那一段。

【点评:对课文的感受、体验和理解,都要以读为本,扣住言语。】

生:我觉得他们表演得很好。先说巴果茨基吧,陈童在演时脊背紧贴着陡峭的悬崖,把头扭向一边,不去看深渊——

师:为什么这样就演出了对路的望而生畏呢?

生:因为他用碎小的步子,慢慢地移动,说明路很狭窄;不去看深渊说明他不敢看，一看就会头昏目眩，一头昏目眩就有可能掉下去。所以我认为演得好。

生：我可不可以提个小小的意见——悬崖上一般都有松动的石块和泥土，也许列宁和巴果茨基不小心踩着了这样的石块——

师：(插)你的意思是说他们的手应该紧紧地抓住石壁。意见提得很好。

生：课本上说巴果茨基走过最危险的地段以后，并不是说走完了，只是走过了最危险的地段而已。可陈童却一下子就走了过去？

师：你的意思是他走得太快了，像走大马路似的。(笑)大家注意到了吗？他还忘了一个细节：轻轻地舒了一口气。为什么一定要把"轻轻地舒了口气"演出来呢？

生：因为他走过了最危险的地段，离开了最可能掉进深渊的危险。

师：（纠正）脱离了危险。这时候，他已经如释——

生：（接）重负。

生：我觉得刚才李鑫"头昏目眩"演得很好，可是陈童的"差点掉进深渊"演得不够好。因为险些掉下去是一瞬间发生的，他摇晃的时间太长了，要这样早就掉下去了。

生：我认为他们在结束尾声的时候——

师：（纠正）结束就是尾声。

【点评：教师不是一味地表扬，而是随机纠错。】

生：（重新说）表演接近尾声的时候，只走了路的一半，可是李鑫一下子就跑了过去。

师：说到这儿我想问李鑫，你当时为什么想到和陈童拥抱？

生：我感到很高兴，因为他陪我经历了一次有趣的经历。

师：（纠正）应当说是经历了有趣的一幕。你感谢他对吗？其实这拥抱还有丰富的潜台词，大家觉得这拥抱还可能表示什么？

第五章　故事类文本教学　/　285

生：还可能表示李鑫（列宁）起先以为自己要掉下去了，没想到还在呼吸，（笑）他是为感到庆幸而拥抱！

生：他们可能在相互庆祝。

师：刚才张煊说"头昏目眩"表演得不错，李鑫能不能再演一下？

（生再次形象生动地表演"头昏目眩"，师生笑）

师：列宁同志，此时，你的头在——

生：晃动。

师：你的眼睛在——

生：直冒金星。

师：对，这就是——

生：（齐）头昏目眩。

【**点评**：引而不发，跃如也。力避灌输，启动自觉，这样的师生对接在课堂多次显现，已形成良好的教学习惯。】

师：好！演得不错，好好练练，争取明年得个奥斯卡金奖。（笑）同学们，刚才经过大家的表演，我们已经充分感受到了这条小路的望而生畏。下面，我们再请朗读小组把我们带到这一条望而生畏的小路上去。

（教师请朗读小组同学读第十五至十八自然段，综合运用指读、自由读、范读、齐读等多种方式，让学生充分感受对小路的望而生畏，学生读得入情入境，有声有色）

师：列宁和巴果茨基就这样小心翼翼地走过了这条令人望而生畏的小路，终于见到了美丽的日出。（出示日出美景，配乐范读第十九自然段）

师：同学们，此时此刻，面对如此美丽的景色，你最想说什么？

生：画面非常壮丽。

生：他们是冒着生命危险上去的，所以感觉景色特别漂亮。

生：走过这样危险的小路，看到了如此美景，真值得，我也想看一看。

师：不经历风雨，怎能见彩虹？不经历艰险的攀登，怎么能享受到无限风光在险峰的快乐呢？同学们，让我们再次去领略这无比美丽的日出吧！

（师生配乐引读第十九自然段）

师：他们就这样在山上静静地欣赏了一个多小时，该回去了。回去时，列宁还是走了这条令人望而生畏的小路，又一次小心翼翼、提心吊胆地走了过去。到这儿，也许有些同学会说：我觉得列宁第二次没有必要走这条小路，他是一个革命者，万一不小心掉下去，那后果——

生：（接）不堪设想。

师：也许有些同学会说，他是为了锻炼自己的意志，应该走这条路。你是赞同走？还是认为他不该走呢？

【点评：在紧扣课文主旨的关键问题上激发认知冲突，调动辩论热情，一步好棋！】

生：不该走。

师：（板书：不走）跟她意见相反的有没有？

生：我觉得应该走。

师：（板书：该走）赞成不该走的举手，赞成该走的举手。

师：那么咱们进行一次小小的辩论赛。请准备一分钟，要从课文中找出充分的理由。切记，一定要从课文中找理由哦。

（学生马上进入辩论状态，情不自禁地在座位上展开了激烈的争论，情绪高涨）

师：好，关于列宁第二次该不该走这条令人望而生畏的小路辩论赛现在开始，先请认为该走的正方亮出观点。

生：我说该走。因为列宁作为一个革命者，如果他连一条令人望而生畏的小路都不敢走，那他以后怎么干革命呢？

生：我反对，万一掉下去怎么办呀？还有，为什么不在别的地方锻炼意志呢？何必拿自己的生命当赌注？

生：我觉得该走。刘胡兰在敌人的铡刀下英勇不屈，视死如归。列宁作为一个革命者，不应该为这件小事而退缩。

生：列宁是一个革命者，一个革命者不应该为了锻炼意志而白白地牺牲了！如果他掉下去了，那就没人来操纵革命了。

师：（纠正）操纵革命？应该说是领导革命。（笑）

生：我补充。如果列宁掉下去了，人都死了，还怎么干革命啊？

生：我感觉应该走，刚才陈文涛和陈童说列宁是革命的领袖，假如失去了他的话，说不定苏联就不会统一了。可是我不这样认为，革命嘛，革命不是单单靠一个人的，即使列宁死了，其他人也可以继续干革命。（哄堂大笑，鼓掌）

生：如果他不走这条小路，仅仅是害怕；而牺牲了的话，就不仅只是害怕，许多人要为他哭丧。（笑）

师：不仅仅为他哭丧，很可能革命的前途就会非常渺茫。

生：这条小路就像一个敌人，列宁走过这条小路，就等于战胜了敌人，也战胜自己。

生：我觉得"留得青山在，不怕没柴烧"，与其死在这条小路上，不如死在战场上。（大笑鼓掌）

生：如果失去了勇敢，就等于说失去了一切。而列宁如果不敢走这条小路，就失去了勇敢。失去了勇敢比失去生命更重要，如果一个革命者失去了勇敢，那他在战场上怎么指挥战斗呢？（鼓掌）

生：列宁不是说过吗？"要成就大事，必须从小事做起。"他应该走。

【点评：课外阅读促进了课内阅读。】

生：我说列宁该走，也许他是想成为第一个吃螃蟹的人。（众笑鼓掌）

生：我觉得他刚才走过了这条小路，日出也看到了，应该放松一下。

用不着再走这条险路。

生：我不同意，正因为刚才走过一次，所以第二次更有经验，危险性不大，所以该走。

（学生意犹未尽，跃跃欲试，直嚷"反驳！反驳"）

师：看大家争得难分难解，一时半会儿还辩不出个所以然。这样吧，大家可以保留自己的意见。作为辩论会的主席，我也想发表自己的意见，好吗？

生：好！

师：我觉得一个人是应该善待自己的生命，但更应该时时处处锻炼自己的意志。列宁该不该走这条小路呢？要和当时的背景联系起来。请大家齐读课文第一段。

【点评：在分歧处点拨，指引阅读思路："解文"必须"知人论世"，历史地看问题，才能释疑解难。】

（生齐读第一段）

师：同学们，其实列宁当时所处的环境，远远比这条山间小路险恶得多。一个革命者，如果连这一条小路都走不过去的话，那么他又怎能走得过荆棘丛生的革命大路呢？刚才同学们说，他为什么害怕？因为这条小路令人望而生畏；正因为害怕，所以他要征服害怕；（板书：征服）征服了害怕，也就锻炼了自己的革命意志。（边说边擦去开始时黑板上的问号，完善板书）

师：同学们，其实我们每个人，一生中不可能永远一帆风顺，总会遇到这样那样的挫折。在困难面前，我们只有像列宁那样，用自己的意志、信心、毅力去面对它，才能克服困难，走出困境，走向胜利！当然，我们也要避免无谓的牺牲，毕竟生命高于一切。

【点评：这是辩论主持人的一段精彩评论！从"山间小路"延伸到"革命大路"，从"征服害怕"提升到"锻炼意志"，以列宁的榜样启迪学生"要

第五章 故事类文本教学 / 289

用自己的意志、信心、毅力去面对人生道路上可能遇到的一切艰难险阻",这就是人文精神的涵养。】

师：最后让我们再来读一读列宁的话吧。（生齐读）

师：学了这一课，同学们一定深有感触吧，好，请拿起笔来，把你对列宁这一段话的理解和对整篇课文的感悟，浓缩成一句话写下来，提醒、激励自己，就算是我们自己的格言吧。围绕自信、意志、困难等几方面展开。后面署上：未来的×××。

【点评：课前搜集名人格言，课上感悟列宁格言，课后将阅读心得浓缩成自己的格言，这样由"吸收性阅读"转化为"表达性阅读"，或写出来，或说出来，就坚持了从"阅读理解"到"阅读迁移"的全过程。】

生：勇敢是我们最大的朋友；害怕是我们最大的敌人。——未来的科学家莫宇杨。

师：第一句改一个字，将"大"换成"好"，朋友没有大小之分。

生：你如果拥有了勇敢，就等于拥有了精神上的财富。——未来的哲学家陶叶。

生：勇敢就是生命，你若没有勇敢就把生命也失去了。——未来的探险家林金锋。

生：意志是每个人不可缺少的东东。（众笑）

师：什么？东东？（笑）你把网络语言也搬上来了，改一下，改成"东西"。不，还是改成"钙"，"补钙"的"钙"，你再读一读。

【点评：帮助学生提炼格言，既为自创格言"定格"，也为学生思想"升格"。】

生：意志是每个人不可缺少的钙。

生：困难就像纸老虎，只要你一拳打下去，它就死了。（众大笑）

师：对，我们用意志和信心来壮胆，让这纸老虎一戳就破。

生：困难并不可怕，可怕的是你害怕困难。（台下听课者啧啧称赞）

生：饭是烧出来的，意志是锻炼出来的。（众哄堂大笑）

师：我建议你也去当厨师，一边烧饭，一边锻炼意志。（笑）我也写了一句，大家看——（出示）

人生是一只劈波斩浪的小船，只有用勇气作帆，意志当桨，才能驶向成功的彼岸。

（生齐读）

【点评：教师下水，做示范。非常必要！也非常成功！】

师：最后留给大家一项作业。（展示相关链接）请大家课后去找有关列宁的资料。这些是有关列宁的课文、图书、网站。可以单独去查找，也可以组成学习小组合作完成。一星期后我们再上一堂《感悟列宁》的综合学习汇报课。大家可以通过讲故事、朗读、演小品、背歌颂列宁的诗、编写手抄报等方式来汇报你们的学习成果。下课！

（附板书）

　　　　　　锻炼意志
△登山　　　征服害怕
　　　　　　望而生畏

【点评：这个课下作业，引导学生以课内阅读为轴心努力向课外阅读辐射，拓展阅读的面围绕"列宁"这个中心，涉及报刊、图书、网络三大信息媒介，使课内"小阅读"变成了课外、校外的"大阅读"，最后又以《感悟列宁》的"综合性学习"汇报作结。此设计超越了教材编者的"预习提示"和"思考·练习"，富于创造性，既张扬了教师的教学个性，更张扬了学生的阅读个性。】

【总评：在 2002 年 12 月举行的全国中青年语文教师课堂教学多种风

格展示会上，浙江省温岭市太平小学张祖庆老师执教的《登山》一课，备受赞誉，被评为优质课特等奖。因为，他确实把阅读探索的主动权、时间支配权和空间活动权真正还给了学生。特别难能可贵的是，他把"语文新课标"的一系列"阅读教学新概念"——自主性阅读和合作性阅读、感受性阅读和理解性阅读、欣赏性阅读和评价性阅读、表达性阅读和迁移性阅读、探索性阅读和创造性阅读，以及图画阅读和网络阅读，综合地生动地初步地体现在一堂阅读课之中。】

（说明：此课执教于2002年）

（点评：中国阅读学研究会会长　曾祥芹）

第六章 群文阅读

第12课　园子里的祖父

> **文本再现**

1. 祖父的笑

【导读提示】

祖父是萧红颠沛流离的一生中那一束温暖的阳光。

有了祖父，园子成了快乐、自由的"天堂"。

有了祖父，童年充满了温暖，盛满了笑声。

记忆中的那一个个温馨的片段、幸福的剪影，是作者在后来困顿、痛苦的生活中唯一可以拿来温暖身心的。

每当想起那份温馨和爱，祖父的笑怎能不时时清晰地在眼前闪现呢？

祖父的眼睛是笑盈盈的，祖父的笑，常常笑成和孩子似的。

祖父是个长得很高的人，身体很健康，手里喜欢拿着个手杖。嘴上则不住地抽着旱烟管，遇到了小孩子，每每喜欢开个玩笑，说：

"你看天空飞个家雀。"

趁那孩子往天空一看，就伸出手去把那孩子的帽给取下来了，有的时候放在长衫的下边，有的时候放在袖口里头。他说：

"家雀叼走了你的帽啦。"

孩子们都知道了祖父的这一手了，并不以为奇，就抱住他的大腿，向他要帽子，摸着他的袖管，撕着他的衣襟，一直到找出帽子来为止。

祖父常常这样做，也总是把帽放在同一的地方，总是放在袖口和衣襟下。那些搜索他的孩子没有一次不是在他衣襟下把帽子拿出来的，好像他和孩子们约定了似的："我就放在这块，你来找吧！"

这样的不知做过了多少次，就像老太太永久讲着"上山打老虎"这一个故事给孩子们听似的，哪怕是已经听过了五百遍，也还是在那里回回拍手，回回叫好。

每当祖父这样做一次的时候，祖父和孩子们都一齐地笑得不得了。好像这戏还像第一次演似的。

别人看了祖父这样做，也有笑的，可不是笑祖父的手法好，而是笑他天天使用一种方法抓掉了孩子的帽子，这未免可笑。

（节选自《呼兰河传》第三章，标题为编者所加）

【读与思】

祖父天天使用同一种方法抓掉孩子的帽子，别人觉得很可笑，你觉得可笑吗？

祖父的笑带给了"我"温馨的童年记忆，在你的生活里，是否也有带给你温暖、幸福的笑呢？那是谁的笑呢？如果你愿意，请写下来和伙伴分享。看谁笔下的"笑"，最能逗得大家哈哈大笑。

2.祖父·我·后园

【导读提示】

有一天，"我"笑得哆嗦起来，祖父笑了十多分钟还停不住，连平时不苟言笑的父亲、母亲、祖母也都大笑起来。

这园子里，发生了什么趣事呢？

后园中有一棵玫瑰。一到五月就开花的。一直开到六月。

花朵和酱油碟那么大。开得很茂盛，满树都是，因为花香，招来了很多的蜂子，嗡嗡地在玫瑰树那儿闹着。

别的一切都玩厌了的时候，我就想起来去摘玫瑰花，摘了一大堆把草帽脱下来用帽兜子盛着。在摘那花的时候，有两种恐惧，一种是怕蜂子的钩刺人，另一种是怕玫瑰的刺刺手。好不容易摘了一大堆，摘完了可又不知道做什么了。忽然异想天开，这花若给祖父戴起来该多好看。

祖父蹲在地上拔草，我就给他戴花。祖父只知道我是在捉弄他的帽子，而不知道我到底是在干什么。我把他的草帽给他插了一圈的花，红通通的二三十朵。我一边插着一边笑，当我听到祖父说：

"今年春天雨水大，咱们这棵玫瑰开得这么香。二里路也怕闻得到的。"

就把我笑得哆嗦起来。我几乎没有支持的能力再插上去。等我插完了，祖父还是安然的不晓得。他还照样地拔着垄上的草。我跑得很远地站着，我不敢往祖父那边看，一看就想笑。所以我借机进屋去找一点吃的来，还没有等我回到园中，祖父也进屋来了。

那满头红通通的花朵，一进来祖母就看见了。她看见什么也没说，就大笑了起来。父亲母亲也笑了起来，而以我笑得最厉害，我在炕上打着滚笑。

祖父把帽子摘下来一看，原来那玫瑰的香并不是因为今年春天雨水大的缘故，而是那花就顶在他的头上。

他把帽子放下，他笑了十多分钟还停不住，过一会一想起来，又笑了。

祖父刚有点忘记了，我就在旁边提着说：

"爷爷……今年春天雨水大呀……"

一提起，祖父的笑就来了。于是我也在炕上打起滚来。

就这样一天一天的，祖父，后园，我，这三样是一样也不可缺少的了。

（节选自《呼兰河传》第三章，标题为编者所加）

【读与思】

"祖父，后园，我，这三样是一样也不可缺少的了。"这句话好深奥！如果你将本章的文字全部读完，再去读整本的《呼兰河传》，也许你就理解其中蕴涵的深意了。

读着这篇文章，你是否想起了某个长辈曾在某个地方带给你的欢笑？园子里、草地上、树林里、小溪边……拿起笔，把他们在某个场合带给你的欢笑记录下来与伙伴们分享。记录的时候，要像作者那样善于捕捉难忘的细节。

3. 跟祖父学诗

【导读提示】

还记得你第一次读古诗的情形吗？那是几岁的时候？读的是什么诗？有什么特别的记忆吗？

少年萧红学起古诗来可不得了。她不念，她喊，喊得家里的五间房都可以听见，喊得房盖要被抬走了，喊得母亲说再喊要打她——

（一）

祖母死了，我就跟祖父学诗。因为祖父的屋子空着，我就闹着一定要睡在祖父那屋。

早晨念诗，晚上念诗，半夜醒了也是念诗。念了一阵，念困了再睡去。

祖父教我的有《千家诗》，并没有课本，全凭口头传诵，祖父念一句，我就念一句。

祖父说：

"少小离家老大回……"

我也说：

"少小离家老大回……"

都是些什么字，什么意思，我不知道，只觉得念起来那声音很好听。所以很高兴地跟着喊。我喊的声音，比祖父的声音更大。

我一念起诗来，我家的五间房都可以听见，祖父怕我喊坏了喉咙，常常警告着我说：

"房盖被你抬走了。"

听了这笑话，我略微笑了一会工夫，过不了多久，就又喊起来了。

夜里也是照样地喊，母亲吓唬我，说再喊她要打我。

祖父也说：

"没有你这样念诗的，你这不叫念诗，你这叫乱叫。"

但我觉得这乱叫的习惯不能改，若不让我叫，我念它干什么。每当祖父教我一个新诗，一开头我若听了不好听，我就说：

"不学这个。"

祖父于是就换一个，换一个不好，我还是不要。

"春眠不觉晓，处处闻啼鸟。夜来风雨声，花落知多少。"

这一首诗，我很喜欢，我一念到第二句，"处处闻啼鸟"那处处两字，我就高兴起来了。觉得这首诗，实在是好，真好听，"处处"该多好听。

还有一首我更喜欢的：

"重重叠叠上楼台，几度呼童扫不开。

刚被太阳收拾去，又为明月送将来。"

就这"几度呼童扫不开"，我根本不知道什么意思，就念成"西沥忽通扫不开"。越念越觉得好听，越念越有趣味。

还当客人来了，祖父总是呼我念诗的，我就总喜念这一首。

那客人不知听懂了与否，只是点头说好。

（二）

就这样瞎念，到底不是久计。念了几十首之后，祖父开讲了。

"少小离家老大回，乡音无改鬓毛衰。"

祖父说：

"这是说小的时候离开了家到外边去，老了回来了。乡音无改鬓毛衰，这是说家乡的口音还没有改变，胡子可白了。"

我问祖父：

"为什么小的时候离家？离家到哪里去？"

祖父说：

"好比爷像你那么大离家，现在老了回来了，谁还认识呢？儿童相见不相识，笑问客从何处来。小孩子见了就招呼着说：你这个白胡老头，是从哪里来的？"

我一听觉得不大好，赶快就问祖父：

"我也要离家的吗？等我胡子白了回来，爷爷你也不认识我了吗？"

心里很恐惧。

祖父一听就笑了："等你老了还有爷爷吗？"

祖父说完了，看我还是不很高兴，他又赶快说：

"你不离家的，你哪里能够离家……快再念一首诗吧！念春眠不觉晓……"

我一念起春眠不觉晓来，又是满口的大叫，得意极了。完全高兴，什么都忘了。

但从此再读新诗，一定要先讲的，没有讲过的也要重讲。似乎那大嚷大叫的习惯稍稍好了一点。

"两个黄鹂鸣翠柳，一行白鹭上青天。"

这首诗本来我也很喜欢的，黄梨是很好吃的。经祖父这一讲，说是两个鸟。于是不喜欢了。

"去年今日此门中，人面桃花相映红。

人面不知何处去，桃花依旧笑春风。"

这首诗祖父讲了我也不明白，但是我喜欢这首。因为其中有桃花。桃树一开了花不就结桃吗？桃子不是好吃吗？

所以每念完这首诗，我就接着问祖父：

"今年咱们的樱桃树开不开花？"

（节选自《呼兰河传》第三章，标题为编者所加）

【读与思】

哈哈，学诗也能写得这么好玩。你一定没想到吧！

《跟祖父学诗》中让你觉得特别亲切的，是那些你非常熟悉的诗句，还是祖孙俩的对话？

邀上爷爷或外公，试着分角色读读这些有趣的对话，你一定会觉得很好玩的。读的时候，特别注意"我"的异想天开。

（以上文字选自《小学生萧红读本》，浙江少年儿童出版社2011年9月版）

课堂实录

拥有太阳，生命就有了光亮
——《园子里的祖父——〈小学生萧红读本〉导读》课堂实录

板块一：印象祖父，走进园子

师：刚才，我们通过略读课文《祖父的园子》，走进了萧红和祖父的园子。你觉得，祖父的园子是一个怎样的园子？

生：是到处都是植物的园子；充满快乐的园子；有生命活力的园子；自由的园子；鸟语花香的园子；随心所欲的园子。

师：在作者眼里这园子之所以这么自由，这么快乐，关键是园子里有——祖父！在你的印象中，萧红的祖父是怎样的人？

生：慈祥；有爱心；热爱生命；疼爱晚辈；特别宽容。

师：这就是萧红的《祖父的园子》留给我们的印象。这节课，我们将继续走进萧红的文学世界，通过阅读一组美文，走进一座园子，感受一颗童心。

板块二："笑"忆祖父，童心可掬

笑之一："天空飞个家雀"

师：接下来，老师为大家推荐一篇文章。这篇文章在屏幕上，老师将和大家以合作朗读的方式陆续呈现。有时我会停下来让大家想一想，有时候也邀请同学来读。

（师范读片段一）

祖父的眼睛是笑盈盈的，祖父的笑，常常笑成和孩子似的。

祖父是个长得很高的人，身体很健康，手里喜欢拿着个手杖。嘴上则不住地抽着旱烟管，遇到了小孩子，每每喜欢开个玩笑，说：

"你看天空飞个家雀。"

师：家雀（qiǎo），这个是多音字。一起读这句。

（生齐读）

师：找一个同学，你就是一个小朋友，我就是祖父。我们一起来表演一下。

师（祖父）：你看，天空飞着家雀。（师手往上指）你会有本能的什么反应？

生（小朋友）：看。

师：你这一看就坏事了。

（又找了一个小朋友，继续合作表演）

师（祖父）：你看天空飞着家雀。

（生抬头去看）

师：也坏事了！为什么会坏事呢？

生：他们都上了祖父的当了，因为天空其实没有家雀。

师：其实这当上得还并不大。真正上当的是——帽子不见了！

（出示片段二）

趁那孩子往天空一看，就伸出手去把那孩子的帽给取下来了，有的时候放在长衫的下边，有的时候放在袖口里头。他说：

"家雀叼走了你的帽啦。"

孩子们都知道了祖父的这一手了，并不以为奇，就抱住他的大腿，向他要帽子，摸着他的袖管，撕着他的衣襟，一直到找出帽子来为止。

祖父常常这样做，也总是把帽放在同一的地方，总是放在袖口和衣襟下。那些搜索他的孩子没有一次不是在他衣襟下把帽子拿出来的，好像他和孩子们约定了似的，"我就放在这块，你来找吧！"

师：看看孩子们是怎么反应的，找一个同学读。（一生读）

师：你看，萧红的文字很有画面感，读着这段文字我们脑子里仿佛出现了一幅画：一个童心未泯的老顽童，一个懵懵懂懂的小孩子。这个画面你们脑子里有吗？（生点头）我们现场来表演一下好吗？谁愿意当那个帽子被摘的小孩子？

师：注意要把这段文字读懂。其他同学等下评价一下，看她演得到位不到位。

（师生合作表演，学生笑，气氛热烈）

生：这个同学抱着祖父，直哭，很无赖的样子，我认为没有这么夸张。

生：她表演得很好，一般的小孩子可能会哭啊，闹啊，她表现出了小孩子的天真；要是我们的话就已经很懂事了，知道祖父最后还是会把帽子还给我们。所以，我觉得好就好在这个"耍赖"！

师：好就好在我没有拿你的帽子！（笑）其实啊，孩子们没有真的流眼泪，她在假装耍赖。祖父和孩子们早就默契了，早就知道，我这一闹，祖父肯定会把帽子还给我。那些小孩子也是这么想的，所以假装无奈，不像你一样。（冲着刚才演的学生说，众生开心笑）

师：你看，萧红的文字多么有童趣啊，写出了小孩子的童心，更难得的是写出了老顽童的童心。所以，读萧红的文字我们要慢慢读。把文字变画面，（板书：把文字变画面）你就会品味到文字的魅力。同学们，从这个片段中，你认识到了一个怎样的祖父？

生：我认识到了一个和蔼的祖父。（生板书：和蔼）

生：一个富有童心的祖父。（生板书：童心）

笑之二："今年春天雨水大呀"

师：是的，这一篇文章里，那些小孩子是有童心的，更难得的是那么一个六七十岁的老人经常和孩子玩同样的游戏。那种童心未泯，让我们感动。所以，读萧红的文字，要关注文字当中流淌着的童心。下边的这篇文章就更有童趣了。(出示《祖父的笑》片段节选，指名举手的同学站起来轮流读，一个人读一段)

（出示片段三）

祖父蹲在地上拔草，我就给他戴花。祖父只知道我是在捉弄他的帽子，而不知道我到底是在干什么。我把他的草帽给他插了一圈的花，红通通的二三十朵。我一边插着一边笑，当我听到祖父说：

师：你们猜祖父会怎么说？自己的孙女在自己的帽子上插花，祖父会怎么说？

生：今年的花太香了！

生：这些花太好看了！

生：还是我的孙女对我好，给我这么老的人戴花。

生：谢谢孙女，给我插了那么多花。

师：大家猜得都很有童趣，可惜都猜错了！哈哈，祖父压根儿不知道自己的孙女给他戴花，而是说了一句很经典的话——

生：(齐读)今年春天雨水大，咱们这棵玫瑰开得这么香。二里路也怕闻得到的。(生笑)

师：谁来当祖父读读这句话。

（一生有模有样地学着祖父的语气说话，掌声、欢笑声）

师：读得真好！你看多么经典！祖父没有看见玫瑰花，却觉得花儿是那么香，就挺自豪的。好玩！请接下去读。

（出示片段四，生读）

就把我笑得哆嗦起来。我几乎没有支持的能力再插上去。等我插完了，祖父还是安然的不晓得。他还照样地拔着垄上的草。我跑得很远地站着，我不敢往祖父那边看，一看就想笑。所以我借机进屋去找一点吃的来，还没有等我回到园中，祖父也进屋来了。

师：同学们，你觉得这段话中哪些地方挺好玩，很值得回味？

生：他还照样地拔着垅上的草。

生：我觉得萧红小时候特别顽皮，把花插在祖父的帽子上。

生：关键是她做了"坏事"，搞了恶作剧之后，还在那儿偷着乐。小孩子偷偷看祖父出洋相的感觉跃然纸上。写得多好！

师：我想假如进了屋，祖母看到了，作者的爸爸妈妈看到了，他们会怎么说？

生（妈妈）：爹，你这么老了，还把红彤彤的花儿往头上插？你可真是老来俏啊！（笑）

生（老伴）：这个死老头，一把年纪了还插那么多花，乐呵什么呢？（学生表演得太逼真了，听课老师和同学都乐呵地笑了）

师：乐呵，是吧！看看，他们有没有说些什么？

（出示片段五，生读）

那满头红通通的花朵，一进来祖母就看见了。她看见什么也没说，就大笑了起来。父亲母亲也笑了起来，而以我笑得最厉害，我在炕上打着滚笑。

祖父把帽子摘下来一看，原来那玫瑰的香并不是因为今年春天雨水大的缘故，而是那花就顶在他的头上。

他把帽子放下，他笑了十多分钟还停不住，过一会一想起来，又笑了。

师：他们什么都没说，只是一个劲儿地傻笑。（师生齐读笑的句子）你看，文中有几个"笑"，一起读。

生：（齐读）就大笑了起来，父亲母亲也笑了起来，而以我笑得最厉害，打着滚笑。

师：祖父终于知道自己为什么成了笑料了。接下去，往下读。

生：祖父把帽子摘下来，一看，原来那……

师：想想笑笑，笑笑想想。多有意思啊！你看，一个"笑"字，就那么好玩，萧红的文字是需要停下来想一想，细细地品味的。（板书：停下来想一想）

师：这样读着读着，文章就被我们读活了。请大家再数数，全文出现了几个"笑"？

生：七个。

师：这么多的笑，有没有给你重复的感觉。如果我这样写：一进来，祖母看见他什么也没说，就大笑起来，父亲母亲也笑起来，我也笑起来，爷爷也笑起来。一提起祖父就笑起来，于是我也笑起来。（生大笑）这样写行不行？

生：不行。

师：重复了，没味道了。

师：你们认为她一次又一次写笑，是为了什么？

生：体现萧红的爷爷很和蔼。

生：这样看出爷爷不仅不生气，而且也笑成了这样。可以看出爷爷对萧红的一些恶作剧不以为意。

生：体现了祖父的宽容，也表现了一家人的和谐。

笑之三："把房顶喊塌了"

师：同学们，这就是童心！文字里的童心，都在这声声笑声当中。现在啊，张老师要送给你们一份特别的礼物，这本书是张老师自己编的——《小学生萧红读本》，请同学翻到《跟祖父学诗》这部分内容。想一想怎样尽快找到内容。谁有窍门？

生：看目录，《跟祖父学诗》在92页。

师：好！请快速默读，边读边想"跟祖父学诗"这件事，哪些画面给你留下了深刻的印象？（师指板书）注意：边读边把文字变成画面，在值得回味的地方停下来想了一下，做一做记号。

（生开始看书）

师：可以交流了吗？先把书反扣过来，凭记忆回答。检验我们速读的能力。

师：哪些画面给你留下的印象特别深，哪些句子让你停下来想了想？

生：早上念书，晚上念书，半夜也念书。

师：这句话让你想了一会儿，为什么？

生：因为觉得萧红念书的时间很长，小时候的萧红很好学，爷爷很重视家教。

生：黄鹂也很好吃。

师：这句话让你印象深刻，是吧！那是什么样的场景？你展开说说。

生：当时萧红的爷爷教她"两只黄鹂鸣翠柳"那一句，她就笑着对爷爷说：黄鹂也很好吃！她把"黄鹂"误以为"黄梨"。当她得知是鸟时，她再也不学了。

生：还有萧红每天晚上念的时候都很大声，爷爷就警告她说：房盖都让你抬走了。我仿佛一闭上眼就看到了，祖父虽然面容很严肃，但说出的话还是那么幽默。

师：真好，她的脑中有画面了。我们来表演一下吧！

师（祖父）：孙女，我们来学古诗了。你跟着我念——少小离家老大回。

生（萧红）：少小离家老大回。

师：够响了吗？

生：不够，房顶没被喊走。

生（萧红）：少小离家老大回。

师：这回够响了！（生齐喊）

师：祖父还有可能教什么诗？

生（祖父）：春眠不觉晓。（生齐喊）

生（祖父）：飞流直下三千尺，疑是银河落九天。（生齐喊）

师：就这样。早上喊，中午喊，晚上睡醒了还要喊几句。渐渐地，萧红的脑子里就装下了很多的诗句，她不是学诗而是在——喊诗，那多带劲啊！

师：我们继续往下看，大家有没有注意到这个场景很有意思？

（出示）

重重叠叠上楼台，几度呼童扫不开。

（师读一句生跟读一句，学生喊得很带劲）

师："几度呼童扫不开"，读对了吗？

生：读错了。

师：应该怎么念？

生：西沥忽通扫不开。

师（祖父）：（读得字正腔圆）几度呼童扫不开。

生（萧红）：（也读得字正腔圆）西沥忽通扫不开。

师（祖父）：（读得刚劲有力）几度呼童扫不开。

生（萧红）：（也读得刚劲有力）西沥忽通扫不开。

师（祖父）：（读得摇头拉腔）几度呼童扫不开。

生（萧红）：（也读得摇头拉腔）西沥忽通扫不开。

师：（创设表演情景）客人来啦！大伯，咱家孙女诗念得可好了，让她把"重重叠叠上楼台"背给你听好吗？

（一生背,故意将"几度呼童扫不开"念成"西沥忽通扫不开"。生笑）

师（扮演客人大伯）:背得可好啦！特别是"西沥忽通扫不开",让我"稀里糊涂听不懂"。（生大笑）好玩吗？这就是文字中藏着的童趣。

师：还有一个场景也很好玩。

（出示）两个黄鹂鸣翠柳，一行白鹭上青天。

师：这个场景张老师要挑战你们了，你们自己设计台词，把过程表演出来。可以自由组合，可以同桌交流，也可以离开座位，找你的好朋友。我们用两分钟时间排练。

（两个学生上台表演）

生（萧红）：爷爷你再教我一首诗吧！好不好？

生（爷爷）：好啊，这回你可得好好学啦。"两个黄鹂鸣翠柳，一行白鹭上青天。"

生（萧红）：黄梨！黄梨我可是太喜欢了，有的酸酸的，有的甜甜的，真好吃！什么时候你带我去买几个吧？爷爷！

生（爷爷）：你这个丫头，（边说边推了一下她的脑袋）每天只想着吃，这个黄鹂是一种鸟，并不是水果。你再跟我读一遍："两个黄鹂鸣翠柳，一行白鹭上青天。"

生（萧红）：不，不，不……不是黄梨我就不要念了，你再教我一首吧！

生（爷爷）："去年今日此门中，人面桃花相映红。人面不知何处去，桃花依旧笑春风。"

生（萧红）：这首诗可真美啊！你看这首诗里有两个桃花，桃花开了后就可以结桃子了，而且桃子比黄梨还要好吃呢！

生（爷爷）：你又错了，傻丫头！只知道吃！

生（萧红）：爷爷，今年咱们的樱桃树开不开花？

生（爷爷）：哎……当然啦！

师：非常棒的即兴表演。（掌声）同学们，遇到好玩的文字，读一读，演一演，就理解了。而且这两位同学还有即兴发挥的东西，特别是那位女孩子说的"桃子比黄梨还要好吃多了呢"。绕来绕去又绕到吃上去了，把童心演出来了。

师：同学们，就在这样的园子里，孙女开着爷爷的玩笑，爷爷教着孙女学诗,他们两个非常快乐地生活着。这样的生活,给萧红留下了太深的印象,于是萧红在文章里这样写道——

生:(齐读)"就这样一天一天的,祖父,后园,我,这三样是一样也不可缺少了的。"

师:同学们,你怎么理解这句话?如果园子当中缺少了一样,会怎样?

生:如果没有了祖父,我就不可能在后园里玩得这么开心了。如果没有后园,我和祖父就没地方玩了。如果没有了我,祖父和园子跟发生的事情就没有了。

生:如果缺少了祖父的话,即使有后园,我也不会那么快乐,因为我发现文章中有许多的快乐都是祖父带给我的,祖父就是我生活当中不可缺少的一个重要的人。

师:祖父就像我生命当中的一棵大树,一轮太阳。

生:如果缺少了后园的话,也不会有那么多有趣的事了。如果缺少了我的话,就像音乐课上没有了音符。(掌声)

师:祖父的生活当中如果没有了那个活泼顽皮的丫头,他晚年的生活是多么的寂寞,就像"音乐课上没有了音符"一样,失去了生命的活力,所以说——

生:(齐读)"就这样一天一天的,祖父,后园,我,这三样是一样都不可缺少了的。"

板块三:"哭"失祖父,字字含泪

师:祖父的童心带给我快乐,我的童心带给祖父快乐;于是,这园子充满快乐,充满自由,充满生命的活力与气息。也因此,这个园子成了萧红一直魂牵梦绕的地方。萧红在《呼兰河传》中,一次又一次地提到祖父,提到园子。《呼兰河传》的第三章文字里有这样的句子——"呼兰河这小城里面住着我的祖父，我生的时候祖父已经六十多岁了，我长到四五岁祖父就快七十了，等到我长到十六七岁的时候，祖父八十一岁了，他终于离开了人世。"祖父离开了萧红，离开了美丽的园子。（淡淡哀伤的音乐渐起）

（课件出示。教师读黑色的文字，学生读蓝色的文字）

从这一次祖父就与我永远隔绝了，虽然那次和祖父告别，并没说出一个永别的字。我回来看祖父，这回门前吹着喇叭，幡杆挑得比房头更高，马车离家很远的时候，我已看到高高的白色幡杆了，吹鼓手们的喇叭怆凉的在悲号。马车停在喇叭声中，大门前的白幡、白对联、院心的灵棚、闹嚷嚷许多人，吹鼓手们响起呜呜的哀号。

这回祖父不坐在玻璃窗里，是睡在堂屋的板床上，没有灵魂地躺在那里。我要看一看他白色的胡子，可是怎样看呢！拿开他脸上蒙着的纸吧，胡子、眼睛和嘴都不会动了，他真的一点感觉也没有了？我从祖父的袖管里去摸他的手，手也没有感觉了，祖父这回真死去了。

祖父装进棺材去的那天早晨，正是后园里玫瑰花开放满树的时候。我扯着祖父的一张被角，抬向灵台去。吹鼓手在灵前吹着大喇叭。

我怕起来，我号叫起来。

"咣咣！"黑色的，半尺厚的灵柩盖子压上去。

吃饭的时候我饮了酒，用祖父的酒杯饮的。饭后我跑到后园玫瑰树下去卧倒，园中飞着蜂子和蝴蝶，绿草的清凉的气味，这都和十年前一样。可是十年前妈妈死去的时候，我在园中扑蝴蝶，这回祖父死去我却饮了酒。

我饮了酒，回想、幻想……

师：同学们，祖父死了，我一次又一次地哭着。（板书：哭）这段文字中有哪些地方值得你停下来好好地想一想？

生：我从"十年前妈妈死去的时候，我在园中扑蝴蝶，这回祖父死去我却饮了酒"读出了萧红小时候跟现在是不一样的。祖父死的时候，萧红饮了酒,可以看出萧红很伤心。而妈妈死时,她还在园子里扑蝴蝶,很快乐。

生:"我饮了酒,回想、幻想",回想跟祖父以前的大好时光,很快乐的事。

师:回想起哪一些细节,哪些画面呢?

生:她会回想起在祖父的园子里玩耍,跟祖父打闹嬉戏的场面。

生:她在祖父的帽子上插满花朵的情景。

师:玫瑰花盛开依旧,但祖父却不在了。

生:她会回想祖父教诗的时候,自己把黄鹂鸟当作黄梨的时候。

生:她还会回想起在后园的时候祖父在种菜,她想帮那些菜浇水,然后把水往天上一撒,就好像下雨了一样。

师:是啊!这些画面历历在目,但是再也没有人教她浇水了,所以她回想,一遍遍地回想,一遍遍地幻想。(板书:回想、幻想)

师:文中三次出现"玫瑰花",你觉得是偶然的,还是精心安排的?

生:我觉得是精心安排的。玫瑰依然满树绽放,但树下那个身影却永远不见了。

生:祖父没了,家也没了。

师:人群中没有我那慈祥的祖父,和蔼的祖父,园子里不再有快乐,不再自由,不再无忧无虑了。(出示文字,生齐读)

以后我必须不要家,到广大的人群中去,但我在玫瑰树下颤怵了,人群中没有我的祖父。所以我哭着,整个祖父死的时候我哭着。

板块四:品味阳光　亲近读本

师:学到这里,再回忆一下上节课留下的问题,为什么在萧红的记忆中,园子里没有阴天,没有雨天,没有刮风,没有下雪,而是"光芒四射""明晃晃的""太阳是特别大的"?

生:在作者的记忆中,园子里带给她的都是快乐的。快乐的日子里,想起来的，就都是明亮的、灿烂的。

生：阳光带给人的，是温暖、是快乐，而祖父在萧红的记忆中，就像一轮太阳。有了太阳，她的生命就有了光亮。

生：上一节课您提到，萧红的人生是很黯淡的，因此，她就在回忆中寻找幸福，寻找光明，因此，萧红回忆中的园子，是那么的明亮、温暖。

师：说得真好！太阳带给人光亮、温暖，萧红的很多文字，也因为太阳而明亮。萧红的人生是不幸的，但有了祖父这一轮明亮的太阳，她的文字和人生就有了光亮。拥有太阳，生命就有了光亮！让我们一起来诵读更多带有阳光味道的句子吧——

（师生齐读萧红读本中关于阳光的描写，以诗行的方式排列，配上欢快的音乐）

房后的草堆上，
温暖在那里蒸腾起了。
整个农村跳跃着泛滥的阳光。

小风开始荡漾田禾，
夏天又来到人间，
叶子上树了！
假使树会开花，
那么花也上树了！

太阳把雪照成水了，
从房檐滴到了满阶。
后来树枝发芽，
树叶成荫了。

后园里又飞着去年的蝴蝶。

——选自《小学生萧红读本》

师：《小学生萧红读本》中有更多关于阳光的描写，去读读吧。因为——

（屏幕出示）

萧红作品提供了真正美学意义上的"童心世界"，与大量平庸的"儿童文学作品"不同层次的"童心世界"。

——赵园（学者）

（板书）

把文字变画面
停下来想一想

园子里的祖父

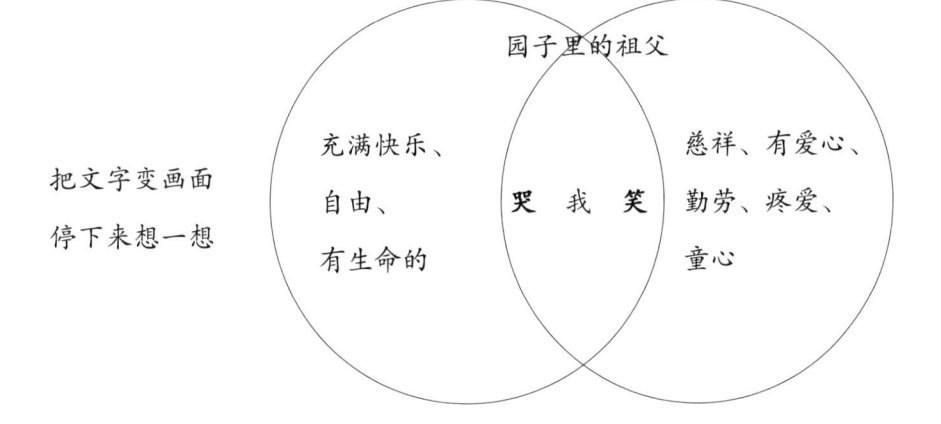

充满快乐、自由、有生命的　　哭　我　笑　　慈祥、有爱心、勤劳、疼爱、童心

（说明：此课执教于2012年）

教学品鉴

深入浅出，教出"经典"的味道来

——张祖庆老师《祖父的园子》《园子里的祖父》教学欣赏

谈永康

一

课文《火烧云》《祖父的园子》，几乎人尽皆知，读者甚多；而小说《呼兰河传》，知道的人不多，读过的恐怕更少。

就像这些文字的作者萧红，知道的人不少，但认真阅读的不多；知道萧红人生不幸的多，而去细读萧红的却甚少。

萧红的文字，于语文学习，于小学生，到底有着怎样的价值呢？

祖庆读得认真，读得深刻，读得"死去活来"，请看他的文字——

"在我看来，这么多名家文章中，萧红的文字，最贴近小学生。"

"毫不夸张地说，和张爱玲、冰心等大家放在一起比较，萧红是绝不逊色的。"

"有祖父的后花园，是萧红童年唯一温暖的部分，也是她人生底色最亮灿的部分。……她始终是追求的，不放弃的，因此在她的文字中常有这样令人欣喜的亮色，这些亮色跳动在那些对阴郁沉暗的社会底层描述中，让人的内心能够充盈希望。"

——选自张祖庆编著的《小学生萧红读本》后记部分

如果我们喜欢萧红，或者，能够像祖庆那样，在并不很熟识萧红、但怀有无限信任的情况下"开始一遍遍地读"萧红，而且"读大半年"，那么，我们或许能够理解祖庆为何如此喜爱《祖父的园子》，为何这样深情地把萧红当作一个"传奇"。于是，我们就能渐渐清晰并理解：作为语文名师的祖庆，为什么要这样自觉地把《祖父的园子》作为"经典"来教。

诸位一定知道，近年来小语教材被热议，不少声音是质疑与批判的："我们的孩子还在吃毒药！"浙江的几位语文教师在研读现行三套小学语文教材后得出如是"惊人结论"；作家叶开在自己的博客上向教材开炮……

的确，与多数课文相比，《祖父的园子》够得上名篇佳构，值得施以浓墨重彩的教学，值得由此超越课堂、超越课文，再去读一点萧红的文字，即如祖庆说的那样，提供一个由"课内——课外"的思路——亦即，由某一篇课文，带出一位作家，阅读一群文章——这，也可以称为群文阅读了。

因此，祖庆的这两堂课至少在如下两点可给予我们启迪：

一是如何"戴着镣铐跳舞"，把已经定位为"略读"的课文《祖父的园子》教出"经典"的味道来，让所有的孩子有所品味，有所积淀。

二是怎样由"一篇"经典带出"一串"美文乃至一位作家的名作，让学生打开视野，有所拓展，有所沉浸。

二

"经典"系朱自清先生所说，他认为"经典训练应该是一个必要的项目。经典训练的价值不在实用，而在文化"。

上海师大王荣生教授提出"定篇"的概念，认为这是"语文课程规定的内容要素之一"。这样的课文，课程内容、教学内容是与文本内容高度一致的；也就是说，"经典"也罢，"定篇"也好，"教课文"即"教语文"，"教语文"就是"教课文"。

我们来看看祖庆为《祖父的园子》一课设置的目标：

1. 速读课文，整体把握文章内容，理清文章围绕"花园——田园——乐园"来写祖父的园子。

2. 品读重点句段，感受萧红文字独特的表达方式（侧面描写、借景抒情）

对表情达意的作用。

3.借助体验式朗读,发现萧红文字中藏着的童真、童趣以及无限的自由。

显然,感受"园子"的"童趣以及无限的自由"是"意",而领略萧红独特的表达方式,品味字里行间的"阳光味道"是"言"——言意兼得,打下语文的底子,又打下精神的底子,两手都抓,两手都硬,则是祖庆这一课的价值追求。他其实是用教材教语文、教做人,语言的理解和运用是跟文学(文化)、审美、人格的教育水乳交融、相辅相成的。

祖庆用他的课告诉我们:"经典"的课文,要依据学生实际,带着他们沉进文本内容。

《祖父的园子》文质兼美,从眼中园到心中园,再到梦中园,祖庆用的力气、方式都是有别的。

"眼中园"样样都有。学生亲切而熟悉。祖庆并不多花时间,请学生浏览,请学生"找重点段,划关键词",找到、说到即可。只要学生美美地读,读得不够,则借助段中表示色彩、形态的"大红""金粉""胖乎乎"等再读。

"心中园"一切自由。作者施以浓墨重彩,祖庆教学时亦"不惜笔墨":圈画自由之物,交流自由之事,想象自由之行(祖父怎样,我就怎样)。无论圈画、交流,还是朗读、想象,目的都在帮助孩子"如临其境""如见其物",一切宛如"耳闻目睹",于是"心有戚戚焉"。

"梦中园"光芒四射,最难"进入"。祖庆想到了音乐,用到了范读,学生便真的"梦到了那个园子","梦见白云从头上飞过"……祖庆又补充以萧红不幸的后半生,然而,这位坚强的女作家并不愿"舔吮自己的伤口来感动他人",她不止一次地写到太阳,写到祖父这一轮明亮的"太阳"。拥有太阳,生命就有了自由和光亮!

走进"祖父的园子",无疑是一次神奇的文字的旅行,也是一次不凡的精神的历险。学生的步子起先轻快、自由,渐而有些沉重,身体的拔节往往容易，精神的成长却实在艰辛。一节课，能够做到多少呢？况乎，祖庆已经做到了。学生走近了萧红，慢慢懂得她心中的那个园子，领悟着：有自由，生命就有光亮。

单有太阳的光是不够的，必须有心的光明。这种光明，首先在师者自己的心里。祖庆有。

祖庆还用他的课告诉我们："经典"的教学，要用"经典"的方式"沉浸"语言。

祖庆是引导儿童学语言的高手。我们听到了学生的朗读，要体会园子事物的自由，祖庆采用视像化朗读，示范点拨（如：鸟飞——了，就像鸟在天上——逛——似的），学生通过声音的拖长、速度的快慢，再现事物的自由。

我们看到了学生的体验与想象。祖庆以"（　）了就像（　）似的""（　）愿意（　）就（　）"帮助学生如临其境。"稻穗一齐舞动着，就像约好了似的""甘蔗愿意长多高就长多高""蚂蚱愿意跳多高就跳多高"——学生"进去"了，语言的学习、运用也尽在其中。

还有比朗读，比体验更"直接"更"得体"的"沉浸"的方式吗？

每一篇经典都有自己的语言特色，萧红要表达的所有，都在其自由、轻快、灵动的语言里，在其特有的表达方式和巧妙的修辞里。因此，祖庆又引导学生对第一节质疑，引出对侧面描写的感受；再比如对第17节"借景抒情"的学习：这园子里的花、鸟、倭瓜、黄瓜、玉米、蝴蝶，它们觉得自己很自由吗？那为什么作者要这么写？

而所有的这些，都指向萧红语言所独具的经典的"阳光味道"。

三

《园子里的祖父》则是《祖父的园子》一课的"续集"，是引导学生由课内精读转向课外略读、泛读的尝试。这一条路，于当前语文课程建设与教学改革有着极大的"先行者"的价值。

《园子里的祖父》是通过阅读一组关于"祖父与园子"的文字,让学生比较充分地感知和理解祖父的宽容、慈爱与富于童心,而采用的方式依然是"语文"的,即通过视像化朗读、表演等手段,进一步感受萧红文字的特点,从而激发孩子进一步阅读萧红文章的热情。

这是一堂导读课,这里仅就张老师的"导读"艺术作一简单的学习、阐述:

(一)导以兴趣

兴趣是对事物的喜好或关切的情绪,是力求认识某种事物和从事某项活动的意识倾向。显然,兴趣也是语文学习的第一能力,是推动自主阅读的关键。祖庆以"笑""哭"为内容线组织,其新颖度足以吸引学生。

方法一,利用权威暗示。用学者赵园的话"萧红作品提供了真正美学意义上的'童心世界',与大量平庸的'儿童文学作品'不同层次的'童心世界'"赞美萧红文字的魅力,使学生感到重要,由是被吸引,产生有意注意,从而激发阅读行为。

方法二,巧用阅读期待。导读中所用文字均来自《小学生萧红读本》,学生课外并未接触,因此祖庆在教学中多次让学生猜想,比如"为什么抬头看家雀就坏事""祖父的帽子上给插了那么多花,回来后老伴等家人会有什么反应"等,利用学生阅读心理,提升阅读兴趣。

方法三,变换教学方式。整堂课,学生朗读甚多,除学生自己练读之外,还配以师生读、表演读等形式,甚至"离开座位,找自己的好朋友",以活跃学生的身体与心灵。学生上台背诵"人面桃花相映红"这一段的实录足以见之。

(二)导以路径

教阅读的目的是为了不用教,而是自能阅读。学生自主阅读的关键是要学生爱读,能读,因此祖庆在教学中给予了适当的有益的提醒,即在阅读的路径、方法上有所"教"。

祖庆的这堂导读课抓住三"笑"来领悟祖父的宽容、慈爱与富有童心。如何抓住"笑",帮助学生在读中有所体悟,我们看到,祖庆指点了两条路径,即:把文字变画面、停下来想一想。在前两个"笑"的教学中,分别渗透这些要求;接着讲授《跟祖父学诗》时,则要学生综合使用:"哪些画面给你留下了深刻的印象?注意:边读边把文字变成画面,在值得回味的地方停下来想一下,做一做记号。"显然,这是学生课外深入阅读萧红文字、打开其文字奥秘的路径和钥匙。

四

为什么在萧红的记忆中,"祖父的园子"没有阴天,没有雨天,没有刮风,没有下雪,而总是"光芒四射""明晃晃的""太阳是特别大的"?为什么多数人看到了园子的"阳光",却读不到萧红文字的"太阳味"?为什么我们教学生"略读"《祖父的园子》后不大会再来《园子里的祖父》,更不会点拨学生去读《呼兰河传》……

太多的"为什么",不急回答,先读读祖庆的几段文字——

一年来,你的名字,你的文字,每天在我脑海中萦绕。我一直在你的文字中,和你默默对语。一遍遍地读着你的作品,我慢慢地走近你,理解你,乃至深深地迷恋你。

我为你的身世深深感叹。你像一颗流星,只在人间停留了31个春秋。这短暂而苦难的一生,你却创作了那么多令人惊异的文学作品。我还注意到,你在《呼兰河传》这部小说里,几乎不提自己的不幸。你"绝不通过舔吮自己的伤口来感动他人"。你最喜欢用声音、色彩、线条、画面、形象,来写你的家乡和你的感情。你常常用最简洁的语言,写出家乡的神韵。对黑土地深沉的怀想和深沉的热爱,才让你的文字,像一幅幅画,一首首诗,文字的背后，是你那颗滚烫的心啊！……

敬爱的萧红，我似乎还有很多话要和你说。但，很多话，似乎一时难以说完，那么，就让一首歌，作为这封信的结束吧！以后，我，还有和我一样热爱你的人，还会在文字里，和你默默地持续地对话。

想你时你在天边＼想你时你在眼前＼想你时你在脑海＼想你时你在心田＼宁愿相信我们前世有约＼今生的爱情故事不会再改变＼宁愿用这一生等你发现＼我一直在你身边＼从未走远……

对了，敬爱的萧红，这首歌的名字叫《传奇》。其实，你就是所有热爱你的读者的传奇。

署名是"永远热爱你的读者张祖庆"。

读萧红大半年，"你的文字每天在我脑海里萦绕"，是为时间上的"深入"；只用两课时带孩子走近"祖父的园子"和"园子里的祖父"，是为时间上的"浅出"。

"你最喜欢用声音、色彩、线条、画面、形象，来写你的家乡和你的感情"，是为对萧红为人为文的"深入"。不用烦琐分析，不大谈特谈自己的见解，只带着学生经常"停下来想想"，是为教学内容上的"浅出"。

深入，是因为懂萧红，先做萧红的文字知音，才能带孩子走进园子，使之有所感受，并有所积淀……

浅出，是因为懂学生，要做孩子的人生导师，才能带孩子走近萧红，使之有所领悟，并有所拓展……

因了祖庆，经典如《祖父的园子》由此在今日"应试"的背景下，显得更加"天空蓝悠悠的，又高又远"，于是留给学生"自由"的感觉，日后可不断回味"太阳光芒四射"的感觉。

（作者单位：上海市松江区教师进修学院）

第13课　小小说群文一组

文本再现

1. 一件运动衫

康威老先生叫我去他那儿一趟。

我到他家，老先生叫我把他的一双旧鞋送到城里吉特勒先生的鞋店修一下。我们两家是邻居。康威老先生年事已高，帮他做点儿事是应该的。

就在我等着他把鞋脱下来的时候，一辆小轿车开过来，一位先生带着个小男孩走下车，想要点儿水喝。这时，小男孩身上的红色运动衫引起了我的注意。这是我见到的最漂亮的一件运动衫，前面印着一只蓝色的仰着头的大角麋鹿。

小男孩看上去跟我差不多大，14岁左右。他喝着水，康威老先生养的两只小狗咬起他的鞋带。小男孩转过身来和小狗一块儿玩起来。我大着胆子上前，问小男孩运动衫是在哪儿买的，多少钱一件。他告诉我在城里的商店，货架上全是这种运动衫。

他们走了以后，康威老先生用报纸将旧鞋包好，从衣兜里掏出1美元45美分，对我说："对不起，孩子，我只有这一点儿钱了。"

我夹着老先生的鞋要走时，他叫住我："快点儿把鞋修好。告诉吉特勒先生，我就坐在这里等你回来。"

我一边走，一边想着那件红色运动衫。回到家，我对妈妈讲了那个小男孩穿的红色运动衫以及上面印的蓝色大角麋鹿有多棒。没一会儿，妈妈给了我3美元。

到了城里，我先到小男孩告诉我的那家大商店，找到挂着那种运动衫的柜台，毫不犹豫地用3美元买了一件，一出商店我就穿上了，心里充满了自豪。

第六章　群文阅读 / 323

在吉特勒先生的鞋店里，我将鞋子放在柜台上。他检查了一下鞋子，然后转过身瞧着我，摇了摇头，说："没法再修了，鞋底全坏了。"

我夹着那双旧鞋走出了鞋店。

我在街角抱着鞋站了一会儿，好像看到老人在小屋里赤脚等着我。我瞥了一眼这双老人穿得不能再穿的破鞋子，心想这双鞋子可能是他最亲近的东西了。

我又一次站在商店的门口，把运动衫脱下来走进了商店。

我向售货员说明为什么要买一双鞋。

"噢，我认识那位老先生，他来过几次。"售货员和颜悦色地说，"他常想要双软点儿的鞋子。我这儿还有几双。"

她转身拿出一个鞋盒，盒子上的标价：4 美元 50 美分。

"我用这件运动衫再加上 1 美元 45 美分买下这双鞋，可以吗？"

售货员没说什么，她拿起一双长腰袜子，放进鞋盒里。

我把那件印着骄傲的仰着头的大角麋鹿的运动衫放在柜台上，抱着鞋盒走出商店。

我走回那间熟悉的小屋，一本正经地对康威老先生说："吉特勒先生说你的鞋不能再修了，鞋底全坏了。"

老先生的眼睛里没有流露出失望。"噢，那就算了，把鞋放在这儿，我自己还能修一修，再穿一段时间。"

我打开鞋盒，那双崭新的软皮鞋呈现在他面前，他那双大手拿着鞋，不停地抚摸着，泪水从面颊流了下来。他站起身，从枕头下面拿出一件印着仰着头的大角麋鹿的红色运动衫。

"我早上看到你眼睛一直盯着这件红色运动衫。当那父子俩人打猎回来时，我用一只小狗跟那个小男孩换了他的运动衫……"

（人教版《语文》，五年级下册）

2.爱之链

在一条乡间公路上,乔依开着那辆破汽车慢慢地颠簸着往前走。已是黄昏了,伴随着寒风,雪花纷纷扬扬地飘落下来。飞舞的雪花钻进破旧的汽车,他不禁打了几个寒战。这条路上几乎看不见汽车,更没有人影。乔依工作的工厂在前不久倒闭了,他的心里很是凄凉。

前面的路边上好像有什么,乔依定睛一看,是一辆车。走近时,乔依才发现车旁还有位身材矮小的老妇人,她满脸皱纹,在冷风中微微发抖。看见脸上带着微笑的乔依,她反倒紧张地闭上了眼睛。

乔依很理解她的感受,赶紧安慰她说:"请别害怕,夫人,您怎么不呆在车里?里面暖和些。对了,我叫乔依。"

原来她的车胎瘪了,乔依让她坐进车里,自己爬进她的车底下找了一块地方放置千斤顶。他的脚腕被蹭破了,因为他没穿袜子。为了干活方便,他摘下了破手套,两只手冻得几乎没有知觉。他喘着粗气,清水鼻涕也流下来了,呼出的一点点热气才使脸没被冻僵。他的手蹭破了,也顾不上擦流出的血。当他干完活时,两只手上沾满了油污,衣服也更脏了。

乔依扣上那车的后备箱时,老妇女摇下车窗,满脸感激地告诉他说,她在这个荒无人烟的地方已经等了一个多小时了,她又冷又怕,几乎完全绝望了。老妇人一边打开钱包一边问:"我该给你多少钱?"

乔依愣住了,他从没想到他应该得到钱的回报。他以前在困难的时候也常常得到别人的帮助,所以他从来就认为帮助有困难的人是一件天经地义的事,他一直就是这么做的。

乔依笑着对老妇人说:"如果您遇上一个需要帮助的人,就请您给他一点帮助吧。"

乔依看着老妇人的车开走以后,才启动了自己的破汽车。

老妇人沿着山路开了几公里，来到了一个小餐馆，她打算先吃点东西，然后回家。

餐馆里面十分破旧，光线昏暗。店主是一位年轻的女人，她热情地送上一条雪白的毛巾，让老妇人擦干头发上的雪水。老妇人感到心里很舒服。她发现这位女店主的脸上虽然带着甜甜的微笑，可掩盖不住她极度的疲劳。更重要的是，她怀孕至少有8个月了。尽管如此，她还是忙来忙去地为老妇人端茶送饭。老妇人突然想起了乔依。

老妇人用完餐，付了钱。当女店主把找回的钱交给她时，发现她已经不在了。只见餐桌上有一个小纸包，打开纸包，里面装着一些钱。餐桌上还留有一张纸条，上面写着："在我困难的时候，有人帮助了我。现在我也想帮帮你。"女店主不禁潸然泪下。

她关上店门，走进里屋，发现丈夫不知什么时候已经倒在床上睡着了。她不忍心叫醒他。他为了找工作，已经快急疯了。她轻轻地亲吻着丈夫那粗糙的脸颊，喃喃地说："一切都会好起来的，亲爱的，乔依……"

（苏教版《语文》，六年级上册）

3.麦琪的礼物（略）

课堂实录

爱是不断的链条

——《一件运动衫》小小说群文阅读教学实录

课前谈话：直击热点　唤醒阅读记忆

师：最近中国有一件大喜事，有一个人，获得了一个很重要的奖。你知道是哪件事吗？

生：莫言获得了诺贝尔文学奖。

师：好！你们平时喜欢读小说吗？（看学生没有反应）不一定是小说，看过的书也可以说。

（生交流《爱的教育》《时代广场的蟋蟀》《了不起的狐狸爸爸》《鲁滨孙漂流记》《西游记》……）

师：你们读小说的时候，最先关注什么？

（学生先后回答：内容、人物、小说带给自己的思考等）

师：今天这节课我们就来讨论小说怎么阅读。

（师宣布上课）

板块一：趣读小小说　初识特点

师：（屏幕出示一篇只有一句话的小小说）有人说这是世界上最短的小说，你信吗？

生：（齐读）地球上最后一个人独自坐在房间里，这时突然响起了敲门声……

师：一句话，时间、地点、人物、情节都有了，而且带给我们无限的遐想。

读了这句话，你脑子里会冒出哪些问题？

生：后来会发生什么样的事情呢？

师：你有很好的阅读习惯——推想阅读，看到前面，推想后面会发生什么事情。

生：是谁在敲门？

师：对呀，既然是最后一个人，那那个敲门的人是谁，是外星人吗？很多很多问题由此产生了。据说，这是史上最短的科幻小说。接下来，我们要分享一篇据说是史上最一波三折的小小说。（分片段出示小说《三封电报》）

（出示）

伊莉薇娜的弟弟佛莱特伴着她的丈夫巴布去非洲打猎。不久，她在家里接到弟弟的电报："巴布猎狮身死。——佛莱特"

师：获得了什么信息？

生：巴布被狮子咬死，弟弟告诉姐姐。

（出示）

伊莉薇娜悲不自胜，回电给弟弟："运其尸回家。"三星期后，从非洲运来了一个大包裹，里面是一只狮尸。她又赶发了一个电报："狮收到。弟误。"

师：伊莉薇娜有没有收到丈夫的尸体？她此时心情会怎样？

生：没有收到。伊莉薇娜此时肯定非常高兴，原来我的丈夫没有死！

（出示）

很快得到了非洲的回电："无误，巴布在狮腹内。——佛莱特"

师：这个故事巧妙在哪里？

生：巧在运回来的包裹里，尸体是在狮子的腹内。我们读到最后一段才明白故事的结局。

师：是啊，小小说往往有一个特点，读到故事结尾，才让人突然明白，哦，原来是这样！你看伊莉薇娜从开始的悲痛到后来的喜悦再到最后的悲痛，经历了一波三折。

板块二：概读小小说　把握整体

师：这节课，我们来讨论两篇小小说《一件运动衫》和《爱之链》。大家有没有预习过？（生：有）第一遍读小说，我们一般要关注故事情节和人物。回忆一下，《一件运动衫》主要写了哪两个人？

生：康威先生和"我"。

师："我"为康威先生做了什么事情？

生："我"用康威先生给我修鞋的钱和运动衫换来的钱，买了一双鞋给康威先生。

师：康威先生又为我做了什么事？

生：康威先生用小狗给我换了一件运动衫。

（出示人物情节关系图）

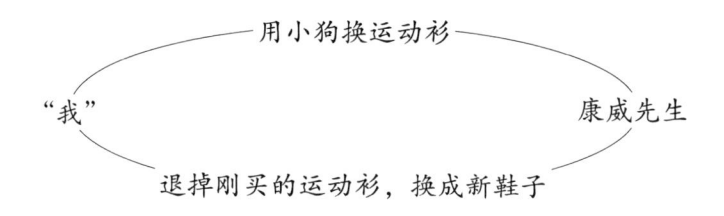

```
         ——— 用小狗换运动衫 ———
       ╱                          ╲
    "我"                         康威先生
       ╲                          ╱
         —— 退掉刚买的运动衫，换成新鞋子 ——
```

师：哪位同学看着人物、故事情节图，用自己的话大致说一说这篇小说的主要内容。

（生说，略）

师：大致说清楚了。这篇文章中涉及的人物还有很多，有售货员、小男孩、小男孩的爸爸，还有修鞋的吉特勒先生等。读小说的时候，我们抓主要人物和主要情节，就能一下子把故事拎出来。自己平时读小说的时候，也要记得抓主要人物和主要情节。

师：好，请同学们用同样的方法快速阅读《爱之链》，用最简洁的线条和文字，形象地画出人物关系和情节图。自己先读，然后五人小组讨论，最后由一个同学执笔画在海报纸上。

（五分钟后，教师利用黑板，贴出第一组学生画的人物情节关系图）

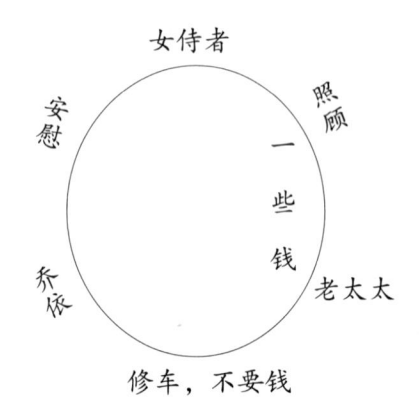

```
              女侍者
       安                照
       慰                顾
           ╭─────────╮
           │   一    │
           │   些    │
           │   钱    │
           ╰─────────╯
       乔                老
       依                太
                        太
            修车，不要钱
```

生：（讲述）主要人物是乔依、老太太和女侍者，乔依帮老太太修车，女侍者照顾老太太，老太太给了女侍者一些钱，女侍者安慰乔依。

师：我有一个问题不懂，女侍者为什么要安慰乔依？

生：女侍者是乔依的妻子。

师：哦，夫妻之间相互安慰，这是很正常的。否则，人家就要纳闷，一个女人忽然跑过去安慰一个男人，不明不白的，对吧？所以女侍者后面可以加个括号，写上"乔依的妻子"。

师：乔依帮助老太太修车这儿，你们认为讲明白了吗？

生：是老太太的车轮胎瘪了，乔依帮她换车胎，不要钱。

师：对，所以修车要改成"换车胎"。请你回去后把这两个地方改一改。请下一组。

（出示第二组学生画的人物情节关系图）

生：（上台讲述）乔依为老太太换轮胎，老太太给了女侍者一些钱，女

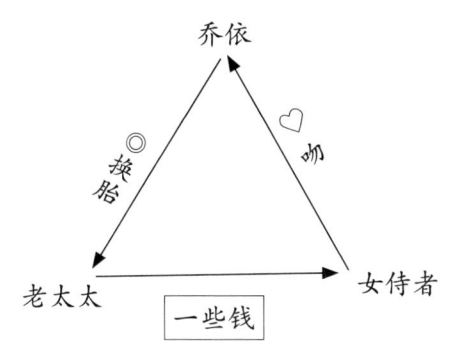

[图：三角形人物关系图，顶点为"乔依"、"老太太"、"女侍者"；"老太太→乔依"标注"换胎"，"乔依→女侍者"标注"吻"，"女侍者→老太太"标注"一些钱"]

侍者给乔依一个吻。

师：他们组非常有创意！用图形来代替情节中的关键元素，用三角形来表示人物关系，语言非常简洁。一个小建议：女侍者的身份也要交代一下。有请第三组。

（出示第三组学生画的人物情节关系图）

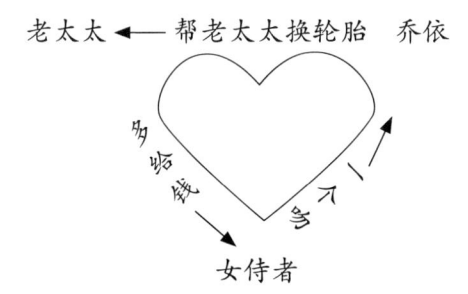

[图：爱心形状关系图，"老太太 ←— 帮老太太换轮胎 —— 乔依"，"老太太→女侍者"标注"多给钱"，"女侍者→乔依"标注"一个吻"]

生：（上台讲述）乔依帮老太太装车轮不要钱，女侍者帮老太太擦头发，老太太感激女侍者，多给了一些钱，女侍者给乔依一个吻。

师：他们组画了一个爱心的样子，把文章的主题紧扣住了，很有创意！阅读一篇小小说，关注主要人物、主要情节，然后用简单的情节图梳理主要内容，这是一种很重要的本领，希望大家在以后的阅读中可以尝试着用。

师：我在自己班级上这个课的时候，有一个同学画了这样一幅情节图，你们觉得好不好，为什么？

（出示，图见下页）

生：我觉得用这个形式非常好，用简单的线条就点明了这是一条爱的

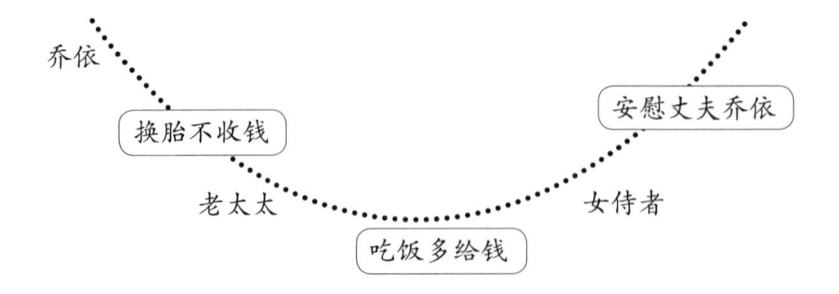

```
       乔依 ........................
   ┌─────────┐                    ┌──────────────┐
   │ 换胎不收钱 │                    │  安慰丈夫乔依   │
   └─────────┘                    └──────────────┘
       老太太  ...............      女侍者
              ┌──────────┐
              │ 吃饭多给钱 │
              └──────────┘
```

链条，就点明了主题。

师：为什么链条不封闭？

生：因为爱在不断地延长，每个人都可以加入这条爱之链中。

师：你很有见地！这样开放的画法也是一种创意。

板块三：比读小小说　发现异同

师：阅读两篇差不多的小说，我们可以通过比较去发现，这两篇小说有什么相同点和不同点。比较的时候，可以从文章的结构、主题、细节、人物的身份等方面去揣摩。你们手上有两张便利贴，一张便利贴写一个相同点，另一张便利贴写一个不同点。

（学生阅读，教师随机点拨和提醒）

师：阅读就是发现，如果你发现了两个，可以写两张；写的时候不要写长句子，几个关键词就可以了。

（学生小组交流，教师巡视）

师：各小组可以选一个同学上来交流，另一个同学补充。

（第一组同学上台）

生：小说的相同点是帮助别人就是帮助自己，帮助别人自己也是很快乐的。

师：你一下子就扣准了小说的主题。很好，请你贴到黑板这个区域。（黑板上画一颗爱心，教师把爱心分成三个区域，生贴便利贴，对另一生）你接着说第二条。

生：两篇小说都是关于爱的。

生：都是平凡的人做出不平凡的事。

生：都是年轻人帮助老年人，老年人回报年轻人。

生：结尾都是出乎意料的。

师：这个很有意思。请你说一说，为什么结尾都是出乎意料的？

（生一时答不上）

师：为什么结尾都是出乎意料的？我们来聚焦结尾。大家认真地看两篇文章的结尾，如果结尾的哪一句话没有了，整个故事就没有味道了。

（出示《爱之链》最后一段）

生："一切都会好起来的，亲爱的，乔依……"

师：为什么没有这句话，整个故事就不一样了？

生：因为故事一直没有说"女侍者是乔依的妻子"，到最后才说明白，让我们恍然大悟。

师：这就是小小说的奥妙所在。如果老师把一个字去掉，整个人物关系就不清楚了。是哪个字？

生："乔依"。

师：去掉"乔依"，读读故事结尾，是不是就表述不清了？

（生齐读去掉"乔依"的结尾段落）

师：没有"乔依"，你是不是还会想到女侍者的丈夫就是"乔依"呢？好多小小说都有一个共同的特点，那就是有一个异峰突起的结尾。我们再来看看《一件运动衫》。

师：假如把故事最后两个自然段用方框框掉，去掉了，你觉得这个故事有什么不一样？

生：去掉结尾的话，就变成"我"在帮助康威先生，而康威先生有没有帮助"我"，我们却不知道。

师：是啊，有了这个结尾，我们才忽然明白，原来"我"在帮助康威先生的时候，康威先生也用自己的行动来帮助我。我们读最后一段。

（生齐读最后一段）

师：一个孤独的、贫穷的老人，能够为他的邻居小孩做出这样的事情，非常了不起，非常感人！这就是这个结尾带给我们的震撼。同学们，小小说的结尾一般既出人意料，又合情合理，让读者发出原来如此的惊叹！今后我们在读小小说的时候，要特别关注结尾的作用。

师：那这两篇小小说有哪些不同点呢？

生：第一篇是语言描写比较多，第二篇是细节描写比较多。

师：因为时间关系，我们不展开，同学们下课后可以去关注这两种不同的描写。你把你的便利贴贴到黑板的这个区域里。（生贴便利贴）

生：第一篇是叫"我"去帮忙，第二篇是主动去帮忙。

生：第一篇是帮助熟人，第二篇是帮助不认识的人。

生：第一篇是邻居之间的爱，第二篇是陌生人的爱。

生：第一篇是两人互相回报，第二篇是三人轮流回报。

生：两篇文章帮助别人的方式也不同。

师：同学们说得都非常好。我有一个问题，《一件运动衫》这篇小说也可以用"爱之链"做题目吗？为什么？希望听到你们最真实的思考。

生：可以用"爱之链"，因为售货员也帮助了我。那双鞋子本来是要用4美元50美分买的，但她同意用运动衫加1美元45美分卖给"我"。

师：既然谈到钱了，我们来关注几个数字：鞋子4美元50美分、运动衫3美元、修鞋子1美元45美分。减一减，发现了什么？

生：还差5美分。也就是说售货员亏了5美分。

师：仅仅亏了5美分吗？还亏了什么？

生：一双袜子。

师：为什么以赚钱为目的的售货员居然亏本卖给"我"鞋子，而且还送一双袜子？

生：因为售货员被我的爱打动了，才愿意主动贴钱、送袜子。

师：售货员是爱的链条中很重要的一环，如果她不愿意卖，那么这份爱就传递不下去了。所以，可以用"爱之链"做题目。接着讨论。

生：我也觉得可以用"爱之链"做题目。因为文中猎人的孩子也是这条"爱之链"中的一份子，假如猎人的孩子不肯拿运动衫换小狗的话，康威先生也就换不到运动衫了，也就没有这个故事的结尾了。

师：这个小男孩也是这条"爱之链"中很重要的一环。同学们，既然我们都认为故事可以用"爱之链"做题目，可作者为什么偏偏用"一件运动衫"做题目呢？

生：因为是围绕着运动衫发生的一连串的事情。先是小男孩看到运动衫，然后想买运动衫，再是买到了运动衫，接着把运动衫退还，最后换了鞋子，康威先生却把运动衫给了他，失而复得。

师：是呀，这样写，故事就一波三折了。"文似看山不喜平"，写小说也一样，切忌平铺直叙。一波三折，跌宕起伏，这就是作者用这个题目的匠心所在。

版块四：回读小小说　质疑拓展

师：最后，我们讨论一下，两篇小说，你更喜欢哪一篇？

生：我更喜欢《一件运动衫》，因为它里面有爱。

师：这个"爱"有些笼统。不过，有些时候，"爱"就是"爱"，理由是"莫言"。但，我更想听到有理由的答案。

生：我更喜欢《爱之链》，因为这篇小说里的爱比《一件运动衫》里的更浓。

师：嗯！《爱之链》里有一句话深深地打动我们，我们一起再来读一遍。

生：（齐读）如果你真爱我，就不要让爱的链条在你这儿中断。

生：我更喜欢《一件运动衫》，因为小男孩为了康威老先生有鞋子穿，把自己最喜欢的运动衫换成了鞋子。一个小孩子，能为他人着想，不简单啊。

生：我也更喜欢《一件运动衫》，因为康威老先生、"我"，还有售货员之间的这种人与人之间的爱打动了我。

师：嗯，这种平凡而真挚的爱打动了你，所以你喜欢，很好。同学们，无论是《一件运动衫》还是《爱之链》，都折射出普通人愿意为他人付出的爱。只有这种爱不断地付出，形成一条长长的链条的时候，我们这个社会才会充满温暖。那么，这两篇文章中，有没有不懂的问题需要讨论？有时候读出问题比得出结论意义更大，一定要读出问题来。

（师生围绕着文本进行质疑析疑，过程略）

师：同学们，《爱之链》这个故事还有一个很重要的研究空间：老太太和乔依之间发生的故事，女侍者不知道；女侍者和老太太之间的故事，乔依也不知道。小说中的人物不知道，作为读者的我们全知道。这也是小说研究的一个角度，可以尝试。回去以后，请大家研究小说《麦琪的礼物》，完成如下两项任务：

（出示要求）

1. 画情节图。

2. 选读《欧·亨利短篇小说》，体会欧·亨利小说结尾艺术。

（说明：此课执教于 2011 年）

教学品鉴

还选学教学一片精彩

——以《爱是不断的链条》为例

庞丽华

时下的语文教学，老师们对精读课文精打细磨，对略读课上下求索，对选学课文却视而不见。选学课文究竟该怎么上？问过不少老师，有的说，选学课文反正不在考试范围，从来就不上；有的说，当作业让学生自己带回家读就行；也有的说，课标都没规定，爱怎么上怎么上。

一天上网充电，读到张祖庆老师的博文——《爱是不断的链条》"小小说群文阅读"课堂实录，一口气读完，惊喜地发现——原来，选学课文，可以上得这么精彩！

张老师的这堂课，整合人教版五年级下册的一篇选学课文《一件运动衫》和苏教版六年级上册第二单元的精读《爱之链》作为教学内容，主要有如下几个板块：一、趣读小小说，初识特点。张老师用"史上最短的科幻小小说"和"史上最一波三折的小小说"作为引子，在最短的时间里把学生的学习注意指向小小说阅读，用简洁的问答有效渗透了小小说阅读的主要方法：围绕故事的人物、情节等进行推想；体会故事情节的曲折，感受故事情节在小说中的作用。二、概读小小说，把握整体。张老师针对小小说的文体特征，指导学生采用"画人物情节图"的阅读策略，理清故事《一件运动衫》的主要人物和主要情节，说出故事的主要内容。然后请同学们小组合作用同样的方法快速阅读《爱之链》，用最简洁的线条和文字，形象地画出人物关系和情节图。三、比读小小说，发现异同。张老师采用"对比阅读策略"引导学生比较这两篇小说在结构、主题、细节、人物的身份等方面的相同点和不同点。让学生感悟同主题文本的内涵时,也感悟到小小说表达方式的最大特点——"小小说的结尾一般既出人意料,又合情合理"。四、回读小小说,质疑拓展。这个环节,老师引导学生质疑这两篇文章中不懂的问题,进而引导讨论,并适时拓展研究小说《麦琪的礼物》,要求:1.画情节图。2.选读《欧·亨利短篇小说》,体会欧·亨利小说结尾艺术。

选读课文教学的精髓在于一个"选"字,选什么?怎么选?张老师的课堂给我们树立了榜样。

张老师的课精"选"了教学内容。这堂课张老师采用的是"以《一件运动衫》为主要突破口,兼顾课内外小小说"的群文阅读教学策略。从精读课文《桥》的复习导入选学课文《一件运动衫》的教学,再拓展到课外读本《麦琪的礼物》。群文阅读,乍一看,教学内容繁多,怎么选择教学内容?张老师进行大胆取舍,弱水三千,只取一瓢饮。根据文本特点和学生实际,重点选了两个点:人物关系与情节,独具匠心的结尾,作为教学内容。先变"多"再取"少",这一多一少之间凝聚了教师多少的思考与智慧,令人敬畏。

张老师的课"选"对了科学生动的阅读策略。针对两个教学内容张老师采用了"画情节图"和"对比阅读"的阅读策略。他针对小小说的文体特征,采用"画人物情节图"的阅读策略,帮助学生理清故事的主要人物和主要情节,说出故事的主要内容。在引导学生感悟同主题文本的内涵时,采用"对比阅读"的方法让学生感悟到小小说表达方式的最大特点——"小小说的结尾一般既出人意料,又合情合理",让读者发出原来如此的惊叹。

张老师的课"选"用了合作探究的语文学习方式。整堂课,张老师注重学生自己提问,伙伴讨论,教师随机点拨指导的探究式学习方式。例如前一篇小小说是教师扶着,通过"画人物情节图"来概括主要内容。后一篇小小说,张老师就完全放手,让学生采用小组合作的方式,试着"画人物情节图",并指导有效的合作策略:自己先读,然后五人小组讨论,最后由一个同学执笔画在海报纸上。这种语文实践的目标着眼于培养学生独立阅读,运用阅读经验解决问题的能力。

张老师独具慧眼的"选",还了选学课文教学一片精彩。他把选学课文作为以"一"带多的纽带,以"选读课文"为突破口,将精读课文、选读课文以及课外的文本串联起来,进行群文阅读的积极尝试。这打破了以单篇独进、深探细究为主要特征的教学现状,构建起以一定议题为依托,以粗读略读为主法,以分享感悟为核心,以探索发现为乐趣的群文阅读,最大限度地解放与培养儿童的阅读能力。可以说,张老师实践的"小小说群文阅读"实践,为选学课文怎么教,递交了一份富有特色的答卷,令人惊叹。当然选学课文"学"的方式还有很多,设计也要因课而异。比如,选学课文可以作为迁移练习,检测学习成果;可以作为范文,架起读写迁移的桥梁等。选读课文教学时,目标不同,教学设计也各异。但由于受课时等因素的影响,我们不可能花很多的时间与精力,往往会在一课时内解决,因此我们的教学要简约,提倡板块结构,教学时要少扶多放,尽可能放手让学生自主阅读。精选教学内容,选对教学策略,着眼能力培养,将是永恒不变的话题。张老师的课给我们指明了方向。选学课文怎么教,答卷还有很多,让我们沿着正确的方向,积极研讨,让选学课文发挥其应有的作用。

(作者单位:浙江省天台县平桥镇中心小学)

第14课　文字里住着童年

> 文本再现

1. 跟祖父学诗

作者萧红。内容同第六章第一节《跟祖父学诗》，主要讲"我"跟祖父学诗，祖父教"我"念诗，"我"大声地喊，祖父也不会骂"我"。

2. 时来运转

作者高尔泰。主要讲"我"小时候原本不太喜欢学课本里的东西，常常逃到后山读课外书，后来来了一位新的教导主任，他倡导学生读课外书，"我"就时来运转了。

3. 捉蟋蟀

作者沈从文。主要讲"我"捉了两只蟋蟀，很兴奋，跑到木匠那里斗蟋蟀。每次，"我"都输给了老木匠，但乐此不疲。

选文缘由：

义务教育课程标准实验教科书五年级下册第二单元，是童年主题的文本。本单元课文，选文精彩，童趣盎然，深受儿童喜爱。叙写儿童生活的文本，往往契合童年的精神，最能引发儿童的共鸣。儿童文学评论家刘绪源先生在《儿童文学的三大母题》中，将"顽童"文学作品，列为其中一大母题，是深有道理的。因此，这样的文字能赢得儿童喜爱，就顺理成章了。

这几年，我在日常教学中，尝试实践"基于单元主题的群文阅读"，亦即不打乱教材编排，根据单元的主题，选择合适的文本，进行群文阅读。这样的阅读实践，较好地处理了教材文本和拓展文本的关系。因此，在备本单元课文的时候，我有意识地寻找合适的"童年母题"文本，用以群文阅读。

近年来，"教什么比怎么教更重要"的观点，不时见诸报端。确实，让儿童接触更多第一流的经典文本，在第一流的文字中浸泡，是语文教师极为重要的一项修炼。既然要选择与"童年母题"相关的经典文本，就要从名家作品中去寻找。恰好，我编过《小学生萧红读本》，读本里就有大量"童年母题"文本。于是，《跟祖父学诗》就成了首选。后来，陆续在张学青老师编的《小学生沈从文读本》、高尔泰先生的散文集《寻找家园》中，找到了《捉蟋蟀》《时来运转》这两个精彩文本，于是，群文组合完毕。

三篇文章，语言清新幽默，童趣烂漫，情感真挚，透着浓郁的生活气息和田野芬芳，是儿童学习如何描写童年生活的精彩范本。同时，不同时代的作家，童年生活各具特色，又是对孩子们进行比较式群文阅读的好文本。

至于这三个文本如何呈现，群文阅读如何与传统的一节课教一篇课文的模式区别开来，读者可以从课堂实录和李祖文老师的点评中窥见一斑。限于篇幅，此处不赘述。

> 课堂实录

文字里住着灿烂童年
——《跟祖父学诗》群文教学实录

板块一：我选择，我喜欢

师：今天这节课，我们尝试着一节课阅读四篇文章。预习的时候大家拿到了这三篇文章——

（幻灯出示）

《跟祖父学诗》　　　《时来运转》　　　《捉蟋蟀》

萧红　　　　　　　　高尔泰　　　　　　沈从文

师：三篇文章，你最喜欢哪篇？

生：我最喜欢的是《跟祖父学诗》，因为《跟祖父学诗》里面的一句话非常能体现萧红的可爱。

生：我喜欢《时来运转》，因为这个题目很新颖，很吸引我，我想知道作者是怎么时来运转的。

生：我喜欢高尔泰的《时来运转》，因为我和高尔泰一样喜欢看书。

生：我喜欢《捉蟋蟀》，因为我也喜欢捉蟋蟀，我要看看作者是怎么捉的。

师：喜欢一篇文章的理由可以是多样的：或许喜欢作者，或许题目吸引人，或许里面的内容跟你的生活经验有关，或许就因为好玩。

师：这节课，让我们再次走进自己喜欢的文章——

（出示）

重读小贴士：

1. 想一想这篇文章主要写了什么？

2. 在最有意思的地方简单批注。

3. 在不明白的地方画个问号。

（说明：选择相同文章的同学，就近组成新的学习小组。学生静静地默读，读后引导学生交流讨论：你正在重读的这篇文章主要写了一件什么事情？教师随机指导，重点渗透：把握一篇文章主要内容的时候，想想，主要人物有谁，他们分别做了什么事，再用自己的话串起来，就能说清写人记事文章的主要内容）

板块二：说来听听，分享快乐

师：下面，就让我们聊聊这三篇文章最有意思的地方吧！

（出示）

说来听听，分享快乐

聊聊最有意思的地方

问问最不明白的地方

一、分享《跟祖父学诗》

生："'两个黄鹂鸣翠柳，一行白鹭上青天。'这首诗本来我很喜欢的，黄梨是很好吃的。经祖父这一讲，说是两个鸟，于是不喜欢了。"读了这几句话，我感觉到作者的幼稚。

师：你为什么从中读出了她的幼稚呢？

生：因为作者误将会飞的黄鹂当作可以吃的黄梨了，真好玩。

师：还有哪位同学也关注到了？谁能来说一说你的感受？

生：我觉得她很幼稚、可爱，只有鸟是可以鸣叫的，黄梨是不可以鸣叫的，但她还是把"黄鹂"当成了"黄梨"。

师：嗯，小孩子老想着吃。你上来，我跟你一起表演一下。我们看着屏幕表演。（问被叫上来的学生）你觉得我应该当什么？

生：你来当黄鹂鸟。（众笑）

师：就叫我来演只鸟啊？（生笑）

生：你来当祖父，我来当萧红。

师：（老师扶着生的肩膀）孙女，我们一起来念诗吧：（师大声）两个黄鹂鸣翠柳。

生：（小声）两个黄鹂鸣翠柳。

师：她这样念，对不对？

生：不对，应该喊出来的。因为文章里面说我是"扯着嗓子喊"。

师：孙女，我们来念诗吧：（大声喊）两个黄鹂鸣翠柳——

生：（大声喊）两个黄鹂鸣翠柳。

师：喊的时候要脑袋朝上。两个黄鹂鸣翠柳——

生：（脑袋朝上大声喊）两个黄鹂鸣翠柳。

师：（扯着嗓子喊）一行白鹭上青天。

生：（扯着嗓子喊）一行白鹭上青天。

师：孙女，喜欢这首诗吗？

生：喜欢。

师：为什么喜欢？

生：因为黄梨很好吃。

师：哎哟，傻丫头，这是会飞的"黄鹂"，不是吃的"黄梨"，你还喜欢吗？

生：不喜欢了。（观众笑）

师：你可真贪吃啊！你看，黄鹂正停在树上，正在叫呢。（师口技，学黄鹂鸟叫；生鼓掌，大笑）

师：你看，这样一读一表演，我们就读出了小孩子的天真烂漫！有些课文啊，演一演，就觉得更有意思了。继续交流。

生："就这'几度呼童扫不开'，我根本不知道什么意思，就念成'西沥忽通扫不开'。"我觉得这里很好笑。

师：我们一起来表演一下，我来当祖父，你们来当萧红。重重叠叠上楼台——

生：重重叠叠上楼台。

师：嗓子最大的都是萧红。再来，重重叠叠上楼台——

生：重重叠叠上楼台。（大声喊，下同）

师：几度呼童扫不开。

生：西沥忽通扫不开。

师：啥？我没有听清。

生：西沥忽通扫不开。

师：我有点耳背，没有听清楚，你再读。

生：西沥忽通扫不开。

师：唷！隔壁大伯来啦，闺女你给大伯背一下诗。

生：重重叠叠上楼台……

师：背得好，背得好！

生：重重叠叠上楼台……

师：同学们，你们看，这文字中的天真烂漫，童真童趣，跃然纸上，多么有意思啊！这就是文章最吸引我们的地方。文中有没有你们不明白的地方？

（说明：师生围绕着"祖父为什么不批评我"这个问题，展开对话，理解祖父的慈爱与宽容。讨论过程略）

师：是的，祖父就是以培养我的学习兴趣为主，怎么有兴趣怎么来。祖父就这样，以玩的方式，把一颗颗文学的种子埋到了萧红的心里。

二、分享《时来运转》

师：接下来，我们分享《时来运转》。哪位同学来说说？三个同学一起上来当小老师，与大家一起分享这篇文章最有意思的地方在哪里。（老师坐在下面当学生）我和同学坐在下面认真听，可以有争论可以有补充。（对其中一位学生）你当主持人怎么样？老师给你们当助教。

生：我觉得"读死书，死读书，读书死"非常好玩。

师：为什么？这是什么意思？

生：就是说读书的时候不要死板地读书。

师：不要只读什么书？

生：课本。要读更多的课文以外的书。

生："我一个学期看了多少多少课外书，乖乖，还有数字。我努力克制自己，别让嘴巴嘻开来，嘻开来就会咧到耳朵跟前，那多不雅。"这句话，很幽默。我喜欢。

生：我希望我能像隐身人一样，无形无影。因为他觉得，这才可以随心所欲地看书。

师：写出他那种羞愧又希望自由自在地看书的心情。我看你把鸟窝里看书那一段也画出来了，（对一生说）请你读一读在鸟窝里看书那一段话。

（出示整段文字）

躺在鸟窝里看书，是大快乐。沿着一行一行的文字，我从铁铸的现实中逃遁而去。大考小考班主任成绩单全没了，有的是海阔天空万水千山，宇宙洪荒远古的传说奇幻突兀，神仙精灵奇士佳人雄丽高寒。不同的书是不同的世界，五光十色。也不是毫无选择，比方说，喜欢《安徒生童话》，不喜欢《格林童话》。喜欢《水浒传》里的大碗酒大块肉，不喜欢《红楼梦》里那种小碗莲子粥还吃不下，只吃半碗的娇娇气。喜欢泰戈尔的散文诗，不喜欢他的小说。不喜欢就不看，翻翻就还掉去。

生：我最喜欢"躺在鸟窝里看书，是大快乐……神仙精灵奇士佳人雄丽高寒"。

师：这段文字确实比较难读，听张老师来读一遍。（读幻灯片的蓝色字体）这段话，读起来有点像讲相声的味道，我们来试试看。开始。

（生齐读）

师：同学们，看到一些有意思的文字，你还要学会推测，你觉得高尔泰躲在榛莽丛中读书，有可能读的是什么书？从字面去大胆推测。

生：可能是古代的神话故事。我从"神仙精灵奇士佳人雄丽高寒"看出。

生：我觉得他有可能还会读《百科全书》，从"宇宙洪荒远古的传说奇幻突兀"可以推测。

生：我觉得也有可能是读科幻小说。

生：我觉得他有可能是读《西游记》。

师：看来作者确实读了很多的书。但是他没有明着说。而是用这样的表达方式来说他读了很多很多的书。这就是表达上独特的魅力。一起再读这句话。

（生再次齐读这句话）

师：这几句话除了写出读的书多之外，还写出了什么？

生：很喜欢读书。

生：作者很享受读书的过程，简直就是在天堂啊。

生：我觉得这段话很有意思："不同的书是不同的世界，五光十色。也不是毫无选择，比方说，喜欢《安徒生童话》，不喜欢《格林童话》。喜欢《水浒传》里的大碗酒大块肉，不喜欢《红楼梦》里那种小碗莲子粥还吃不下，只吃半碗的娇娇气。喜欢泰戈尔的散文诗，不喜欢他的小说。不喜欢就不看，翻翻就还掉去。"

师：这是高尔泰自己的喜好，想读什么就读什么。如果你们也在这个鸟巢里，你喜欢读什么？不喜欢读什么？

生：我喜欢漫画不喜欢看小说。

生：我喜欢读科幻小说不喜欢读漫画。

师：谁来说说自己具体喜欢读哪一本书？

生：我不喜欢课本上那种书，喜欢课外书。

师：张老师小时候也是这样的，不过没办法，要考试啊。（生笑）当然课文里也有一些好的东西，不能一棍子打死。

生：我喜欢读《西游记》，不喜欢读《红楼梦》。

师：这篇文章，有没有不懂的问题？

生：什么是"时来运转"？

师：你们说什么叫"时来运转"？

生：就是好运气来了。以前，高尔泰是差生，挨骂、挨罚。后来呢？来了个教导主任，倡导多读课外书。他就成了班级里的明星了。这就叫作"时来运转"。

三、分享《捉蟋蟀》

（说明：此文的交流过程此处从略。大致是师生围绕着即兴生成的"老木匠是不是一个'老狐狸'，我是不是一个小'呆瓜'"这个辩论话题展开，感受沈从文《捉蟋蟀》一文的童心童趣）

板块三：不同的童年，同样的童趣

师：刚才，我们花了半节课时间，分享了这三篇有意思的文章，不知道大家有没有将这三篇文章放在一起比较着阅读？下面，我们就来好好研究三篇文章的异同点。（出示）

学习任务：

细读《跟祖父学诗》《时来运转》《捉蟋蟀》，发现异同。

1. 三篇文章有哪些相同点？

2. 三篇文章有哪些不同点？

（独立学习——小组分享——全班交流）

（经过五六分钟的交流，学生找出了这样一些相同点和不同点：

A.相同点：

1.三篇文章都是写童年生活的；

2.每篇文章中的小男孩或小女孩都有些傻气，且傻得可爱；

3.作者都是选取很有意思的事情来写童年生活；

4.作者对童年的生活，充满着美好的回忆。

B.不同点：

1.《跟祖父学诗》和《捉蟋蟀》都是用对话推进故事情节，而《时来运转》则是通过前后对比写的；

2.《捉蟋蟀》和《时来运转》都是讲作者喜欢到大自然中玩，而《跟祖父学诗》写的是在屋子里发生的事；

3.《时来运转》有些冷幽默，而《跟祖父学诗》《捉蟋蟀》是很温暖很明朗的幽默）

师：大家总结得很好。三位作家，写的都是美好的童年生活，抒发的感情都特别的真挚，读起来也特别有童趣。当然，不同的作者，生活体验不同，写作方法也是不同的。还有一点，我要补充说明：《跟祖父学诗》选自萧红的《呼兰河传》，这是自传体小说，不能完全把文中的"我"等同于萧红。其他两位作者，写的是散文。散文写的就是自己的生活。这点，大家今后在阅读时，要特别注意。

板块四：文字里住着灿烂童年

师：同学们，这节课，我们走进了三位作家童年的生活。你更向往或更羡慕谁的童年生活？

生：我向往萧红的学诗，因为她小时候学诗时声音再怎么高，怎么大，祖父也不会责怪她。

生：我比较羡慕沈从文。因为我从小到大就喜欢小动物。现在在咱们城市一般见不到蟋蟀了。

生：我比较向往高尔泰的童年，因为我们现在都没有更多的时间来看书。

师：因为你们的爸爸妈妈都不想让你们输在起跑线上。你们不是在上辅导班，就是在去上辅导班的路上。（生笑）假如这些作者现在都还活着，你觉得他们会羡慕我们的生活吗？

生：羡慕。因为他们小时候不能上学，我们能上学。

生：我觉得他们会羡慕，因为他们买不起电脑。

师：电脑的功能可不只是玩游戏。鼠标一点，大千世界，尽在眼前。

生：我想会羡慕我们，因为他们现在老了，再也不可能有童年时光。

生：我觉得他们可能不羡慕，因为他们的小时候是自由自在的。

师：同学们，我想说的是，任何时代的童年，都有他们的快乐和不快乐；任何时代的童年，都打上了时代的烙印。如果我们把更多的不快乐过滤掉，把快乐留在文字里，那么我们就可以说，我们的童年就住在了文字里。

（屏幕出示文字）

"童心在，童年永在。"

师：最后我们来分享一篇我很熟悉的人写的文章。

两个水鬼

三十年前，我们村有两个"水鬼"。一个老"水鬼"，一个小"水鬼"，小的管老的叫爷爷。

老水鬼成天泡在水里。捉虾、捉泥鳅；钓鱼、钓黄鳝；摸蚌、摸螺蛳……有水的地方，就有老水鬼。有老水鬼的地方，就有小水鬼。两个水鬼，常常早上出门，晚上回家。

村口的池塘里，有很多虾。老水鬼常常带着小水鬼到池塘里摸虾。一个猛子，老水鬼扎进了池塘；小水鬼，也不甘示弱，快跑着，向池塘冲去。"扑通"一声，小炮弹一样，炸入水中。水花四溅。河中心的老水鬼，冲着小水鬼笑，露出一口洁白的牙。

摸虾了。老水鬼爱往水草丛中钻；小水鬼呢，提着竹篓，影子一样，跟在老水鬼屁股后。老水鬼从草丛中摸来虾，一只又一只；小水鬼的竹篓里，活蹦乱跳的虾，一只又一只。

老水鬼把虾放进嘴里，嚼呀嚼，嚼得津津有味。小水鬼也把虾放进嘴里，嚼呀——"哎呀！真难吃！"老水鬼咯咯直笑。小水鬼向老水鬼泼水，却把自己泼得满头满脸。老水鬼哈哈大笑，露出一口洁白的牙。

（淡淡伤感的背景音乐响起）

几年后，老水鬼再也不下水了。小水鬼，再也没时间下水了。

再过几年，老水鬼永远地走了。小水鬼离家越来越远了。

每次回家，小水鬼总要坐在池塘边，发一会儿呆。

小水鬼，就是我。

（文章前半部分，学生会心微笑；后半部分，学生眼睛里有淡淡的泪痕）

师：你们可能猜出来了，这篇文章中的"小水鬼"，就是小时候的张老师；"老水鬼"呢，就是张老师的爷爷。爷爷陪伴我度过了温暖的童年时光，而今，爷爷不在了。我把这段往事写成了文章，于是，温暖的童年啊，就住在了我的文字里。期待着大家也写出更多有意思的童年生活，那么，多年以后，你的童年也就住在了文字里。

（说明：此课执教于2010年）

> 教学品鉴

选择，"主题式"教学的生命

李祖文

看到祖庆课的设计，再读到他的教学实录，不由得让我想起最近几年小语界风起云涌的各种"主题式"教学（在这里暂且允许我将单元主题教学、单元整体教学以及群文阅读模式等归总为"主题式"教学），也让我不由得想起这类教学目前通行的"以文带文"等课堂教学模式。

从单篇教学到多篇教学，时间是恒定的，但内容含量却增加了很多。因为这些元素，常态方式下的效果与我们所期望的价值似有背道而驰的倾向。而祖庆的这个设计与实际教学，给我们提供了另一种可能性，也给我另一个启示：或许，"选择"就是"主题式"教学的生命。

一、为什么要选择？

我们先从这节课教学现场的开端来看：

生：我最喜欢的是《跟祖父学诗》，因为《跟祖父学诗》里面的一句话非常能体现萧红的可爱。

生：我喜欢《时来运转》，因为这个题目很新颖，很吸引我，我想知道作者是怎么时来运转的。

生：我喜欢《捉蟋蟀》，因为我也喜欢捉蟋蟀，我要看看作者是怎么捉的。

孩子在教学现场的第一反应才是我们教学所要考量的，如果我们说要从"儿童本位"出发，就应该重视孩子对于文本的这种反应。因为孩子对于不同文本的喜好不同，因而在常态的"单篇教学"中，会出现部分孩子兴趣缺失与效率低下的状况。我们提供给孩子多个选择，就是照顾孩子喜好的不同，最大程度地保护孩子对文本的兴趣，最大程度地激发孩子学习的动力。祖庆老师的这个设计以及教学现场的状况已经很好地解决了这个问题，孩子们的表现也已经做了很好的证明。

二、如何选择？

因为信息量的增大，但又受制于时间、空间等元素，所以这种"主题式"教学的选择尤其重要。如何选择？选择的着眼点放到何处？祖庆的这节课放在让孩子体验"不同的童年，同样的童趣"上，从这一点出发，选择不同作家笔下的对于自己童年生活描绘的文章，甚至将对自己童年描绘的文章一同摆放了出来。如果将目标仅仅定位在这样的基础上，难免又会落入到"内容主题"的窠臼之中，而他的第四版块教学"文字里住着灿烂童年"的梳理统整，就将整个教学体现出"主题式"教学的未来趋势——来源于学生的选择，又提升孩子的选择，从而透视出这类教学方式的"选择基准点"——尊重选择，高于选择。

三、如何处理选择？

祖庆的这种方式尊重了孩子的选择，不同的文本，不同的孩子阅读的程度也不同，因而如何处理这些选择，是这种方式教学的一个极大的难点。在教学现场，祖庆采取"同文本交流"与"异文本交流"两种方式，在方式上也特别注意两种方式的递进，这是符合这个年龄阶段孩子的认知规律的。同时将孩子交流的焦点汇聚到"最有意思"的角度。这是一种简单又有效的处理选择的方式，可以在同话题下极短时间之内让孩子建构自己新的知识经验。这样的处理方式，也让我们看到"主题式"教学的未来：三篇可以阅读，五篇、七篇，甚至更多的文本都可以在这样的时间内呈现。

从"选择"角度来看，这节课已经可以算是台湾学校较为常见的"文学圈"式的"主题式"教学。但，我们不得不看到的是，选择的成分已经具备，但"建构"的成分尚有待突出。或许我们寄望于一节四十分钟的课呈现更多的东西，是不现实的，毕竟祖庆已经让我们看到这种类型教学的另一个角度的有效尝试了。

（作者单位：深圳市园岭小学）

整本书阅读教学

第七章

第15课　神奇飞书

> **文本简介**

生命中那本神奇的书

　　《神奇飞书》是美国作家、插画家及动画导演威廉·乔伊斯著，及其和乔·布鲁姆绘制的绘本作品。绘本讲述了这样的一个故事：在一个平静的小镇，一个头戴礼帽叫作莫里斯·莱斯莫的男子正坐阳台上阅读，突然刮来了一阵飓风，晴朗的天空为滚滚乌云遮蔽，房屋窗棂剧烈晃动，人与牲畜、家具房屋相继被莫里斯·莱斯莫先生的神奇飞书卷入空中。在一场狂风肆虐之后，世界已俨然黑白，面临剧变的人们茫然若失。平时爱读读写写的莫里斯·莱斯莫碰巧见到了被一群会飞的书带走的女孩，他发现自己周围的世界变成了彩色，女孩温婉一笑。他带着颗好奇心跟着以 Mr. Egg 为主角的插图书来到一个宛如鸽子棚的书屋，从此与那些可爱的书们度过了后半辈子。他记录下和书在一起的点点滴滴，并让其他人同他一样爱上书，找回曾经色彩斑斓的世界。最终他也和当时引领他来的女孩一样，洋溢着幸福的笑容，和飞书一起离开了书屋。当书们依依不舍时，另一个女孩却悄悄进入这个神奇的世界，阅读着莫里斯·莱斯莫写下的那本书。

课堂实录

每个人的故事都很重要

——《电影遇见书之〈神奇飞书〉》课堂实录

板块一：赏读绘本　走进神奇飞书

师：今天，张老师要和大家一起阅读一本非常神奇的图画书——《神奇飞书》。阅读图画书，一定要充分关注图画。（出示图画书扉页）

谨以此书 献给 所有和书有缘的人

（依次提示关注：作者、绘画者、翻译者）

（继续出示图画书画面及文字。师生交替共读相关内容。下同）

师：莫里斯·莱斯莫先生喜欢文字，喜欢故事，也喜欢书。他的人生就是一本自己写的书，一页接着一页。

生：每天早上，莫里斯都会打开这本书，写下他的欢乐与悲伤，理想和希望。

师：请认真看图，关注每一个细节。你都看到了些什么？

生：所有的房子都飞了起来，好像是他写的书都散开了，每一页都在空中飘飞。

生：我看到了莫里斯在追他的一本红色的书。

生：我看到天空中布满着乌云。

生：我看到灯柱和椅子都在空中飞。

师：你们从这个画面推测一下，可能发生了什么事情？

生：我认为发生了龙卷风。

师：（师生继续对读画面上的文字）可是，并非所有的故事都是一帆风顺。有一天，天空突然乌云密布，飓风呼啸而来……它摧毁了所有的一切，包括莫里斯的书。莫里斯茫然不知所措，他无处可去，只好漫无目的地四处游荡……突然，神奇的事情发生了。莫里斯早已习惯了埋头行走，这一天，却抬起头来向上看，他看见一位可爱的女孩飘过天空，手里握着一束神奇飞书。莫里斯想试试他的书是不是也能飞，结果不能。他的书只能"砰"的一声摔落在地。飞翔的女孩知道莫里斯渴望着一个好故事，就把自己最珍爱的一本书送给了他。这本书非常友善，邀请莫里斯跟他走。这本书带着莫里斯来到一幢奇特的房子前。那里住着很多很多的书。莫里斯缓步走了进去，发现这是一个他从未见过的、最神秘最吸引人的房间。不计其数的书振翼飞行，充盈其中。千万个故事在窃窃私语，好像每本书都在轻声邀请莫里斯探寻其间。

师：（邀请一学生）来，你就是书，你来邀请莫里斯先生阅读你！

生：先生先生，我是一本科普书，我可是很厉害的，我的身体里有许多的奥妙，我还会飞呢。

生：先生好，我是一本奇特的故事书，里面藏着许多有趣的故事，你快来看我吧。

生：先生先生，快来看我吧，我是本历史书，里面有很多神奇的秘密。

生：先生先生快来看我吧，我可是一本神奇的魔法书，可以教你变出世间一切有可能发生的事物，快来看我。

师：好，所有的书都请回位。这就是窃窃私语、轻声邀请。

师：（音乐起，读）莫里斯走了进去，房间里沙沙声一片，每本书仿佛都有着自己的生命。于是，莫里斯开始了与书相伴的生活。他总是细心地修补好撕坏的封面，或者把卷角的书页展平，他在照顾这些书时，觉得很满足。（音乐停）莫里斯究竟是怎么照顾书的呢？张老师找到了《神奇飞书》的电影，我们来看看莫里斯是怎么救活一本书的。请同学专注地看，特别关注电影中的细节。

（师生观看影片《神奇飞书》莫里斯拯救生病的老书片段）

师：哪位同学关注到了书是怎么被救活的？

生：莫里斯快速阅读书中的每一个字，书的心跳在加速，越来越快。渐渐地，莫里斯在字里行间穿梭着，这本书就在他的阅读之中被救活了。

师：莫里斯曾经用过哪些方法救书都失败了？

生：贴上胶布；听诊；输墨水。

师：你还关注到了电影中哪些有意思的细节？

生：把一本书展开，就能成为查看心跳频率的机器。

生：有一本自动翻页的书，里面有一个长得像鸡蛋一样的人表情包不断地在变化，仿佛在指导着莫里斯先生怎么样救书。

生：我发现莫里斯先生在救书的时候，书架上的其他书没有像之前那样活跃地在飞翔，而是非常关切地看着它们。后来这本书被救活了，它们又欢欣鼓舞地鼓起掌来。

师：图画书，就是静止的电影；电影，是动着的图画书。无论是看电影，还是读图画书，都要关注细节。好，让我们继续往下读——莫里斯说："每个人的故事都很重要。"请大声地读。

生：每个人的故事都很重要。

师：请你铿锵有力地再读这句话。

生：每个人的故事都很重要。

（学生依次接龙读）

师：所有的书都认为他说得有道理。大家关注这幅图，图画中藏着一个大奥秘。图画书文字会说话，图也会说话，读懂图画，你才真正读懂了图画书。

生：我发现了，拿到书的人是彩色的，但是没有拿到书的人都像石头一样是灰白的。

师："像石头一样是灰白的"，形容得多好！我想问，画家画这幅图，想传递什么？

生：没有阅读的人生是黯淡无光的，读书的人生是彩色斑斓的。

生：书能让人变得更加鲜活。

生：阅读点亮人生。

师：好一个"阅读点亮人生"！你们都是画家的知音，从色彩当中读懂了图画书。（板书：色彩）真好！来，继续走进这本书，你还发现了什么细节？

生：莫里斯坐在一本特别大的书上，这些书都在打呼噜。

师：夜已经深了，书也睡着了。来，现在你就是书，开始打呼噜——夜深了，"厚厚的大词典里会飞出最后一个词语"，飞出来——（全体学生模仿打呼噜）

师：（配乐读）"这时，莫里斯会再次翻开他自己的那本书，写下他的欢乐与悲伤，理想和希望。"这句话出现了几次？

生：两次。

师：（音乐起，师深情朗读图画书）就这样，一天又一天，一个月又一个月，一年又一年……莫里斯变得弯腰驼背，满脸皱纹。现在轮到这些老朋友来照顾莫里斯了，就像莫里斯曾经照顾他们一样。每天晚上，书籍们都把自己的故事读给莫里斯听。有一天，莫里斯写完了最后一页。他抬起头，带着疲惫与甜蜜，发出一声叹息："我想我该走了。"

师："莫里斯戴上帽子，拿起拐杖，他走到门口，转过身来挥手告别。"谁愿意替莫里斯说这句话？

生：我会把你们都放在心上。

师：把手放在胸口再说这句话，深情地对书说。

生：我会把你们都放在心上。

师：全体起立，把手放胸口，读——

生：我会把你们都放在心上。

师：请坐。（师走到一哭泣的女生旁）这位同学，为什么你的眼里含着泪水？

生：（哽咽）因为——因为——这（再度哽咽）因为他和这些书的感情非常深……

师：但他却不得不离开这些书了，是吗？朝夕相处的朋友马上就要分开了，而且，可能就是永别。可是，亲爱的同学，别难过，你看——莫里斯返老还童了。

师：（音乐起）"书籍

们纷纷张开书页，带着莫里斯飞了起来。"起立，我们飞起来！"书籍们纷纷张开书页，带着莫里斯飞了起来。莫里斯重新回到了来时的路，那是很久以前他们初次相见的地方。"请坐。"他们发现，莫里斯留下了一样东西。"

生：（语气平淡）是他的书。

师：你比较淡定，这句话还可以怎么读？

（学生以惊喜的、半信半疑的语气读）

师：在莫里斯的新书里，"记录着他的欢乐与悲伤，理想和希望"。这句话，第几次出现了？

生：第三次。

师：这本书的新主人来了。门外走来一个小姑娘，她惊奇地环顾四周。就在这时，神奇的事情发生了。

生：莫里斯的书飞向小姑娘，自动翻开了书页。

师：大家回想一下莫里斯这本红色的书，它曾经飞得起来吗？

生：飞不起来。

师：可是为什么这个时候，它居然飞起来了？四个同学讨论一下。

（学生小组讨论，课堂气氛活跃）

师：好，老师想听到大家更多精彩的发现。读图画书就是要不断地猜测，不断地加入自己的理解，才能让一本书读厚起来。

生：因为莫里斯赋予了它新的生命，他把它写活了，写完了他一生的故事。

生：我觉得这本书汇集了莫里斯他一生的心血，所以这本书在最后飞了起来。

生：因为莫里斯从悲伤到快乐坚持写完了这本书直到写到最后一页，所以它会飞。

生：因为书想找到自己的新读者。

生：一开始这本书没有写完，所以它不会飞。后来莫里斯把所有的书页都写完了，所以这本书神奇地飞起来了。

生：因为莫里斯在这本书里写下了他的欢乐与悲伤，理想和希望，所以这本书就飞起来了。

生：因为这本书凝聚着更多其他书的爱心与智慧。

生：因为书渴望被人阅读。

师：是啊，书希望更多的人读到莫里斯的理想和希望，这本书拥有了新的使命、新的梦想，所以"飞起来了"。于是——"小女孩读了起来。我们的故事结束了，一个新的故事开始了……这又是一本——翻开的书。"

师：好，故事读完了。我们来梳理一下这个故事的结构。其实故事的结构藏在三句反复出现的话当中。

（学生依次发现，这三句话，分别出现在"家——图书馆——离开"）

师：（完善板书）你看"在家里——图书馆——离开了"，把故事的结构理得清清楚楚。这句话一再出现，它一定是整个故事当中最重要的一句话。今后，大家在读图画书的时候，要特别关注反复出现的句子，它们，往往藏着重要的信息。

板块二：重构故事　再现神奇飞书

师：请问同学，如果你就是作家莫里斯，你一定会在书中浓墨重彩地写上什么？

生：我一定会写我来到这个图书馆之前经历了什么。

生：我会写离去之前我又经历了什么。

生：我肯定会写我是怎么救活那些老书的。

生：我写自己看见了小女孩被一群书带着飞了起来。

生：我会写我和那些书一起度过的快乐时光。

师:嗯。这,就是他的"欢乐与悲伤,理想和希望"。(课件逐幅图出现)有一位五年级的同学,根据这幅图(见图2),站在莫里斯先生的角度,写了这样一则日记。(课件出示日记)

2050年6月12日　星期二　晴

来图书馆里的人,越来越多。

这天早上,来了五个人,一位老爷爷,一位老奶奶,还有三个小朋友。其中一个是女孩,每个人的衣服,无一例外都是灰色的。

"嗨!早上好!"我热情地招呼他们。

"叔叔,给我一本《百科全书》。"

走在最前面的小男孩迎了上来。我递给他《百科全书》,小男孩兴奋地接过来,立刻津津有味地读了起来。

奇怪的事情发生了,小男孩从眼睛开始,头发、鼻子、整个脸,双手、双脚直到全身……都在渐渐变化。有一道彩色的光,从男孩身上逐渐扩散开去。

一个穿着彩色T恤的金发男孩,捧着书,迎向金色黎明……

师:你觉得这个改写,哪些地方给你启发?

生:我觉得色彩变化写得特别好。色彩原来是灰白的,然后拿到书以后就是彩色的,而且是慢慢变的。

师:关注到了色彩的变化,特别是倒数第二自然段,写得非常细腻,有现场感。还有哪一点值得你借鉴学习的?

生:故事里原来没有对话,这里写出了对话。

师:嗯,可以写一写色彩变化,可以写一写对话,甚至可以把故事展开写。(板书:对话　故事)还有一个最值得关注的地方,故事本来是第三人称,现在变成了第一人称。(板书:我)用我的眼睛看色彩,(板书:看)用我的嘴巴去说话,用我的笔写故事。"我"在其中,故事就生动起来了,

第七章　整本书阅读教学　/ 365

就有了现场感。

师：好，现在请打开你们的作文本，现在，你就是莫里斯。注意！故事，要写得有现场感。让读者读着你写的文字，能够身临其境。

（生写作十四分钟，师巡视）

师：张老师在巡视的时候，发现同学写得非常精彩。我给一些同学的作文标了一、二、三、四，请依次上来，我们按照故事发展的顺序，走进莫里斯先生写的那本书。

（片段习作交流）

生：天空中乌云密布。

师：如果把这句话去掉一个字，你将会去掉哪一个字？

生：中。

师：好，读。

生：天空乌云密布，让人透不过气来，似乎马上就要爆发一场战争。我站在阳台上看着，感到要有不妙的事情发生。

师：你看他的开头非常精彩，是从对天空的描写开始的。好戏即将上演，先声夺人，非常好。

生：果然，刚才还平静的天空，突然狂风大作，阳台上放着的书都被吹跑了。我吓坏了，惊叫着扑向那本书。

师：这句话你觉得哪一个词语用得非常精彩？

生："扑"这个词。

生：想要阻止它飞上天空，但更恐怖的事情发生了。我的身体也不受控制，一个劲儿向上飘，并且身后的家具甚至整个房子都飘了起来。此时，那本书已离我很远了……

师：没写完，后面写一写自己的心情，好吗？第二位同学。

生：我迷茫了，不知该去向何处。

师：改为"不知何去何从"，好不好？再来。

生：我迷茫了，不知何去何从，我的家在哪里？我漫无目的地走着，只有那本记录着"我欢乐与悲伤，理想和希望"的书陪伴着我。

师：把这句话用到里边去了，真好！往下。

生：这时，奇怪的事发生了，一位金发飘飘的女孩向我飞来，她的长裙随风轻轻摆动着，蓝色的双眼溢满了惊喜和希望。

师：真好！关注到了色彩。掌声！你看她抓住女孩的头发、长裙、眼睛来写，女孩就像天使一样美丽。

生：她正拉着一群会飞的书，在天空中飞翔。我心中又燃起了希望。我望着手中的那本记录着我生活的书，它会不会飞呢？

师：这就是内心的独白。

生：我翻开书页，把它朝向天空，用力一抛，心里暗暗祈祷着：飞吧，带我飞向辽阔的天空，带我飞向遥远的地方。可是，书"啪"的一声往下掉。不行，它不会飞，心中刚燃起的希望，再次扑灭。我的心情一下跌到谷底，一屁股坐在了地上，绝望地望向天空。

师：特别值得点赞的，是她的内心独白，写得非常精彩，把莫里斯当时那种孤独、绝望、无助写出来了，同时又写出了希望。非常好！第三位同学——

生：今天我在整理书架时，突然发现了一本落满灰尘，破旧不堪的书。

师：你看这就是细节，落满灰尘、破旧不堪。继续。

生：它向我呻吟道："救救我——"我立即把这本书放到工作台上修理，几本热心的书也纷纷帮助我修理这本灰土色的书。可是无论如何修理都没有用，我用手轻轻地擦着书上的灰尘，用胶布小心地把漏洞补好。可是，书没有能被救活。我又用听诊器倾听着书的心跳，依然无济于事，心电图没有一丝波动。我无意间看了看这本书上的字迹，它像有一种魔力吸引着我……

师：至于怎么样救活的，你还没有来得及写，是吧？哈，恰好，4号同学写了，你们两个合起来，就是一个很好的故事。好，4号同学接着——

生：一旁的书在不断地提醒我，我好像知道了什么，拿起书，开始在文字里穿梭：我在字母之间翻跟头，又与文字做游戏。

师：真好。在字母间翻跟头又与单词做游戏玩耍，把"认真阅读"写得很有现场感。

生：不断地将故事记入脑中，真神奇，书的脸渐渐地红润起来，心跳加快了。书，居然活了！

师：你们两个整合一下，就是很精彩的故事。掌声感谢这四位同学的分享！这四位同学写的故事，哪些地方写得最有现场感？

（生简单评价，教师稍作总结，生之后修改自己的习作）

板块三：聚焦细节　发现神奇飞书

师：同学们，故事读完了，但图画书仅仅只读到这一步是远远不够的。图画当中，往往会藏着很多秘密。请再读图画书，不断去发现神奇之处，然后与伙伴分享自己的发现。

（生完整看一遍没有文字的图画书，四人小组交流各自的发现，组长将发现整合到阅读单上）

生：我们组发现，有书的时候莫里斯是彩色的，失落的时候莫里斯是黑白色的。

师：非常了不起的发现！果然如此吗？我们来看看。（依次呈现不同色彩的图画书，验证学生的发现，学生在一旁讲解。过程略。）

（学生继续分享其他方面的发现，过程略）

师：好，继续关注，你们发现这四幅图的奥妙了吗？

生：这个色彩变化表现的是春夏秋冬。

师：画家为什么要用四幅图来形容莫里斯先生渐渐老去？你说。

生：因为这四个季节代表的是一年。

生：也可以暗指人的一生。春天代表少年，夏天代表青年，秋天代表壮年，冬天代表老年。

生：老师，我还发现第四幅画当中，这些书也挂着拐杖，表明他们也老了！

师：你的发现太了不起了！

生：老师，我们发现了这四幅图还分别代表着早晨、中午、傍晚、晚上。

师：哇！你们真的有一双神奇的眼睛啊！（出示图，见下页）继续看，你发现了什么？

生：两个场景几乎一模一样。

师：是啊！这个少年莫里斯是由老年莫里斯返老还童变过来的，那么我们往前倒推——这个姑娘她有可能是由谁变过来的？（生：老奶奶）而后

来，莫里斯把整本书交给了小姑娘，小姑娘会——（生：慢慢变老）当老奶奶把书交给下一位读者的时候，老奶奶会——（生：返老还童）

师：是啊，这是一个永远也讲不完的故事，循环往复，生生不息！整个故事的结构，是开放的，这，又是这个图画书的神奇之处。这本书，神奇的地方还多着呢！大家一定还记得，有个长得像鸡蛋一样的、胖胖的萌萌的先生吗？我们就叫他"鸡蛋人"吧。他的表情非常丰富，而且会指导莫里斯做事情。（课件出示《鸡蛋人》）深圳有个叫胡曦文的一年级的小朋友，把鸡蛋人单独找出来，编了一本新的图画书——

师：同学们，读了图画书《神奇飞书》和《鸡蛋人》，也许大家还是不过瘾，那么，就让我们完整地看一遍电影《神奇飞书》吧。看完电影，你再去读图画书，你会发现更多神奇的地方。

（观影十五分钟）

师：谨以此课献给和书有缘的同学和老师，下课！

（说明：此课执教于2016年，分两课时呈现，用时八十分钟）

教学品鉴

在"对话"中实现思维建构

——特级教师张祖庆老师《神奇飞书》魔法课堂赏析

刘 璟

听张老师的课时,我俨然成了一名小学生,在这个思维涌动的场域里,不自觉地怀着雀跃的好奇心,和孩子们一起思考、探究、表达,全然忘了自己是个听课者。如佐藤学所言:"在积雪的时间里,我只是一个阅读参与者。""呀!"的惊叹声如同水的波纹一样扩散开去——这到底是一节怎样的魔法课堂呢?

理性与感性的对话

阅读教学在很长一段时间内,都在强调"潜移默化的浸染",并自认为比"赤裸裸的说教"更胜一筹。殊不知,无视逻辑思维的所谓感性熏陶,其价值并没有想象的那么明晰,或者说缺乏理解的教学如空中楼阁一般缥缈。这并不是说感性熏陶别无用处,关键在于如何与理性理解有机融合。张老师的这堂课就是很好的范例。

在这堂课的开始,张老师就明确地向学生指出:"阅读图画书,一定要充分关注图画。"接着,第二幅图就定格下来,张老师让学生认真看图,关注每一个细节,说说都看到了些什么;再根据画面,推测接下来会发生什么。后面的共读中,张老师也特意在某些地方停下来,引导学生观察画面的细节,并适时肯定学生的发现:"读图画书就是要不断地猜测,不断地加入自己的理解,才能让一本书读厚起来。"除了看图、猜测,张老师还引导学生关注书中反复出现的句子"写下他的欢乐与悲伤,理想和希望",经由这句话清晰地梳理出故事的结构。张老师就是要让孩子们掌握阅读图画书的基本方法和策略，当他们走出课堂时，也会不自觉地使用同样的技法阅读其他的图画书，发现更多图文合奏的秘密，亲尝"一本书只有真正被人阅读了，它才成为一本书"的哲思。这是理性的梳理与实践。

然而，因其文本的文学性，课堂里精妙的感性引导，又助推了理性思维的升华。"来，你就是书，你来邀请莫里斯先生阅读你！""每个人的故事都很重要。""谁愿意替莫里斯说这句话（跟这些书告别的话）？""来，现在你就是书，开始打呼噜——""如果你就是作家莫里斯，你一定会在书中浓墨重彩地写上什么？"每一个问题的指向都是理性的，可是表述的方式又极其感性，迅速激发了学生的表达和探究欲望，课堂的思维在跳跃间灵动着。而适时的音乐渲染，也把学生对文本的理解水到渠成地推向了高潮。那个哽咽着说"我会把你们都放在心上"的孩子，是前面所有理性与感性融合理解的累积。他读懂了。

读者与文本的对话

课堂里的读者，既是学生，也是老师。教师读者对文本的理解，直接影响着学生读者与文本的对话。我们常常说：给学生一碗水，教师就应该有一桶水。这里显然低估了一个卓越教师的文本解读力。张老师对于《神奇飞书》的文本解读在我看来是一片流动的湖水。"莫里斯是怎么救活一本书的。""莫里斯曾经用过哪些方法救书都失败了？""莫里斯这本红色的书，它曾经飞得起来吗？""为什么这个时候，它居然飞起来了？"从少年莫里斯与老年莫里斯中，小姑娘和老奶奶中，你发现了什么秘密？这些问题有的指向文本内容的深度理解，有的指向表达模式的理性探究，都在帮助学生建构文本的内涵与意义。对话展开的形式，既有教师问题引导式的推进，也有充分自主发现、探究下的自我建构。如"请再读图画书，不断去发现神奇之处，然后与伙伴分享自己的发现。""继续走进这本书，你还发现了什么细节？"观看电影，发现更多细节。"看完电影，再去读图画书，你会发现更多神奇的地方。"不是用教师过度的阐释代替学生自主的思考，而是创造机会让学生自觉与文本（视频也是文本的另一种形式）对话，与他人对话，与自我对话。由此，真正的阅读和学习也就发生了。

当课堂的阅读思维力延展到一定的程度，读与写的通道自然也打开了。"如果你就是作家莫里斯，你一定会在书中浓墨重彩地写上什么？"当学生变成莫里斯后，叙述的角度发生了变化，这本书里会记录些什么完全由他们来做主，这是一个广阔的自由驰骋的想象王国。孩子们开始跃跃欲试，"用我的眼睛看色彩"，"用我的嘴巴去说话"，"用我的笔写故事"。他们再次进入了与文本的深度对话中，他们把这样的对话用文字记录下来，实现了更深层次的认知建构和思维训练。

张老师说《神奇飞书》是一个永远讲不完的故事，一本真正的神奇之书。而这节有魔法的课，也似乎一直没有结束。它在时间里流动，在空间里蔓延。下课铃声响起，孩子们恋恋不舍地走出课堂，走在路上，回到家里，总有一些东西留在了心里，那是一种对阅读、对学习、对人生的全新的感悟。他们将带着这些感悟走进另一本书里，走进以后的人生里。

（作者单位：安徽师范大学附属小学）

让事故变成故事

——张祖庆《神奇飞书》课堂上的神奇一幕

毛家英

"全国小学语文名师教学观摩暨于永正教学思想研讨会"上，张祖庆老师执教的是绘本《神奇飞书》。

说实话，在听祖庆老师的这堂课之前，我对《神奇飞书》，一无所知。在张老师的引领下，我也和孩子们一起走进绘本，走进莱斯莫先生，走进神奇的飞书。一开始，张老师引导学生从封面图像、书名的阅读展开预测、联想；然后提示学生读图画书，既要关注图画，也要关注文字，还要将图画与文字结合起来阅读思考；接着引导学生读扉页，了解《神奇飞书》的作者、绘画者、翻译者等。

在祖庆老师的引领下，课顺利地进行着。因为第一次接触这本绘本，我也是和孩子们一样，畅游在绘本之中。如果一直这样下去，到下课结束，我想大多数老师会和往常听祖庆老师的课的感受一样：毕竟是久经沙场的特级，设计很精妙，课堂很精彩。

然而，课上到约莫二十五分钟的时候，出现了让人意想不到的事故。

祖庆老师让孩子们讨论"从图画中发现什么精彩"时，舞台的灯突然灭了。台上一片黑暗，而舞台下听课老师区域灯还亮着。看来，电承受不住繁重的工作，罢工了。坐在离舞台较远的我没注意到孩子们当时的表现，但是听课老师的哗然却是没办法忽略的，这可是千人会场啊！

听课老师的骚动影响了孩子们，没有话筒的祖庆老师先是示意孩子们继续讨论，同时也用手势告知台下的一千多人少安毋躁。

抢修工作紧张地进行着。台上孩子继续讨论，台下老师虽然没有大声吵闹，但小声嘀咕还是不绝于耳。我看不到祖庆老师此时的表情，暗暗替他捏把汗。没有了多媒体，课怎么继续？即使老师临时改变方法，舞台黑咕隆咚的，也不能有很好的效果啊！

抢修还没成功，孩子们的讨论不能无限制地延长啊。这时，智慧的祖庆老师做出了让大家都没想到的决定。

祖庆老师让孩子们离开座位，利用课桌右前侧的明亮空间，让孩子们面朝听课老师，席地而坐。借助台下的光亮，我们都能看见孩子们，孩子们也能看见台下的老师。祖庆老师从舞台上跳了下来，站在孩子们的右下侧，仰头望着孩子们。学生站得比老师高！孩子们能看见老师，听课老师也能看见上课老师。没有扩音设备，祖庆老师示意听课老师做到绝对安静，也提醒孩子们提高嗓门。

课继续，祖庆老师让孩子们走到前面，站在舞台正中，大声喊话。在祖庆老师的激励下，徐州大马路小学的孩子们使出了洪荒之力。他们的回答，不时赢来听课老师的阵阵掌声。记得有个孩子说："莫里斯没有了书，他的世界就像没有灯，变得黑暗；当莫里斯有了书，就仿佛远处有了灯，他的世界就变得光明！"台下又一次响起热烈的掌声。大家都在默默祈祷：电赶快抢修好吧！突然，电来了！老师们长长地舒了口气。可是，让我们没有想到的事情又一次发生了。灯光亮了，屏幕恢复了，扩音设备也可以正常启用了，祖庆老师让孩子们回座位继续上课。没想到孩子表示不想坐到座位上。于是祖庆老师示意工作人员把课桌椅挪开，让孩子们继续席地而坐，面朝屏幕。

课继续进行着。断电以后，孩子们的状态比之前更好。也许是好奇激发了他们全部的热情吧，我想。

十五分钟悄然流逝。台下听课的老师，心底涌动着温暖、惊叹和无比的钦佩……

课后，祖庆老师在自己的微信朋友圈说：这是他生命中最难忘的课。他是亲历者，自然难忘。何止他难忘，对学生来说，这样的经历又怎么能忘呢？对台下的一千多名听课老师来说，这样的精彩想忘也忘不了。

第二天的对话交流环节中，一位特级教师也说到了这件事情，大意是：昨天下午的课出现这样的意外一刻钟，大家都在赞叹祖庆老师具有大智慧，但是这样的大智慧背后其实是老师眼中有学生，心中有学生，这也正是在践行于永正老师为学生而教的理念。

在突然的事故中教师能安然自若，泰然处之，我们看到的也许只是教师的大智慧，但是教师的大智慧来自何处？那位特级教师的话给了我们启示，那就是，祖庆老师一贯尊重学生，以学生为上的理念已经内化为自己不自觉的行为了。

正因为有平时的积淀，所以这次事故变成了美好的故事，以致至今回想起来，仍然激荡着我的心。

（作者单位：苏州市相城区望亭中心小学）

第16课　罗伯特的三次报复行动

文本简介

善意的报复　烂漫的童心

《罗伯特的三次报复行动》的作者让·克劳德·穆莱瓦，1952年生于法国奥弗涅，先后在斯特拉斯堡、图鲁兹、波恩和巴黎求学，在从事了几年德语教学后，选择投身戏剧事业。他创作的独幕剧在法国上演了上千次，并在世界其他各国巡回演出。他导演了布莱西特、科可多和莎士比亚的剧作。1998年，出版了第一部小说《刀疤》。此后，他的作品连续受到读者和评论界的好评。

这本书讲述的是个荒诞而妙趣横生的故事。

罗伯特是法国帝乐小学的教师。他一退休，就迫不及待地拿出学生名册，开始自己酝酿了37年的报复计划。三次报复行动，每一次都计划周密，且充满了让人意想不到的笑料：勒康的餐馆中乱得一塌糊涂的晚餐，尤其是大狗布鲁的表演不禁让人笑翻；开美容院的吉约姐妹的派对上垃圾从天而降，光鲜亮丽的客人一个个狼狈不堪。而第三次报复行动中，马赛克毛毛小姐的音乐会上，罗伯特被她的经历和真诚所感动，以温暖和宽容原谅了曾经恶作剧的学生，留给读者以美好的想象。

站在儿童的视角注视这部作品，最具吸引力的莫过于"罗伯特"这个另类的教师形象及与之相关的那些离奇事件了。人物形象的陌生化和故事情节的戏剧化是吸引孩子的主要原因。

与人物形象的塑造有着异曲同工之妙的是情节的安排。情节紧紧围绕"报复"展开。"报复"？罗伯特作为一位教师要"报复"他的学生？而且还实施了三次"报复行动"？书名——《罗伯特的三次报复行动》概述了整本书的情节。而这样的情节无疑是极能激发阅读者的阅读兴趣的。这是透过书名看情节。

从整本书的展开情况来看，情节的安排运用了典型的反复结构。每一次报复行动都按照"报复的原因——报复的过程——报复的结果"加以叙述。每一次报复行动，都是闹剧和喜剧的叠加。再加之作者幽默风趣、略带调侃的语调，铺陈夸张的描述，使每一次情节的展开都富有戏剧化的色彩。

这样的"戏剧化"是能给读者，尤其是小读者们带来阅读快感的。

因此，这本书的人物形象和故事情节不仅是能深深吸引孩子的，更是能深深打动孩子的。这就是《罗伯特的三次报复行动》的魅力所在、价值所在。

> **课堂实录**

预测，让阅读之旅充满惊喜

——《罗伯特的三次报复行动》班级读书会实录

课前热身：聊聊"班级·读书·会"

师：喜欢自己的班级吗？

生：（齐答）喜欢！

师：请告诉我喜欢的理由。

生：我们班同学都很团结，不管遇到什么比赛都会齐心协力。

师：你们是一个团结温暖的大家庭，所以大家喜欢。

生：我喜欢班级是因为有的同学很幽默。

师：幽默，在这里生活很快乐。还有其他理由吗？

生：我觉得方老师很风趣，很幽默。

师：有一个好老师也让你对班级深深地迷恋！

生：我们同学多才多艺。

师：好，聊第二个话题：喜欢读书吗？为什么？

生：因为读好看的那种书，很有趣，所以喜欢。

师：你觉得读书是一种享受。

生：读书可以获取知识，可以在知识的蓝天中翱翔，所以我喜欢。

师：你的表达非常诗意，看得出你是一位非常爱读书的孩子。

生：我读的那些书就像一道道美食，我喜欢细细品味那些书。

师：是的。一本好书就像一道大餐，需要我们细细地、美美地品尝。

最后一个问题：喜欢开会吗？喜欢的举手。

（生纷纷举手）

师：你们真厉害，连开会都喜欢！（笑）你们喜欢开什么会？

生：喜欢开联欢会。

生：辩论会、讨论会。

生：我喜欢开运动会。（笑）

师：运动会也是一种会。今天这节课我们就在自己的班级召开一个讨论会，讨论的主题就像刚才这位同学说的，怎样细细地品味一本书。开始我们的会议好吗？

生：（齐声）好！

师：我是本次会议的主持人，我姓张。

板块一：猜读封面，开启读书之旅

师：今天这次读书会，让我们挑战自己的想象力！挑战从什么地方开始呢？就从书的封面开始吧。《罗伯特的三次报复行动》大家刚刚拿到，请仔仔细细观察封面，看完之后，大胆地预测，这本书可能会讲些什么？不准翻里边的内容，想好了就举手。

生：我认为以前有人欺负罗伯特，罗伯特就实施了三次报复。

师：你是从"报复"这个词语中想到的。抓关键词猜测，好！

生：我觉得可能有人得罪了罗伯特，他不喜欢，于是他要报复他们。从图画上看出下面两个人很惊恐的样子。

师：这个同学可真厉害，从图画中人物的表情，从封面细节中去预测，真会思考。

生：我在猜想罗伯特在每次报复中遇到了哪些困难，还有第一次和第二次报复之间有哪些人阻挡他。

师：这个同学也很会思考，从题目中这个特别大的"三"字联想开去，很好。同学们，读书，特别是读整本书的时候，我们要善于大胆地从封面开始猜测，让读书之旅像探险一样充满着惊喜！那么这本书究竟讲了什么呢？请看——

罗伯特是法国帝乐小学的教师，他在学校工作37年后，光荣退休。一退休，罗伯特就迫不及待地拿出学生名册，开始了已酝酿了37年的报复计划。三次报复行动，每一次都计划周密，且充满了让人意想不到的笑料。

师：此时此刻，你脑子里产生了什么疑问？

生：既然是报复行动，怎么会出现意想不到的笑料呢？

生：那些学生又没有欺负罗伯特，他为什么要报复他们呢？

生：罗伯特是怎么报复学生的？

生：他为什么迫不及待地报复？

师：同学们，请大家尤其要关注他的身份，他是谁？

生：（齐答）老师。

师：你们的老师会不会报复你们？

生：不会。

师：至少我是不会的。（生笑）这就奇怪了，老师怎么会报复学生呢？太让人吃惊了，大家想不想知道其中的原委？

生：（充满期待地）想——

板块二：范读精彩章节，诱发阅读期待

师：不许翻书！我给大家读最精彩的片段。你特别要关注这部分中有哪些是意想不到的笑料。

故事发生在罗伯特老师刚刚工作的37年前。国家教学管理机构的检查员来听课给他打分数，这个罗伯特老师7乘以9从来没有算对过——

"老师，7乘以9等于多少？"

勒康的眼睛里闪烁着幸灾乐祸的光芒，迫不及待地想看自己的老师出丑。其他小孩都想，勒康果真是胆大包天哦！

"7乘以9，"他结巴着，"7乘以9等于……"

"嗯，7乘以9，7乘以9等于9乘以7，是数字9那一行……我们把他当10算，然后再减掉1……哦，妈妈，妈妈帮我算一下……刚才那个等于多少，54还是53？妈妈……"

…………

罗伯特急急忙忙跑到窗边打开窗户……可是，不幸的事情发生了……

现在来总结一下这个迷人的上午：

学生卡特琳·肖斯的头上缝了14针，在家待了整整两个星期。

学生布里吉特，下巴脱臼，左脸颊充血。

史蒂芬妮小姐，国家教育检查员，被送进了北部医院。全身上下多处被碎玻璃片扎破……上了五个星期的石膏，接受了两个半月的康复治疗。

罗伯特，四年级教师，获得了历史上从未有过的最糟糕的分数。

七条金鱼全部死亡。

30年后，勒康继承了爸爸的老城堡餐馆。在开业典礼上，罗伯特老师请了他的表弟和表弟的小狗布鲁搅局，结果洋相百出。这个晚上，被罗伯特称为最迷人的夜晚。

现在来看一下这个迷人夜晚的成果：

老城堡餐厅因为内部修理停止对外营业两周……

四位员工因为"心理创伤"而获得休假。

勒康先生挨了两针，一针狂犬疫苗，还有一针预防破伤风。

美食家马莱耶松，足足睡了五天五夜。

大狗布鲁在睡了八个钟头以后，一醒来，就直接朝自己的饭盒走过去，因为它又饿了。

（读书过程中，学生纷纷大笑不止）

师：说一说，第一次报复行动中，哪些是你意想不到的笑料？

生：一只狗的体重是无比的重。我觉得意想不到。

师：太庞大了，你觉得很好笑。

生：那只狗一下子吃下了那么多东西，太不可思议了。

生：我没想到那些消防员打了第六针才打到那只狗。

生：我在想那只狗把勒康先生左屁股的裤子都咬下来了。

生：我没想到罗伯特竟然让一只狗来收拾勒康，不是自己用拳头去打。

师：刚才我们进行了预测，预测完了再阅读，我们发现有些被我们猜中了，而很多是我们意想不到的。这就是预测阅读的快乐，带给了我们很多很多的惊喜。那你们觉得这是怎样的一次报复？

生：我觉得这是一次很烂很烂的报复。

师：你为什么说这是一次很烂很烂的报复？

生：因为那么多人都负伤了。

师：你是站在勒康的角度说这是一次很糟糕的报复，是吗？（生点头）但是站在罗伯特的角度说呢？

生：这是一次很棒的报复。

生：我觉得这是一次笑料不断的报复。

生：我觉得这是很完美的报复。

生：我觉得这是疯狂的报复。

师：是很疯狂。同学们，如果我们回味一下37年前那个迷人的上午和37年后那个迷人的夜晚，他曾经遭受过这样的捉弄，而现在反过来又捉弄了他的学生，这叫作——（生接：以其人之道，还治其人之身）所以说，这是以牙还牙、笑料不断的报复。这是第一次报复行动，更精彩的是第二次、第三次，想不想看？（生：想）我们的猜想阅读，有时候可以根据封面，

有时候可以根据前边的内容继续前进。推测是有根据的，请默读。（大屏幕出示）

1978年6月，一天放学回家，淘气的吉约姐妹把一只蓝色的塑料脸盆放在土耳其蹲式厕所的上方……

和平时一样，罗伯特发现小孩们没有把厕所弄干净，于是用手拉起木头把手，用力往下按。他突然感觉似乎是被人推下了游泳池，脑袋整个没进冷水里。他经历了一场"洪水"，把他从头到脚浇了个湿透。

他脱下来晾晒的衣服，被学生勾走，更为恼人的是，他没办法拨通家里的电话，连学校的门都被封锁了。他只穿着短裤，在学校里度过了一个非常狼狈的夜晚。

师：看完，请大胆预测罗伯特老师会怎样以牙还牙？想好了对着你同桌说悄悄话，你觉得罗伯特会怎样报复他的学生？

（同桌之间互相说猜测）

师：咱们先不把预测说出来，读过书之后再回过头来想一想，你有没有预测对。好了，孩子们！现在，咱们终天可以把书打开了！请大家找到第二次报复行动的部分。怎么找？看目录，翻开之后，看第十章，老师还有一张阅读小贴士，也是书签，请根据书签的提示往下快速阅读。（生兴奋地翻开书静静地阅读）

板块三：速读第二次报复行动，迷你辩论

师：好，现在请四个同学组成一个小组，围绕这两个话题讨论：在罗伯特的第二次报复行动中，哪些地方和你的推测惊人的相似？哪些场面特别出乎你的意料？为什么？开始交流。

（生小组讨论，三分钟左右）

师：好，请最后一个小组上来，说说你们组谁的预测和罗伯特的第二

次报复行动惊人的相似。

生：我当时预测，罗伯特会用垃圾报复那些人。果然，书里这样写了。

师：你当时就想到了？你和罗伯特想到一块了！惊人的相似。

生：我猜测罗伯特还会用洪水来攻击。

师：现在请你们谈一谈哪些场面特别出乎你的意料。为什么？

生：我觉得尤其出乎我意料的，是他竟然用垃圾报复别人，而不是用别的东西。

师：为什么你觉得很出乎意料？

生：因为他竟然用垃圾！用这么多恶心的垃圾来报复，太让我吃惊了！

师：你联系罗伯特老师的身份，老师报复学生居然用这么恶心的垃圾。你觉得是不是有点过分了？（话筒对着另一男生）

生：我觉得很过分。

师：可是，我刚才在巡视的时候，很多同学却觉得这个地方描写得很精彩。觉得很精彩的请举手，你来和他们辩。你觉得这个地方描述得很精彩，说说为什么。

生：因为那些东西很恶心，就像扔到了自己身上一样。仿佛把我们带到了现场。

师：让你产生一种很恶心的联想，所以觉得写得很成功、很精彩，是吧？请你们反驳他们。

生：我也觉得罗伯特是一位老师，这样做太不可思议了，有点过分。

师：你觉得作者写得也挺过分。来，我们继续。

生：刚才我们看到屏幕上出现的介绍，20年前，两姐妹居然用脸盆盖在厕所上面，这样也会让人觉得很过分。而今天，她们这叫自作自受！谁叫他们当年要这样欺负老师！所以老师也要报复回来。我觉得不过分。

生：罗伯特那么狠，这才叫报复，这才叫真正的报复。

生：我认为罗伯特偷偷摸摸的样子很好玩。这样的书读着才过瘾。

师：你觉得这个场面很好玩！好，同学们，咱们的讨论就到此为止，请回到位置上。我们仅仅只是读了一个章节的一部分，现在下结论为时过早，等读完了全书再来想这个问题，也许你会理解得更深入。

板块四：猜读第三次报复行动，根据线索推想

师：同学们，无论你是猜中了，还是没有猜中，猜测阅读都会让我们享受读书的快乐。猜中了，好像侦破成功，体会到了破案的惊喜；没有猜中，带给我们的同样是思考的快乐。让我们继续猜测！该猜哪一次了？

生：第三次。

师：第三次报复行动，当时事情是这样的——请大家特别关注名字。（生看投影）

1988年，罗伯特47岁那年和同事克罗蒂娜恋爱了，正当他拿出花了4个月工资买来的戒指向她求婚的时候，却发现戒指内侧写着"罗伯特和克丽斯蒂娜"。克罗蒂娜恼羞成怒，以为罗伯特将曾经送给别人的戒指给她，于是再也不理会罗伯特。后经查证，是班里的女学生奥德蕾·马赛克毛毛谎称是罗伯特的侄女，让店主将戒指内侧写上克丽斯蒂娜的名字。

师：看明白的同学请举手，罗伯特遭受了怎样的捉弄？

生：罗伯特和他恋爱的同事本来要结婚，就因为他班里的一个学生，害得他一辈子都没结婚。

师：为什么？

生：因为他班里的学生把戒指里的名字写成了"克丽斯蒂娜"，害得克罗蒂娜以为罗伯特和别人交往过，把本来送给别人的戒指送给自己，所以恼羞成怒，就和罗伯特断绝了关系。

师：嗯，一刀两断了！这戒指送给你，你要吗？（连着问三个女孩，

都摇头）是啊，你们这么小年纪，都知道不要，何况当事人！（笑）11 年后，这个叫"奥德蕾·马赛克毛毛"的同学成了明星。她嫌自己的名字难听，把"马赛克毛毛"去掉，就叫"奥德蕾"。这一年她要在当地举办一场个人演唱会，罗伯特请妈妈买了演唱会门票，准备在演唱会实施他的报复行动计划……同学们，你觉得他有可能会怎样报复？

生：我觉得，唱歌唱到最高潮的时候，大声喊她的真名，揭穿她的真实身份。

生：我觉得罗伯特会在唱歌的时候把音响关掉，让她在这么多观众面前出丑。

师：究竟谁猜对了呢？请你们快速找到罗伯特和母亲准备报复的计划，谁找得最快？

生：在第十三章这里。

师：第十三章的最后，他们要干什么？

生：要公布马赛克毛毛的真实姓名。

师：把他们的姓和名写出很多很多张……（生接：很多很多张纸片）然后在演唱会高潮的时候全部扔下来。刚才那位同学你站起来，恭喜你，猜对了。你瞧，这就是预测阅读，根据前边的线索猜测，你的想法和作者惊人的相似，你也可以去写这样一本优秀的书了，了不起！那么，大家认为，第三次报复成功了吗？觉得成功的举手！（多数学生举手）觉得不成功的举手！（极个别）同学们，事实是这样的，演唱会上奥德蕾……这本书中最动人的一幕出现了，静静地阅读。（学生看投影阅读）

11 年后，马赛克毛毛成为了明星，她要在当地举办一场个人演唱会。罗伯特和妈妈买了门票，准备在奥德蕾·马赛克毛毛的演唱会上，实施他的报复计划。

但演唱会的过程中，毛毛唱得非常动情。歌声打动了罗伯特，他决定放弃报复。这时候，马赛克毛毛发现了罗伯特先生。于是她邀请罗伯特到化妆间，彼此询问了最近的情况。

　　罗伯特和母亲转身离开化妆间……毛毛叫住了罗伯特老师，还没等毛毛开口，罗伯特老师就原谅了毛毛。

　　生：结局是罗伯特老师最终没有实施他的第三次报复计划，我觉得罗伯特老师既然原谅了马赛克毛毛这么一个学生，他可能也会原谅其他学生。

　　师：罗伯特已经原谅了，能叫报复失败吗？

　　生：不能。

　　师：是他放弃了报复。同学们，这是故事的结局。结局后边还有一个尾声。（生翻书）不要看书，你觉得尾声应该是怎样的呢？

板块六：书写角色日志，升华认识

　　师：在那个晚上，也许，奥德蕾回到家回想起11年前曾经陷害老师的那件事，回味着老师刚才原谅她的那一幕，她如释重负，在日记中写下了这样的话语……也许罗伯特回到家里久久地难以入睡，三个报复行动一幕幕地在他眼前闪过，他感慨万千，不由得喃喃自语……

　　师：请同学选择其中的一个角色，把他们此刻的心情写下来。

　　（生写，约五分钟）

　　师：那个晚上，奥德蕾回到家回想起11年前曾经陷害老师的那件事，她在日记中写下了这样的话语——

　　生：谢谢您，敬爱的罗伯特老师，您原谅了我，所以我快乐地在心里说：我意识到了自己的错，您原谅了我，您真的很好，我知道老师永远都是宽容的。在宽容中，一天完美地结束了。

　　师：写得真好，罗伯特老师也想对他的学生们说——

　　生：谢谢你，亲爱的毛毛，是你让我懂得了宽容的真谛。也许我真的不该对自己的学生，对自己一生中最心爱的人产生报复的心理。想起当年那一个个懵懂的孩子做一些无心的恶作剧也是十分可爱的，我真的后悔了。

师：后悔永远不迟！学生毛毛还想对老师说——

生：罗伯特老师，11年前我做了对不起您的事，可如今您是那样的心胸开阔，不计较之前的事，我真的对不起您，我不应该那样对您，害您一直孤身一人，为此我再一次深深地向您道歉。

师：鞠个躬，是代表马赛克毛毛。老师还想对他的学生说——

生：谢谢你，亲爱的毛毛，是你让我觉得自己这样做是错的。我不应该伤害这么多无辜的人，他们并没有什么错，而是我自己错了。我不应该把报复看得那样重，我已经伤害了多少无辜的人啊！我不会再这样做了。

师：他在深深地忏悔。毛毛还想说——

生：谢谢您，敬爱的罗伯特老师，当时我还不懂事，您的终身大事被我给毁了，但您却这样原谅了我，我感到抱歉。谢谢您，祝您退休愉快！

生：谢谢你，亲爱的毛毛，你让我知道报复或许不是最好的办法，最好的办法也许是让对方悔过，让对方意识到自己的错误。

师：是的，同学们，回到位置上。这一刻，学生和老师，所有的恩恩怨怨都烟消云散了。最让人感动的是，故事的尾声出现了这样的一幕。（屏幕上的文字缓缓上移）

他总共教了一千多个学生，高的矮的，胖的瘦的，男孩女孩，好学生坏学生。他看着那一千多张微笑的脸。这些学生他一个都没有忘记过。现在他觉得，这些笑脸并不像他先前觉得的那样，是在嘲笑他。恰恰相反，他们看上去都友好而真诚，像是异口同声地在对他说：

"祝您退休愉快，罗伯特老师！"

师：让我们也一起祝福罗伯特老师，祝他退休愉快。

生：（齐读）祝您退休愉快，罗伯特老师！

师：在这本书的最后，著名的儿童文学作家梅子涵先生，也是这本书的翻译者的父亲写下的一段话：(大投影出示)

童年的淘气和恶作剧，往往不需要表达歉意。他们的长大，他们后来的优秀，等于是见证。

罗伯特是不会报复童年的。天下的真正的老师都不会报复。

可是，如果天下的小孩，长大以后，愿意说出一句恳求的歉意，那么也非常好。

这歉意是诗，是这个世界喜欢的一个回响。

——梅子涵

师：同学们，今天这节课，我们速读了一本有趣的书，还学到了一种很重要的阅读本领，那就是——猜读法。这是今天咱们学到的猜读法的攻略，我们总结一下。第一招：看封面猜测；第二招，根据前文推测；第三招，根据线索推测。猜测，让读书之旅充满乐趣。

(说明：此课执教于2009年)

教学品鉴

猜想：儿童阅读的游戏启蒙
——我看张祖庆老师《罗伯特的三次报复行动》导读

丁素芬

我以为，在小学语文课堂里，观课至少应该带上两种眼光：一是儿童的眼光，即此课是否为儿童而上；二是语文的眼光，即师生是否在做语文课的应做之事。

有幸聆听过祖庆老师很多课。从他众多的课堂中，我看到了一以贯之的"执念"：为儿童的创意，为语文的大气。以上的眼光正是在这样的观课中形成的，又是在其中不断生长发展的。以此眼光来看《罗伯特的三次报复行动》一课的教学，有妙有趣。

观全课，可见"猜"的乐趣，"猜"的创意，"猜"的思想。那么，祖庆老师为什么要用猜想来定义这本书的导读呢？课堂背后的学理支撑是什么？我也来猜一猜——

一、有没有一种阅读叫"文学猜想"

说到"猜想"，不由会想到世界著名的哥德巴赫猜想。猜想，似乎生来属于科学。不可否认，科学的发现，是从大胆的想象开始的。那么，有没有一种猜想是属于文学的？抑或说，有没有一种阅读，可以叫"文学猜想"？

这个，可以有！在祖庆老师的课堂上，我们常常"看见"——

俏皮的猜想，灵动的猜想，让故事文学充满未知的魔力。它让阅读思维飞向逻辑或非逻辑，让"作者的创作"和"我的创作"规则或不规则地碰撞。我们看见，这个创思的过程，远比获得了什么更好玩，更含金。"真相是具有破坏性，甚至毁灭性的。"在真相抵达之前，需要留几步悬念，有几回曲折，以便更懂得真相。祖庆老师深谙此道，且长于连环贯穿。

猜读，即是预测阅读。对此，法国作家萨特曾说："阅读时你在预测，也在等待。你预测句子的末尾，预测下一个句子。你等待它们来证明你的预测是否正确。"正确，或是不正确，已然不重要。故事文学的魅力，在于它的过程和结局的无限不确定性。从这个意义上说，预测阅读，没有正确，唯有不同。这是文学猜想区别于科学猜想的更美妙之处。

预测、验证、比较、提升，构成了朴素而妙趣的儿童文学猜想的节律。

二、为什么是"这一个"而非"那一个"

"这一个"是独特的，它甚至不可替代。并不是所有的文学故事都适合用来猜想，《罗伯特的三次报复行动》具有怎样独属于自身的故事价值呢？为什么罗伯特的故事选择了猜想策略？或者说，是猜想阅读选择了罗伯特的故事。反复阅读这本书，顺着这个故事的特有属性思索，我发现祖庆老师的课堂设计绝非一时兴起、空降而来。本节课以预测阅读来贯穿全程，经得住理据考量：

这是一个专门写给儿童的故事。正如书的前言中所写："合乎年纪，合乎趣味，快活地笑或是严肃地思考，站在敬重生命的角度，不假冒天真，也不故意深刻。"故事的主人公是罗伯特和他的学生们，当然，还有他那可爱的妈妈。于儿童而言，书中的童年，现实版的童年，必有重叠的笑与泪，善与邪……还有那些不为外人道的小秘密。孩子拿到这个故事，都会自觉进行角色对照，从故事里探索另一个"我"。猜读，是预测故事，也是阅读自己。这个自己，或是本色，或是重塑。这样的对照阅读体验，儿童喜欢。

这是一个极荒诞极认真的喜剧。关于师与生的故事，儿童文学中从不鲜见。但是，老师为报复学生而精心策划行动，却荒诞不经。课中，学生很快就敏锐捕捉到了"三次"。"三"在故事中具有神奇的转折力，它可以创造各种意想不到的可能。这种"反复"的故事结构，加上无处不在的夸张手法，让故事变得充满弹性和张力。梅子涵先生说："这是一幕戏剧。"而且，是喜剧。猜想阅读，为戏剧而量身。喜剧色彩，在猜想中丰满。

三、"猜"与"导"可以浑然合成吗

如果仅仅是纯猜想阅读，那么幼儿也可以做到，或许想象力更天马行空。这是一节整本书阅读的导读课，"导"是课堂的核心。猜读只是手段，导读才是目的。课始，老师说："《罗伯特的三次报复行动》大家刚刚才拿到……"一句细节可知，学生对这本书几乎是零阅读。只有在对内容未知的情况下，预测阅读才有意义。此学情下，猜想是真实的、合理的，是面向全体学生的有效策略。基于这个前提，再来看看，"猜"与"导"在这节课中是如何对应起来，双线并进的呢？

纵向梳理，本节课共设计了三次阅读猜想，即"阅读封面预测""第二次报复行动预测""第三次报复行动预测"。在"猜"的形式下，生成"导"的支架。

其一，猜的起点对应导的兴趣。

书的封面图极具漫画色彩，极尽夸张手法。罗伯特老师的形象与现实中的老师大相径庭，一本"复仇备忘录"装着所有的秘密。书名中的"三次报复行动"引起学生探秘的兴趣。此处的预测阅读，老师没有停留在溜冰式的滑过场，而是在整体观察之后，引导学生从对封面的好奇走向对内容的探知。借助故事简述，学生问，教师导：

生：既然是报复行动，怎么会出现意想不到的笑料呢？

生：那些学生又没有欺负罗伯特，他为什么要报复他们呢？

生：罗伯特是怎么报复学生的？

生：他为什么迫不及待地报复？

师：同学们，请大家尤其要关注他的身份，他是谁？

生：老师。（齐答）

师：你们的老师会不会报复你们？

德国接受美学创始者姚斯提出了"期待视野"理论。在儿童文学阅读中，教师的"导"较大程度影响着学生的阅读预知。这种期待视野决定了学生接受作品的方向和层次。本节课的开篇之"导"，猜在阅读的起点，导在阅读的兴趣。学生处于亢奋的阅读"前状态"，在"报复"与"意外"的语词冲突中，进入更佳的阅读"潜状态"。

其二，猜的节点对应导的策略。

第二次猜测阅读，与第一次相比，有质的不同。导读课的目标不只是导兴趣，还要导出策略，导出新的问题，导出自我的表达。本次的猜读聚焦于"第二次报复行动"，但并不显突兀，采用了"精彩呈现+猜读创想"的策略，把前两次报复行动变成学用关系的一个整体。

书中最荒诞、详细、精彩处是第一次报复行动。这个资源，祖庆老师不用来猜，而是用来导。以教师朗读精彩章节的形式，导出故事的荒诞与意外。这个情节里，可感受到作家正竭尽所能地把所有的倒霉都给了那个"迷人的上午"，再倾其所有地把所有的不顺都返还给37年后那个"迷人的夜晚"。如此大的戏剧张力为学生第二次猜读提供了内容和结构上的支架，即师生交流中提炼的"以牙还牙""联系前面内容""创造意外"等。

一个精准的猜读节点，导出了阅读与创思的方法，此节点为情节上的提升点。在"预测——阅读——验证——辩论"中，学生从读情节走向读人物、读思想。这一辩，也渐渐接近了第三次报复行动，轻微埋下伏笔，甚妙！

其三，猜的落点对应导的规律。

最后一次行动，是重复还是转机？必然精彩。猜测的落点，在难以预知的结局。"三"这个数字的确是充满奇幻的，它预示着更意外的事情发生。

这一次，猜与读产生了反差，故事脱离了原有轨道，由喧闹转向了温情。学生在沉默中反思童年，或化身罗伯特老师，或化身孩子，表达动人的歉意和宽容。罗伯特是不会报复童年的，天下真正的老师都不会报复。此时，师生休战，所有的不完美在真诚的抒怀中化为诗意的感动。

无独有偶。如此的"导"，在祖庆老师的整本书教学中，有策略的贯通。书影导读课《灵犬莱西》中有异曲同工之妙：

师：张老师在阅读这本书的时候，细读了前两次"出逃"。第一次莱西是挖洞逃走的；第二次它是从防护网上蹿出来的；第三次，它是怎么逃的呢？我没有往下读。现在请大家根据对狗的了解，结合自己的生活经验，大胆预测，你觉得第三次莱西可能会怎么逃出来？

（生四人一组头脑风暴，生猜测出莱西从地道、趁和公爵散步、从藤蔓等方式逃走）

师：然而，故事不是那么简单，公爵专门派了一个保镖死死地看着它。究竟是怎么逃出来的呢？（播放电影片段一、二）

对比这两节课，罗伯特的第三次报复行动与莱西的第三次出逃的结果都不同于之前，大大出乎意料，又似乎都在情理之中。在几番曲折的情节之后，最终走向人性的回归。在故事中，折腾是需要的，也是真实的。没有折腾就没有故事，它是人物内心矛盾着的行动。这就是优秀文学故事的魅力，也是猜测阅读的魅力。

"是宇宙大，还是人的思想大？"这是一个哲学命题。法国哲学家帕斯卡尔给出一个回答："就空间而言，宇宙吞没我；就思想而言，我掌握宇宙。"

一个爆笑款的戏剧，一个关乎童年的故事。此课，猜想的意义，在于猜想之外。

（作者单位：淮阴师范学院附属小学）

第17课　草房子

文本简介

"别怕……"

曹文轩的《草房子》是一部隽永的成长小说。自1997年面世以来，畅销不衰。各个版本累计印次已超300次，被翻译为英文、法文、日文、韩文等。曾荣获"冰心儿童文学奖"、中国作协第四届全国优秀儿童文学奖、第四届国家图书奖，并入选"百年百部中国儿童文学经典书系"。根据小说改编的同名电影同样引起轰动，在国内外屡获大奖。

全书围绕油麻地小学师生的生活展开，以人物专题为序，共分九章。每一章，都是一个主要人物的成长历程。也因此，书的目录都以人名或者以可以代表某个人物的地名（比如代表杜小康的"红门"，代表桑桑的"药寮"）构成，简洁明了。然而，每个章节的故事和人物又并非完全独立存在，它们前后关联，环环相扣，展示出独特的叙事风格。

《草房子》有干净优美的文字，独特而又新颖的结构，曲折而又智慧的情节以及荡漾于全书的悲悯情怀，这让整部作品充满美感和诗意，读之难忘。

桑桑、陆鹤、杜小康、纸月、细马，这些天真善良的孩子都在书中鲜活地长大；蒋一轮、白灵、秦大奶奶、邱二娘，甚至桑乔，这些成人也在一个个的故事中变得更加成熟，他们与孩子们一同在成长。

磨难，是他们每一个人都绕不过去的一条河。陆鹤极力想摆脱"秃"；细马没有属于自己的家；私生子纸月受尽欺负；而桑桑，他的病曾让他和死神比邻而居；秦大奶奶看得如性命一般的土地变成学校的；邱二娘无法真正接受继子细马；桑乔，总不能忘记自己曾是猎人的耻辱以至于视荣誉为生命。是的，磨难之河横亘在他们面前，他们必须涉水而过。如果因为害怕而退缩，那么磨难就变成永远的灾难。

杜小康是全书中经历最让人唏嘘感叹的孩子。曾是油麻地小学里家庭条件最好的学生，杜小康一出场就是那样的与众不同。他永远有干净整洁、质地优良、符合时令的衣服，在一群破衣烂衫的小孩中是那样显眼。身为班长，他成绩优异，做事果断，一呼百应，甚至老师都对他客客气气。他的一切，都让其他孩子望尘莫及。然而，老天却给他开了一个巨大的玩笑。父亲投资失败，家庭瞬间一贫如洗。当两扇带着过去荣耀和富贵的红门都被债主拆下后，杜家彻底败落，杜小康甚至连书，也不能再继续读下去。骄傲的杜小康不在了，很长一段时间，他邋遢、敏感、孤独和恐惧。

为了还债，他不得不跟着父亲到百里外的大芦荡养鸭。养鸭是残酷而失败的，一场突如其来的暴风雨让他和父亲失去了所有鸭群。当他们拖着疲惫不堪的身躯回来时，油麻地所有的人默默地、同情地望着这个曾经的天之骄子。可杜小康却无视了这种同情。当他带着硕果仅存的两枚鸭蛋微笑着送给桑桑时，当他决定就在油麻地小学门口摆小地摊时，当他毫不做作地招呼着自己的小生意的时候，我们看到他无与伦比的坚韧。苦难到底带给杜小康什么呢？骄傲的杜小康回来了，这种骄傲，是骨子里的，带着高贵，值得所有人敬畏。

《药寮》是全书最后的章节，生了重病的桑桑在温老师的药寮里听她讲述自己的故事，"'……奶奶临走前，抓住我的手。她已说不出话来了。但我从她微弱的目光里，依然听到了那两个字：别怕！'她没有看桑桑，但却把胳膊放在了桑桑的脖子上：桑桑，别怕……"

是的，别怕。这部书之所以让我们感动，就是因为书中所有人都直面了自己面前那条或深或浅的河，他们"不怕"。他们的勇气和坚韧让他们成长，让我们感同身受，让我们得到力量。因为我们每一个人都有自己的挫折和磨难。或许可以说，未曾遭遇坎坷的人生是不完整的，因为你无法让自己的精神真正成长起来。所以，当打击朝你迎面走来时，请相信这是上天在赐予你财富，无畏于它，它会变成平静的海，载起你，送你去想去的地方。

也许，我们每一个人都能在《草房子》中看到过去的自己。

也许，我们每一个人都能在《草房子》中看到未来的自己。

> 课堂实录

关键事件：成长小说的密钥
——聊聊《草房子》

背　景：

浙江省杭州市现代实验小学五（3）班和浙江省天台县平桥小学五（6）班，是友谊班。不到一年的时间里，两个班级的孩子们用最原始的书写方式，互通书信800多封。在信中，他们诉说成长的快乐，分享阅读的喜悦。2011年4月30日，在家委会的共同努力下，笔友们终于有了"第一次亲密接触"。这次见面会上，孩子们在老师的带领下，在同一间教室里，共聊《草房子》。孩子们在课堂上热烈地交流着，场面令人感动。相信，这一节课，也会成为孩子们成长岁月中的"关键事件"。

预热：展示书信，分享"笔聊"

师：同学们，我看大家一直兴奋着，是吗？上午的笔友联欢中，大家唱啊，笑啊，玩得很开心；饭后，我们又在菜园里一起种植，体验劳动的快乐。你看，好多同学，脸上还挂着汗珠呢！现在，让我们静下心来，一起聊一聊《草房子》。

生：（齐）聊聊《草房子》。

师：这段时间，我们在书信中聊着《草房子》，屏幕上呈现的是大家的通信片段，看一看，第一封信是谁的？

生：从笔迹上看，这应该是潘辰辉写给潘宇辰的。

师：潘辰辉，你上来，为大家朗读你的信。

（三位学生读信环节，略）

师：同学们，我们用书信的方式，聊着我们共读的书，这也是一种分享。今天这堂课，我们用嘴巴来聊。老师想问大家，你认为聊《草房子》，谁的声音最重要？

生：张老师！

师：谢谢你，因为我是拿话筒的。（笑）有没有不同的想法的？你说！

生：我们的声音最重要！

师：说得好！"我们的声音最重要"！是啊，一堂课如果光有老师的精彩，没有学生的精彩，不算精彩的课。精彩的课在于，每个人全身心地参与。所以，在聊书课上，我们要说——我的声音最重要！每个人的声音都很重要！一起来读这句话，大声地读，预备齐！

生：（齐）我的声音最重要，每个人的声音都很重要！

话题一：《草房子》是一本怎样的书

师：好，让我们进入第一个话题！《草房子》是一本怎样的书？拿起边上的这一张卡纸，把它对折。在正中写上：《草房子》是一本_____的书。横线上的内容请自己填上去。动作要快！可以从多个角度去想！

（生在卡纸上书写）

生：《草房子》是一本富有童趣的书！

师：为什么说"富有童趣"？

生：因为里面写的那些孩子，比如说桑桑，总会做出一些非常有趣的事。

生：我觉得《草房子》是一本感人的书。

师：最让你感动的是哪些地方？

生：秦大奶奶，为了救一个南瓜，永远地离开了油麻地，离开了草房子，挺感人的！

生：我认为《草房子》是一本描述少年经历的书。因为《草房子》里面的每一个少年全都是一开始的时候很不懂事，经过了一些挫折、困难之后，就慢慢地变得懂事起来。

师：真好！张老师建议你修正一个词语。"经历"能否改成"成长"，也就是：《草房子》是一本描述少年成长的书。

生：《草房子》是一本能打动人心的书。

师：为什么说它"打动人心"？

生：因为它把故事里的每一个人都写活了，我读的时候，忍不住落泪……

师：不同的人读《草房子》，会读到不同的"草房子"。这就是经典名著的魅力，常读常新！

话题二：你最喜欢（佩服）、最感动、最不理解……

师：我们来交流第二个话题，这本书中，你最喜欢的人是谁？你最感动的场景是什么？你最不理解的地方是哪里？

师：同桌先交流一下！比如，说说你最喜欢或佩服的人。说的时候，要先说喜欢或佩服谁，然后讲理由，简明扼要。

（同桌互相交流）

生：我最佩服桑桑。因为他生鼠疮了，还非常守信用，带他妹妹去城里玩。

生：我最佩服秦大奶奶。

师：为什么？

生：因为秦大奶奶为救一个南瓜自己牺牲了，我很佩服她。

师：哈哈，秦大奶奶确实值得你佩服。不过，她可不是"少年"哦。

生：我最佩服细马。因为邱二爷去世后，邱二妈脑子有问题，离家出走，他还是不计前嫌地把邱二妈找回来，还到外面去挣钱，养了羊卖掉，为邱二妈盖房子，支撑起整个家，这显示了一个男子汉的担当与坚强，所以我佩服。

师：嗯。相信这一幕深深地打动着每一个读过这本书的人。

生：我很佩服杜小康。因为他家道中落，但是他没有颓丧，没有号啕大哭，他用自己的双手换来幸福。最让人动容的是，他放下了架子，在学校门口做生意。在摆地摊的时候，同学们对他另眼相看，他很勇敢地跟他们打招呼。这是多么难得啊！

师：嗯，从挫折中站起来，是最美的姿势。

生：我比较喜欢纸月，因为纸月不仅学习好，而且各方面都好。她还教会桑桑很多东西，使桑桑一下子长大了。

师：纸月是我们很多女同学共同的偶像。童思成，你说你最像谁？

生：我啊——？（做思考状，其他学生笑）

师：想好了没有？

生：我最像桑桑！

师：为什么你像桑桑？

生：我和他一样调皮。

师：高度概括，非常坦率。

生：我感觉他像秃鹤！

师：为什么像秃鹤？就是因为这头发很短是吧？再剪得短一点，就是一个秃鹤，活脱脱一个秃鹤。裕琪，你说！

生：我最佩服桑桑。因为他脑子里充满了奇思异想。

师：充满奇思异想也让你感觉到佩服，是吧？

生：我觉得他做的每一件事情都特别有趣。

师：不但有趣，而且很有创意。一般人还真做不了桑桑。

生：我比较佩服杜小康。他本来是一个富家子弟。一般来说，富家子弟内心比较脆弱，杜小康他家境败落了，他没有去想什么上吊自杀之类的，（台下笑）而是坚强地活下去。

师：嗯。用我们现在时髦的说法，杜小康就是"富二代"，在厄运面前，他没有沉沦，而是坚强地活下去，活得非常光彩！

生：我最佩服桑桑，因为桑桑在得病的时候，他并没有向病魔低头，而是坚强地战胜了病魔。

生：我最佩服杜小康。因为在跟桑桑玩火的时候，他主动站了出来，勇敢地站了出来，承认自己玩火。有担当！男子汉！

师：同学们，油麻地里那一群少年，各有各的特点，各有各的经历，各有各的性格。他们都值得我们尊重、佩服。

生：我来说说让我最感动的瞬间。杜小康虽然家道中落，但他还是非常坦然，他想在校门口摆摊，靠自己的双手，创造幸福。（生读相应段落）

生：让我最感动的是细马在水中，躲在芦苇丛里，邱二爷找不到他的时候，细马出来，然后邱二爷揍了他，直到他哭了为止，然后邱二爷也哭了，说明邱二爷很爱他。

师：嗯，邱二爷非常爱细马，其实细马也爱他的二爷。

（学生聊桑桑带妹妹看城墙、聊纸月和桑桑的告别。具体略）

师：是啊，《草房子》这本书中，少年朋友之间的那种纯真的友情，一次又一次深深地感动着我们。其实，《草房子》当中，让我们震撼、感动的画面还有很多很多。这本书中，也一定有你所不太明白的地方，请提出来。

生：我不明白校长桑乔为什么说"日后，油麻地最有出息的孩子，也许就是杜小康"。

生：我不太明白纸月的父亲究竟是谁？和庙里的和尚有关吗？

生：我想问的是，秦大奶奶为什么转变得这么快？是不是有点不可思议？

……

师：好，刚才，我们聊了喜欢的人、难忘的场景和不太明白的问题，从刚才的聊天中，我觉得同学们对这本书，是深有研究的。有些不懂的问题，我们将结合相关段落讨论；有些，留待同学们自己探究。

第三个话题，这是我们这堂课的核心话题。我们一起来读——

话题三：这几个少年成长中的关键事件是什么

师：我想问同学，你认为什么样的事件才可以称为"关键事件"？

生：应该是最困难的事件。

生：我认为是能影响他一生的事。

生：最关键的事件就是在他生命中起了重要转变的事。

师：嗯。具有里程碑意义的事件，是不是？请大家看屏幕，张老师是这样描述的——

生：（齐读屏幕上的对关键事件的定义）这件事在人物成长中起了至关重要的作用，它让主人公迅速地成长为一个真正的男子汉。

师：秃鹤，咱们已经在自己的班级里研究过了，所以今天这堂课我们就重点研究桑桑、细马、杜小康。刚才我事先调查了一下，把同学分了三大区域，分别是"桑桑研究区""杜小康研究区""细马研究区"。

师：请大家拿出"预读单"。（见表一）请围绕着你研究的这个人，思考"关键事件是什么？这件事后，这个人物起了什么变化"。先在小组内分享。分享的时候，可能有些同学会提到影响他的关键事件有三件、四件，但请大家记住，交流的时候，你们只能选一件，明白吗？小组内允许有争论，达成临时性的共识，然后由一个写字比较漂亮、动作比较快的同学执笔，用最简短的词句写出来。

（生分组合作梳理）

师：好！看屏幕。下面，我们进入集体讨论环节。讨论的时候，由一个小组的代表上来宣讲研究成果，其他同学倾听，需要补充的，需要调整的，等一下补充。

表一：关键事件与人物成长研究学习单

研究人物姓名（　　）

关键事件（简要概括）	关键事件后主人公的变化（简要概括）

研究成员签名＿＿＿＿＿＿＿＿＿＿

师：好，请许致远上来，掌声有请！（生鼓掌）

生：我们认为桑桑成长中的关键事件是"得了鼠疮"。重要变化有：一、他变得疼爱妹妹柳柳。

师：具体事例呢？

生：他带着他的妹妹去看城墙，最后晕倒在城墙上。第二个变化，是学会帮助他人。他得了绝症之后，经常帮助他人，哪怕是捡一块小小的橡皮。还帮助鸽子、小猫、小狗之类的。

师：变得关爱生命了。嗯，继续！

生：第三个变化，是变得坚强。

师：事例呢？

生：就是坚持背着纸月送的书包，坦然地去上学。

师：嗯，好，找到了支持这个观点的事实依据。其他研究桑桑的小组，你们认为他们研究成果当中还有哪些不完善、需要补充的。

生：还有一个变化，是现在安静了。

生：原来很乐观的桑桑，变得忧伤了。

师：嗯，桑桑不再活蹦乱跳了。原来那个异想天开的桑桑，似乎一下子长大了。你还有什么需要补充?

生:他变得孤独了。

师:是啊,桑桑变得孤独、忧伤起来。有一个小组的同学,他们认为,影响桑桑成长的关键事件是纸月,纸月来了,桑桑起了很多变化。我们简单地梳理一下。

生:(读海报纸上的内容)一文雅,二不浪费,三勇敢,四爱妹妹,五爱干净。

师:归纳得很清楚。但是我想请同学深入地分析一下,如果让你们在两件事情当中选一件,你更倾向于哪一件事情对桑桑的心灵成长作用更大呢?(学生举手表决,各占一半)好,我们展开辩论。杨裕琪,你说说。

生:我觉得纸月来了是关键事件,之后桑桑变得文静,变得疼爱妹妹,以至于产生了一系列的变化。如果没有纸月出来教他或是提醒他的话,那桑桑得了绝症之后也不会这么镇定。

师:所以你认为,纸月对桑桑影响最大。

生:我觉得"得鼠疮"这件事对桑桑的影响更大。因为桑桑得鼠疮开始,经历了一个挫折、一个转折点,对他一生成长都很重要;而纸月来了,带来了一段心灵上纯洁的友谊,就是心里欣赏、喜欢这个女同学的情感,这个和前者比起来,我觉得还是"得鼠疮"对桑桑的影响更大。

生:我反对。《纸月》那一章不单单写纸月,而《药寮》那里面全部都写桑桑。他为什么不把《纸月》那一章展开写?我觉得,桑桑可以说是《纸月》那一章的一个配角。而后面写桑桑的那一章,桑桑是主角,所以我认为还是"得鼠疮"是最关键的事件……

师:嗯,你认为有两条线。一条线是得了大病之后突然一下子成长,纸月这条线是慢慢促成他的转变的,是不是这样的观点?

生:单单从这两张海报纸上来看就行了。得鼠疮后桑桑变化了三点;

纸月来了，桑桑就有五点变化……

生：我认为纸月只是一个插曲，她对桑桑的影响不会像得重病那样大。

师：好，同学们，老师也想表达自己的观点。我的观点，仅供大家参考。从两件事情的性质来看，得了一场大病，桑桑不久于人世的时候，他原本的那种幼稚、天真，那种异想天开仿佛忽然消失了。他觉得生命是那么短暂，是那么美好，需要好好去爱这个世界，所以你看，他一下子长大了。而纸月是促使他心灵成长的一条副线，起着潜移默化的作用，二者缺一不可。如果选择一件最关键的事情，我可能会选这一件（得鼠疮），当然这一件（纸月来了）也没有错，英雄所见略同。

师：好！接下来我们关注另外一个人物，那就是杜小康。请俞一帆小组上台发言。

生：我们组认为，杜小康成长道路上遇到最关键的事情是家道中落、芦苇荡放鸭。

师：嗯，大家注意。他们把"家道中落"和"芦苇荡放鸭"放在一起，这也是可以的。往下！

生：最先的一点变化是失落，他去先前的小学门口，假装快乐地唱歌，实际上心里很难过。

生：第二条是不骄傲了。他现在不再像以前那样在同学们面前显摆优越感，他现在甚至可以到学校门口微笑着去摆小摊。

生：第三点是学会了微笑生活，重拾信心。

师：从哪儿看出他微笑面对生活呢？

生：他肯去芦苇荡放鸭了。他认为他应该为自己的未来打算了。

师：其他研究杜小康的同学有没有补充？

生：我认为，杜小康最大的变化是学会讨好同学了。他原来是油麻地首富的时候，从来不讨好别人，他认为自己就是一个老大、一个英雄人物。但是，自从他家破产了之后，他就开始变得讨好别的同学了。这里，我想回应同学们之前提出的问题："校长桑乔为什么觉得杜小康是'油麻地最有出息的孩子'"？关键就是他在逆境中，能够不沉沦，并以最坚强的姿态，从"富二代"转变为奋斗者。这，是最难能可贵的。这样的人，长大了，怎么会没有出息？（掌声）

师：说得真好！从逆境中站起来，是最美的成长姿势。这，叫"逆商"。逆商高的人，将来必定有出息！我们再来关注另外一个少年，他就是细马。

（请另一组学生汇报了细马成长中的关键事件和此后的变化。师生对话过程略）

师：好，同学们，刚才我们对三个少年成长当中最关键的事件进行了梳理，我们可以发现一些共同的规律。大家能说说吗？

生：这些少年在成长的过程中，都经历了磨难。磨难让人成长！有的得了重病，有的家道中落，有的父母病故，但他们没有失去生活的信心，而是坚强地战胜了这些困难，战胜挫折，成长为一个个男子汉。

师：好一个磨难让人成长！通过刚才的话题讨论，我们初步掌握了阅读成长小说的重要策略，那就是，通过抓关键事件，对人物的言行进行前后对比，把握一本书的本质。这个方法很重要，今后大家在阅读成长小说的时候，都可以用这样的方法去尝试。

话题四：《草房子》其实想告诉我们……

师：围绕着"磨难、挫折、厄运、成长"等关键词，提炼《草房子》这本书的主题，写在纸条上，制作一个书腰。书腰，起着宣传一本书、提示一本书的主题的作用。请你把自己的感悟，写在刚才写的这句话的左边。

（出示）

《草房子》是一本＿＿＿＿＿＿＿＿＿＿＿＿＿＿＿＿＿的书，它告诉我们＿＿＿＿＿＿＿＿＿＿＿＿＿＿＿＿＿＿。

师：想表达的同学都起立。

生：《草房子》是一本写生活中我们可能会遇到的故事的书，它告诉我们无论遇到什么样的挫折，都要勇敢地面对。

生：《草房子》是一本催人泪下，表达心声，关于成长的书。它告诉我们，不经历风雨，怎能见到彩虹？人生注定要遭受许多困难，只要勇敢面对，从不低头，那么就会迎来成功。

师：是啊！"不经历风雨，怎能见到彩虹"？

生：《草房子》是一本充满童年快乐与辛酸的好书，它告诉我们磨难与挫折或许是真正促进我们成长的最宝贵的东西。

师：是啊，磨难与挫折是人生的大学！

生：《草房子》是一本充满着悲欢离合的书。它告诉我们，一个人不管遇到什么样的困难，只要有决心和不放弃，就一定能战胜困难。

生：《草房子》是一本描绘了以前小孩子童年生活的书，它告诉我们小孩子的生活有高兴，有伤心，有坚强也有感动。只有坚强才会笑到最后。

师：同学们，这就是今天我们这堂课从《草房子》中获得的收获。这些收获，会伴随我们的成长。这，就是阅读的力量。我想借用曹文轩曾经说过的一句话做这一堂课的总结——

生：（齐）一本好书就是一轮太阳。一切的一切都要回到读书上来。

师：《草房子》是一本百读不厌的好书。读着它，那些少年在厄运中成长的经历就会在我们的脑海里挥之不去；读着它，我们就会获得成长的力量。最后用一首诗来结束我们今天的课——

不是我的发现

而是航海家的经验

在大海上行驶的

没有——不带伤的船

为证实这条真理

我访遍了整个港湾

果然不错呀

昨天刚下水的小艇

就已经被大风

刮断了缆绳撕破了篷帆

难道不可以"安然无恙"吗

老水手告诉我

"不可以，除非它原地不动

总在港塘里——搁浅……"

——张志民《没有不带伤的船》

师：成长，永远会有痛。只要微笑着面对成长中的痛，也许疼痛就成了一生的财富！下课！

（说明：此课执教于 2011 年）

教学品鉴

成长是一扇树叶的门

——张祖庆老师《草房子》班级读书会赏析

周其星

"成长是一扇树叶的门,童年有一群亲爱的人……"正如《心愿》这首歌所唱的那样,推开成长这扇门,童年里住着一群可爱的人,有喜有忧有感动,有笑有泪有故事。

曹文轩的《草房子》就是这样一本讲述少年成长的小说。推开《草房子》这扇门,迎面走来一群可爱的男孩子女孩子,他们都经历了苦难,在艰难中不失快乐地成长着。他们的生活、他们的喜怒哀乐,很容易得到少年读者们的共鸣。

推开张祖庆老师"聊聊《草房子》"这扇读书会之门,跟着有趣的话题,一起谈论书中那些难忘的感动的点滴,评点生命成长中的关键事件,不知不觉中,获得了文学的精进与生命的潜滋暗长。

友谊结对,生命共长

和一般的公开课不同,这次读书会的背景很特别。在上课之前,杭州市现代实验小学五(3)班和天台县平桥小学五(6)班结成友谊班,笔友之间书信交流,不到一年的时间里,大家用传统的书写方式,互通书信800多封,孩子们在书信中"诉说成长的快乐,分享阅读的喜悦",阅读让彼此的生命链接在了一起。

大家相约在现实中相聚,举行笔友联欢,一路欢唱,一直欢笑,一道聚餐,一同种植,最后才是走进读书会的课堂,一起交流和分享。此时,不同地域不同生活背景但年龄相同的孩子，因为共读共生活，共学共成长，实质上已经构成了"成长共同体"。张老师此时以《草房子》为媒介，组织孩子共同讨论，正是这种共同体的生活拓展与生命延伸。

张老师以他教育人的浪漫情怀，书写了教育的生命叙事，让童年的天空更加辽阔，而共读之书《草房子》则见证了这段美好的生命时光，从其象征意义来说，《草房子》俨然成了这些孩子童年生活中最为浪漫而又激动人心的记忆。

退后一步，协助成长

教育如果不是从儿童出发，不能把孩子安放在课堂中央，这样的教育一定是伪教育。一个高明的教师，应该时时把孩子放在心里，处处懂得退后一步，让孩子发出自己的声音，绽放自己的精彩。

在课堂预热环节，当张老师问及"谁的声音最重要"时，孩子们自信地回答"我们的声音最重要"，张老师及时肯定道："是啊，一堂课如果光有老师的精彩，没有学生的精彩，不算精彩的课。精彩的课在于每个人全身心地参与。所以，在聊书课上，我们要说——我的声音最重要！每个人的声音都很重要！"

"每个人的声音都很重要"，充分体现了张老师在课堂上的民主追求，更是其人文魅力的彰显。现代课程强调"教师应该扮演协助者角色，知道如何去协助学生主动获得知识与自我发现"（《多元智能统整课程与教学》，郑博真著），张老师的智慧就在于不是自己挺身而出，而是退到后面把机会留给孩子，协助孩子去思考去发声，做孩子生命成长的守护者、协助者，让孩子充分享受"我读故我在"的主体快乐。

选好话题，聚焦成长

读书会，读什么？怎么读？借鉴王荣生教授在《阅读教学教什么》一书里的观点："所谓的教学内容实际上就是确定两点，第一是终点，就是课文最要紧的地方在哪里？理解这篇文章必须要理解的地方在哪里？第二是起点，就是学生目前需要学习的是什么？学生读课文可能犯的错误是什么？这两点之间是相呼应的，课文最需要理解的地方往往是学生不会的地方。"迁移到整本书阅读上来，在读书会上，教学内容的确定，有赖于设计好的话题。正如王荣生教授所言："好的话题就像是一个支架，借助它，学生就可能在自然、随性和从容中走入作品的深处，探究文字背后的内容。"

本节课上，张老师抛出四个话题，层层递进，分别从"草房子是怎样的一本书""你最喜欢（佩服）、最感动、最不理解……""这几个少年成长中的关键事件是什么"以及"《草房子》其实想告诉我们……"展开讨论，话题从对书的整体印象开始，热身入场；转而对情节的关注，头脑风暴；紧接着聚焦关键事件，引来全课的高潮；最后回到整体，升华对文本主题的思考。讨论有空间、有弹性，孩子们的思路很开阔，课堂氛围轻松活跃又不失深度。在第三个话题的讨论中，围绕成长中的关键事件，紧扣"成长"话题，使用研究学习单，为孩子搭起学习支架，引发孩子对生命的深入思考，更是本节课浓墨重彩之处，需在下文专门论述。

关键事件，凸显成长

《草房子》是一群孩子的生命成长史，一群人的精神发育史，是一段对于苦难生活的回忆史。

张老师抛出话题"这几个少年成长中的关键事件是什么"，并就"关键事件"展开谈论，得出结论是"这件事在人物成长中起了至关重要的作用，它让主人公迅速地成长为一个真正的男子汉"。这个话题的高妙之处就在于抓住了成长小说的本质，能真正引发孩子对成长的深度思考。

在课堂的讨论中，孩子们借助预读单，分别研究了桑桑、杜小康、细马，细数他们成长中的关键事件，盘点前后的变化，去叩问少年成长中的秘密，其中不乏意见不一争执不休之处，擦碰出精彩的思维火花。

以桑桑为例，有人认为桑桑成长中的关键事件是"得了鼠疮"，理由是：第一，他变得疼爱妹妹柳柳；第二，学会帮助他人；第三，变得坚强。而另一个小组的同学认为，影响桑桑成长的关键事件是"纸月来了"，理由是桑桑变得：一文雅，二不浪费，三勇敢，四爱妹妹，五爱干净。

同学们各执一词，争论不休。此时，张老师充分展现了其高超的教学艺术，时而耐心地鼓励，时而巧妙地引导，时而恰当地梳理，时而因势利导地总结，充分尊重孩子，让他们主动展示自己的看法，让话题得以完全燃烧，让思维得以尽情铺展，恰似经历一场酣畅淋漓的思维体操。

当然，张老师也不会在话题中迷失，在学生充分展示的情况下，最后发表了自己的看法。教师作为一个成熟的阅读引领者，此时需要有自己的声音："老师也想表达自己的观点，仅供大家参考。从两件事情的性质来看，得了一场大病，桑桑不久于人世的时候，他原本的那种幼稚、天真，那种异想天开仿佛忽然消失了。他觉得生命是那么短暂，是那么美好，需要好好去爱这个世界，所以你看，他一下子长大了。而纸月是促使他心灵成长的一条副线，起着潜移默化的作用，两个缺一不可。如果选择一件最关键的事情，我可能会选这一件（得鼠疮），当然这一件（纸月来了）也没有错，英雄所见略同。"

马科斯在《什么是成长小说》中提出："成长小说展示的是年轻主人公经历了某种切肤之痛的事件之后，或改变了原有的世界观，或改变了自己的性格，或两者兼有；这种改变使他摆脱了童年的天真，并最终把他引向了一个真实而复杂的成人世界。"张老师紧扣阅读的性质，指出桑桑得病是关键事件，显然正合马科斯的论述。

结构精妙，螺旋生长

德国教学法专家希尔伯特·迈尔认为优质课堂有十项特征，其中第一项是"清晰的课堂教学结构"。在张老师的这节课中，教学结构不仅清晰，而且精妙。课堂从对《草房子》的整体印象出发，经过话题讨论，层层剥笋，最后再度回到最初的问题，构成一个循环上升的螺旋结构。

上课之初，孩子们的阅读处于自发状态，对整本书的印象也仅仅停留在"富有童趣""感人""描述经历"这样的浅判断上；这节课快结束时，他们开始认识到："是一本催人泪下，表达心声，关于成长的书"；"是一本充满童年辛酸与快乐的好书"；"是一本充满着悲欢离合故事的书"……这样的课堂，你能强烈地感受到——学习真正在发生，课堂看得见生长。

孩子终究是离弦的箭，是远航的船，在成长的路上，"永远会有痛。只要微笑着面对成长中的苦痛，也许疼痛就成了财富！"孩子们带着张老师的叮咛走出课堂，走出《草房子》读书会，"我们都曾有过一张天真而忧伤的脸，手握阳光我们望着遥远……"或许这正是他们此时的写照吧。

（作者单位：深圳市实验学校小学部）

第18课　灵犬莱西

文本简介

回家，回家……

《灵犬莱西》是英国作家艾瑞克·莫布里·奈特的作品，又称《莱西回家》。1938年发表后成为全世界家喻户晓的儿童读本，被翻译成25种语言，赢得了世界各地读者的心，并且多年来一直是波兰学校的必读书。

故事发生在20世纪30年代英格兰东北部的约克郡，第二次世界大战前夕那段艰难的岁月里，小男孩乔一家的生活非常艰难，可是乔有一个非常可爱的伙伴就是牧羊犬莱西。莱西每天下午都准时出现在乔的校门口接乔放学。乔的父亲山姆失业了，为了维持生活，山姆不得已把莱西卖给了公爵。到了放学时间，被关在养狗场铁笼子里的莱西焦急地要去见乔，它趁管理员不注意，刨洞逃跑了，赶到了学校。乔见到莱西喜出望外，他怕莱西回家会被送回公爵的养狗场，就带着莱西躲藏到山洞里。管理员找上门来，爸爸找到乔，让乔把莱西送回了公爵的养狗场。乔含泪和莱西告别，告诉莱西："你已经不再属于我们了。"几天后，公爵把莱西带到了苏格兰的庄园，而莱西思念乔，在公爵孙女的帮助下逃走了。

莱西踏上了回家的征途。它风雨兼程，躲过了猎人的枪口和捕狗者的绳套，忍饥挨饿，跋山涉水，终于从苏格兰回到了约克郡。山姆被莱西的忠诚和坚韧所感动，"它这么想我们的孩子和我们的家，我们就把它留在家里吧"。公爵和他的孙女来了，他们发现了回家的莱西，可是，为了让莱西能继续留在乔的家里，他们佯装没有认出莱西。公爵还邀请山姆到养狗场当管理员，解决了他们家的生活困难。到放学时间了，疲惫的莱西瘸着一条腿赶往学校，乔见到了日思夜想的莱西，喜极而泣。

课堂实录

慢慢地，走近一只伟大的狗

——《灵犬莱西》整本书导读课堂实录

板块一：慢读开头，抓暗示性语言预测

师：今天，老师将和同学们分享一本书——《灵犬莱西》。

（课件出示一条苏格兰牧羊犬，上面写着"灵犬莱西"四个字）

师：这是苏格兰牧羊犬。它是一部小说的主角。很多同学在读长篇小说的时候啊，翻了五六页，觉得没劲、不好看，丢了。可事实上很多书，精彩往往在后头，你耐着性子看了十几页，慢慢慢慢地，就越看越好看。所以，读长篇小说，读懂开头至关重要。今天，第一个环节就来学习怎样读懂开头。张老师一会儿用屏幕缓缓上移的方式呈现长篇小说的开头。我们的眼睛要睁得大大的，记住关键的信息。一般，小说的开头都会告诉你故事发生在——

生：什么地方。

师：告诉你故事里有哪些——

生：人。

师：还会告诉你一些关键的线索，是不是？现在我们尝试屏幕阅读，阅读完后，老师要组织抢答。

（在舒缓的音乐声中，小说开头部分的文字徐徐呈现。生默读）

师：我要提的问题是：这条狗在这个村子里很出名的三点原因是什么？同桌小声议论一下。

（同桌讨论——学生尝试回答——教师和学生一起梳理。课件出示）

莱西在村里最出名的三点原因：

1. 莱西是村民们这辈子见过的最好的柯利犬；

2. 莱西很守时，村民们可以对着它调时间；

3. 莱西代表了绿桥村村民的自尊。

师：这是咱们捕捉到的关于这条狗的信息，非常重要。好，接下来，我们来梳理其他信息。（过程略，师生一起整理。课件出示）

从开头捕捉到的重要信息：

地点：英格兰约克郡、绿桥村

人物：山姆·凯拉克劳（父亲）、乔（儿子）、路德灵公爵

线索：路德灵公爵很想买山姆家的狗

师：最需要关注的信息是——

生：（齐）路德灵公爵很想买山姆家的狗。

师：这是我们从开头捕捉到的信息。同学们，开头还有很重要的一段话没有呈现。（出示课件）

然而，狗是人养的，而人总会受到命运的逼迫。有时候在人生的某个时刻，命运逼得人不得不低下头去，考虑咽下自尊，好让家人吃面包。

师：默读半分钟，想一想这个开头似乎在暗示着什么。抓关键词，大胆地预测——结合我们刚才捕捉到的信息，推测故事发展。

生：可能路德灵公爵要逼迫山姆家把那条狗卖给他。

生：我觉得可能是因为山姆家有一些缘故，或者是有一些事情，需要一些钱，或者是需要一些吃的。因为他最后一句话说"考虑咽下自尊，好让家人吃上面包"。

师：这两位同学真会思考，这就是读长篇小说的开头的方法。第一，我们要捕捉关键的信息；第二，根据某些暗示性的语言大胆预测。那，咱们是不是猜对了呢？（出示课件）

关于本书（节选）

《灵犬莱西》讲述的是一则感人的故事。莱西是小主人乔的爱犬，但是乔的父亲山姆失业了，为了维持家庭生活，山姆不得不把儿子心爱的狗卖给了公爵。因为思念过去的小主人乔，莱西数次出逃，但是都被山姆送了回去。后来公爵带着莱西迁到苏格兰的庄园，莱西又因为思念小主人而逃了出来。这一次，它跋涉千里，历经千辛万苦回到了小主人乔的身边。

师：好，我们看一下，看看哪些是你猜中的，哪些是你没有猜中的。

（生默读，静思，回应后，师课件出示）

阅读长篇小说开头的策略：

细读：捕捉重要信息（地点、人物、线索）

猜读：大胆推测情节（特别关注暗示性语言）

板块二：借助地图，根据生活经验与提示预测

（教师讲述莱西两次从路德灵公爵家出逃的经历，让孩子们根据对狗的了解，猜测第三次出逃的可能。具体过程略）

师：我们一起继续往下猜。同学们，刚才我们关注到了，狗第三次跋涉千里，历经千辛万苦回到小主人身边。（出示课件）那么，它所要去的地方究竟是一个什么样的地方呢？大家来看。（出示地图，地名逐一显示）

师：这是英格兰，这是苏格兰。苏格兰在

英格兰的北部，它要去的地方在这里。这儿叫设得兰群岛，在苏格兰最北部，这儿白天很短，晚上很长，黑夜漫漫，天气寒冷。而他们住的这个地方叫约克郡绿桥村，这两个地方的直线距离是四百英里。而实际上狗要兜兜走走，迷路转圈，它至少得走一千英里，一千英里实际距离是多少呢？（出示课件）

师：相当于杭州到北京的距离，走上两个月都不一定能走得到，而且人有方向。但莱西既没有指南针，也没有导航，对不对？

生：对。

师：同学们，这一路上会经历怎样的困难呢？来，请闭上你们的眼睛，随着老师的朗读去想象，这条狗在回来途中，会经历哪些困难呢？

师：（出示课件。文字徐徐呈现。在火车的轰鸣声中，教师深情朗读，生闭目想象）从约克郡的绿桥村到路德灵公爵在苏格兰高地的庄园很远很远。旅程中，夜幕早早就降临了。火车继续飞驰，在夜色中呼啸越过桥梁，驶过河流，最后越过忒德河，这便意味着英格兰被抛在了身后。火车在夜间越过座座大桥，跨过一个个被苏格兰人称作"河湾"的宽阔河口。到了早晨，火车依然在飞驰，只是景物变了，不再有冒烟的城市，眼前是诗人们歌颂了几个世纪的苏格兰美丽的土地，翠山绿水，缓坡上牧羊犬守护着羊群。火车继续飞驰，土地愈发开阔了，山峦崎岖起来，林地紧紧地围着湖水。景物越来越荒凉——大片大片的荒野上野鹿在游荡，几乎看不见人的踪迹。火车继续前行，直到最北部。那里是路德灵公爵的苏格兰大庄园，冰冷的石宅朝向大海，对着设得兰群岛——环境如此严苛，气候如此恶劣，大部分生命都改变了形态，好生存下去——马和狗都变得很小，这样它们才有可能在如此恶劣的贫瘠的土地上存活下去。那儿，遥远的北方土地，是莱西的新家。

师：睁开眼睛。同学们，请你大胆预测。（课件出示）灵犬莱西从苏格兰设得兰群岛回到英格兰约克郡绿桥村的一路上，可能会遭遇哪些困难？参考这些提示，推测要有依据。（等待生举手）

师：我在等待着更多至今都没有举过手的同学。

生：我觉得它可能会迷路，因为它既没有导航，也没有指南针什么的。也有可能被别人误以为是流浪狗，被抓到流浪狗集中的地方去。

师：它就是一只流浪狗啊。你说了两个理由。迷路，被人捉走。

生：它很可能没有吃的。

师：饥饿。第三个困难。

生：它很冷。

师：寒冷。第四个困难。

生：有可能被食肉的野兽给吃了，在那没人的荒原。

师：遭到猛兽的袭击。第五个困难。

生：我觉得它很孤独，可能没有伙伴。

师：孤独。第六个困难。

…………

师：咱们已经说了十几个会遇到的困难。带着这些猜测我们继续往下看，张老师从这本书的最后部分找到了很关键的一段话。（出示课件）

从约克郡的绿桥村，到路德灵公爵在苏格兰的庄园很远很远，四百英里。

然而，那是走公里或者乘火车的人走的距离。对于一条狗来说，会有多远呢？——它必须在障碍面前找路绕过去，走错、兜圈子、绕远，直到最后找到路。

那会是一千英里——在陌生的从未经过的土地上的一千英里，无从依靠，只能凭本能来辨认方向。

是的，翻过高山，穿过溪谷，走过高原，走过荒野和耕地，走过烧荒的焦土，走过一条条的路，渡过一条条河流和小溪的一千英里；冒着雪，顶着大雾和烈日的一千英里；踩着铁丝、荆棘、扎人的碎屑和尖利的岩石的一千英里……

师：你的猜测对吗？抓住一个词语说说：老师，我的猜测是对的，因为……

（学生抓住具体的词语，谈谈哪些地方印证了自己的猜测）

（全班有感情地朗读屏幕最后一段文字）

师：这是怎样的一千英里？（提示学生不要只用词语，而是具体描绘）

生：这是有尖石，有猛兽的一千英里。

生：这是克服困难，突破自我的一千英里。

生：这是有风险的，可能粉身碎骨的一千英里。（师提示学生"风险"一词不准确，可以换为"可能陷入绝境"）

师：同学们，在这一千英里当中，它要经受恶劣天气的考验，它要经受饥饿的考验，它要经受疾病的考验，它还要遭到人的追捕……而最最揪心的就是——（出示课件）

莱西没有办法预知前面的地形，它不可能知道本能回家的直线会将它引到无法横渡的苏格兰大湖前。那些连续广大的水域，几乎从东延伸到西，将苏格兰一分为二。尽管有些地方可能窄一些，但对面常常没有岸。

是的，大湖是可怕的障碍。

然而莱西并没有在大湖边放弃目标。于是它开始了绕过大湖的漫长旅程。它日复一日向西奋力前行，总在绕过一座座村庄后，回到湖边，继续向西。有时候障碍似乎绕过去了，但每一次只是突入水中的小洲，到南端便是潮水。莱西总是在扭头向南，发出一声短促的哀鸣后，不得不再次回身向北，回到岸边，继续向西寻求绕过去的路。

几十处湖湾和小洲，便有几十次失望！长长的大湖依然延展着，那是狗无法理解的障碍。

师：张老师在读这一段的时候，我的心紧紧地揪了起来。请同学默读，这一段的哪些句子让你的心紧紧地揪了起来，仿佛自己也陷入了绝望。

（生默读文本，抓住细节谈自己觉得绝望之处）

师：是呀，同学们。对于一条狗来说，它只能凭着自己的本能来探索着往前走，一次又一次地往前，一次又一次地发现此路不通。它又重新开始，而最让张老师感到揪心的却是这一幕——（出示课件）

在翻滚的河流中，岩石上的最后一撞，折断了一根肋骨，而且肌肉和后腿的关节严重挫伤，现在几乎不能动了。

整整一天，莱西都躺在那儿，苍蝇在它身边嗡嗡地飞舞，但它并没有去咬。

傍晚降临了，河对岸传来了牧人的声音和牛群的哞哞声。还有鸟儿最后的鸣叫——那是一只鹬鸟在残留的暮色中歌唱。

黑暗带着夜晚的声音来了，猫头鹰的尖叫、水獭猎食时的鬼鬼祟祟的窸窣声、远处农场的狗吠，还有林间树木的私语。

（在悲凉的音乐声中，师深情朗读）

师：同学们，这个时候，听到这么多声音，你觉得莱西脑子里面想到的画面可能是什么？

生：我觉得可能是小主人乔在照顾它的时候的友好和善良。但现在呢，它自己却被自然环境和恶劣的天气困扰着，迟迟回不到小主人乔的身边。

师：它多么希望小主人乔此时就在它的身边，但是除了黑暗没有什么和它相伴。它脑子当中还会一回又一回出现的画面是——

生：它会想小主人乔最后对它说的那段话。

师：那一段伤它心的话，一次又一次回荡在耳边。

生：我觉得它可能会在想只要坚持下去，就可以见到乔。

师：只要家在，希望就永远在啊！

生：我觉得它会想以前它和小主人乔愉快地玩耍的画面。

师：想起了曾经每天准时地守候在学校门口的那一个又一个画面。

生：我觉得它不一定非要想那些美好的，它也可能在想猛兽把它撕碎的画面。

师：它有可能想起惨不忍睹的一幕又一幕。（音乐停）这些牛群啊，鹅鸟啊，猫头鹰啊，水獭啊，它们都有母亲，都有父亲在它们的身边，而自己却只能孤零零地游荡在旷野。

板块三：聚焦回归，感受人犬深情

师：这是一种深深的孤独。没有什么比深深的孤独更让一条流浪狗感到绝望的。但是，这条狗依然没有放弃，读——（出示课件）

翻过高山，穿过溪谷，走过高原，走过荒野和耕地，走过烧荒的焦土，走过一条条的路，渡过一条条河流和小溪；

冒着雪，顶着大雾和烈日；

踩着铁丝、荆棘、扎人的碎屑和尖利的岩石……

（学生有感情地齐声朗读）

师：一路往前，一路艰辛，一路跋涉，经过了七个多月的日日夜夜，终于它在平安夜回到了绿桥村。这天晚上，绿桥村大雪纷飞，村民们都在欢度平安夜，但是这条狗却再也走不动了。它一头栽倒在雪地当中。

（播放视频，师适时深情解说）

师：爸爸和妈妈跟着乔来到了雪地里，莱西，这是他们日思夜想的莱西！

它终于回来了!

师：父亲抱着它，把它抱进了它曾经每天都待着的地方。村民们都围了过来，他们都望着这一只曾经带给他们无比骄傲和自尊的莱西。他们都静静地望着。

师："往生了"是什么意思？往生了就是——永远地离开了。小主人乔和他的爸爸妈妈曾经多么希望，希望亲爱的莱西回到他们的身边，而现在它终于历经了千辛万苦回来了，但是他们看到的——

师：（出示课件，读）它不再有漂亮光润的皮毛，不再高昂着完美修长的头，不再快乐地竖着耳朵，明亮的眼睛不再灵活，不再跳起来发出快乐的叫声。它是那么虚弱，它想抬起头，但抬不动；想摇摇尾巴，残破的尾巴上挂满了荆棘和苍耳。

父亲跪在多年来属于他的狗身边，摸着那消瘦的骨架。母亲不在厨房忙碌，不再抱怨责骂，而是默默地、十分专注地迅速捅旺火，把浓缩的牛奶倒入热水里搅拌，然后跪下，撬开它的嘴。整个晚上，乔坐着看着它。莱西直着身子躺着，唯一活着的迹象，是那微弱的呼吸。乔不想去睡觉。他一次又一次轻轻地呼唤着莱西……

师：那样长长的夜晚，乔在默默祈祷着呀，乔在轻轻地呼唤呀！亲爱的同学们，拿起你手中的笔，把你此时此刻最想对莱西说的话写下来。你一定和这个小主人乔一样，心中涌动着千言万语。

（音乐声中，生写话，师巡视、点拨）

师：好，放下我们手中的笔，让我们面对着这一只经历了千辛万苦、在平安夜回到了绿桥村的灵犬莱西，替乔或者替我们自己诉说此刻最想说的话。

生：莱西你好……我知道你现在很虚弱，很累很累。你曾是绿桥村全部村民的骄傲，全部村民所有的尊严……你拥有坚强的意志，面对那么多的挑战，如果换成我，我应该会累倒在途中！你安心地睡吧！

生：莱西，你起来！我们去玩球，去捡树枝，去吓唬老鼠……你不要再睡了，放学谁来等我？你起来，你赶紧起来……

生：莱西，你要想想那些快乐的时光，美好的时光。坚持住，你就可以像以前一样，每天和我一起放学，一起玩耍，一起干些别的事情，一定要坚持住！

生：莱西，你是一只勇敢的狗，你对主人的忠诚我都看到了，你非常想回家，你经历了千辛万苦终于回到了主人的身边，所以你要快快乐乐地生活下去。你一定要醒来呀，不要让你的小主人乔伤心！

师：不仅仅只有一个小主人，还有很多很多默默为它加油的人哪！我们在座的很多同学都希望它赶快醒来！

生：莱西，祝你早日康复！你走了那么远，不就是想见你的小主人乔吗？现在你到了，睁开眼睛吧，看看你日日思念的乔吧！你一定要好起来，不要把你的努力白费了！

生：莱西，你不要再睡了，快起来吧！你起来后，我不会再让你离开我了！我们一起来玩球，喝点热牛奶吧！在这平安夜里我想让你平安地醒来，我爱你，莱西！

（多名学生眼含热泪地动情诉说）

师：请你平安地醒来，我们都好好地活着！同学们，这就是让我们感动的故事，这就是让我们感动的灵犬。后来，在他们一家的精心呵护之下，它真的活过来了。所以这位同学，你的本子上写着：祝你一路走好。（场下师笑）这句话不需要了，它活过来了，亲爱的同学。

板块四：头脑风暴，结局大猜想

师：同学们，这个故事并没有结束。路德灵公爵发现莱西不见了，他会怎么做？父亲又会怎么对待长途跋涉回家的莱西？最后，让我们做一个结局大猜想，你觉得结局有可能会是怎样的？请你大胆地推测。

生：路德灵公爵也许不会找它了，因为他被莱西感动了。父亲也不会再把它送回路德灵公爵那里，因为他也被感动了。

生：路德灵公爵发现，山姆也许再也不会把狗给他了。

生：我也觉得父亲绝对不会再把狗给公爵了，因为他可能会对公爵说，即使他倾家荡产，什么也没有，也不要莱西再离开他了。

生：路德灵公爵会讲，我真的感动不了这只狗，还是放弃吧！

生：路德灵公爵发现莱西不见了，他会回到英格兰绿桥村去找山姆。山姆会找整个村的村民去说服路德灵公爵，然后他只好伤心地回到苏格兰去。

师：我以为路德灵公爵永远就在这里定居了，为了这条狗。（众笑）还有同学要猜的，你看这个结局非常有意思啊！（对一生）你刚才不是猜过了吗？

生：皆大欢喜的结局。

师：我们来听听看。

生：路德灵公爵回到绿桥村之后，看到莱西的坚持，父亲的坚持，还有乔的坚持，不仅把莱西还给他们，而且可能会给他们一些钱，让他们不会过得那么艰难。

师：这是我听过的最像童话的温馨的结局。路德灵公爵善心大发，不但把狗还给他们，而且把自己的一些钱也给了他们，最美好的一个结局。结局究竟是怎样的呢？我——不告诉你们。（笑，生叹息）自己去读这本书，你会读到更多精彩的……（师看到一个同学长叹一声）这位同学，你好像老大不高兴，起来。（全场笑）你想知道故事结局吗？

生：想知道。

师：非常想知道吗？

生：对。

师：万一知道了，你不想再去读书了怎么办？

第七章 整本书阅读教学 / 427

生：这是不可能的。（全场笑）

师：你得和我拉钩，我说了之后你还得去读书好不好？

生：好！

师：我被他逼的。（全场笑）我现在告诉大家，山姆看到乔如此坚持，对这条狗如此深情，他也被打动了。山姆是养狗高手，他完全可以给这条狗化装，把它乔装成另外一条狗。路德灵公爵过来说："你把狗还给我。""你看看，这是我们家最新收养的一条流浪狗。你看吧，这是不是你的狗？"路德灵公爵跪在狗面前，看了很久很久，说："他不属于我，它不是我的狗，它从来不属于我。"实际上，路德灵公爵早已认出了这条狗。他最终问山姆："你现在找到工作了吗？""没有。""原来管狗的那个海恩斯被我辞退了，因为他连一条狗都管不住，他还能管得好什么，你愿不愿意来管这条狗？"于是，一家人连同狗一起住进了苏格兰庄园。（生鼓掌）

师：这是不是一个皆大欢喜的结局呢？比刚才这个同学的童话更像童话，是不是？我建议大家找来整本书阅读。如果书读了，不过瘾，你还可以看电影，电影就叫作《灵犬莱西》（有两个版本，都非常好）。大家可以边看边对比，是书写得好，还是电影拍得好。下课！

（说明：此课执教于2017年）

教学品鉴

从导兴趣到导策略

——以《灵犬莱西》为例谈整本书导读的价值嬗变

张祖庆

日本教育家佐藤学曾打过一个精妙的比喻：课外书的一页页，就是"葡萄园"；一行行，就是葡萄房里挂满葡萄的"葡萄棚"；一个个词汇，就是"葡萄"。读书，就是徜徉于"葡萄园"，把一个个熟透了的"葡萄"加以品尝的快乐。这样享用的"葡萄"（词汇）不久发酵，带来恩惠：酿成香醇的"葡萄酒"（丰硕的人生）。佐藤学先生"阅读即品尝葡萄"这一比喻，形象地道出了阅读的真谛。五年前，我曾在《导读课的重要使命》一文中提及，"导读的使命就在于教师如何千方百计地让儿童喜欢阅读一本本陌生的好书（走进一座甘美的葡萄园），进而自主地、投入地反复阅读（采摘葡萄、品尝葡萄，乃至酿造葡萄酒）"。

然而，导读课的目标如果仅仅是"导兴趣"，则完全没有必要花上四十分钟的宝贵时间。三五分钟或者二十来分钟，足矣。我以为，导读课的核心任务，在于"导策略"——通过试读精彩片段，让学生掌握阅读这本书的某一方面的策略。还是以"摘葡萄"为例，导兴趣，相当于把儿童领进"葡萄园"；导策略，则相当于教给儿童"摘葡萄"和"品尝葡萄"的方法。后者，最为重要。

下面，试以《灵犬莱西》一课的导读为例，谈谈如何实现从"导兴趣"到"导策略"的嬗变。

一、《灵犬莱西》是一本什么样的书

1930年，在英国北部的约克郡矿山山脚有一个绿桥村。乔的父亲山姆是矿山的事务长，母亲则是护士。一个偶然的机会，乔得到一条小狗，将它取名"莱西"。莱西逐渐成为绿桥村最为出名的柯利犬。但不久之后，煤矿停产，父亲失业。为了维持家庭生活，山姆不得不把儿子心爱的狗卖给了路德灵公爵。因为思念小主人乔，莱西数次出逃，但是都被山姆送了回去。后来公爵带着莱西迁到苏格兰的庄园，莱西又因为思念小主人而逃了出来，这一次，它跋涉千里，历经千辛万苦回到了小主人乔的身边。

于1943年上映的彩色电影《灵犬莱西》，根据英国作家艾瑞克·莫布里·奈特的同名作品改编而成。莱西的冒险经历，成为日后拍摄的最长盛不衰的故事之一，先后拍成多部电影、电视剧及广播剧。电影一经上映，感动无数观众。

二、预测，让阅读像探险一样好玩

法国著名作家、哲学家萨特曾说过："阅读时你在预测，也在等待。你预测句子的末尾，预测下一个句子，预测下一页书。你等待它们来证明你的预测是否正确。"的确，阅读的过程，就是不断预测——验证的过程。尤其是阅读侦探类或者悬念小说（电影），就是根据书籍或者电影的线索，结合生活经验，不断预测的过程。在我的印象中，阅读金庸的所有小说、《别相信任何人》《我的名字叫红》等作品以及希区柯克的所有电影，就是这样特别难忘的预测阅读之旅。其实，预测阅读，是一种高级阅读策略。在阅读策略系统中，完整称呼是"预测与推论"——根据已有的信息对故事的结局、情节的发展、人物的命运、文章观点等多方面进行预测和验证。可以说，熟练地运用预读的策略，让阅读像探险一样有意思。

那么，预测有没有具体的策略？当然有！

看封面预测，看目录预测，看内容提要预测……都是常见的预测策略。在这节导读课中，我重点渗透了预测阅读的另四种策略。

一是根据开头暗示性的语言预测阅读。长篇小说的开头，在整部作品中起着至关重要的作用，往往交代故事发生的环境、时间、相关人物以及重要线索。而且，很多长篇小说，往往在开头有一些暗示性话语（如《草房子》的第一章）。这些话语，往往暗示着故事的走向，预示着人物的命运。抓住这样一些暗示性的开头，大胆预测，美好的阅读之旅便悄然开启。本课教学的第一个板块，就是让学生在细读开头的基础上，捕捉重点信息，然后根据暗示性的语句，去预测整个故事的走向。从学生的课堂发言来看，他们是能够抓关键词句，做出相对准确的预测的。

二是根据生活经验预测阅读。阅读，是文字和读者的经验交互作用的过程。不同的人读同一篇文章，阅读感受是截然不同的。是谓"一千个读者有一千个哈姆雷特"。因此，启动生活经验，预测阅读，又是预测的重要策略。本课第二个片段"根据生活经验预测"，就是基于阅读的这一特质设计的。在阅读过程中，学生根据自己对狗的脾性了解，参与预测。虽然，孩子们的预测和原文相去甚远。但就在这样不断预测的过程中，让孩子们对作者安排情节的高超手法，有了更为鲜活的体认。预测阅读的价值，在于预测本身，而非结果。

三是根据上文重要信息预测。预测，并不是胡思乱想，而是依据相关的线索和信息进行。因此，本节课的第三个预测阅读策略，聚焦"根据上文重要信息预测"。让学生根据本文中对"设得兰群岛"以及莱西返家地形地貌的描述，结合生活经验，进行大胆预测。实践证明，孩子们所预测的种种困难，和原文几乎如出一辙。有了这样的预测，孩子们再次阅读这本书时，就容易和文本产生强烈的共鸣。

四是根据情感线索，预测故事结局。每一本书，都有它的情感走向和情节脉络，根据前文的情感铺垫和已有的线索去预测故事高潮或结局，也是一种很重要的预测阅读策略。本课最后环节，教师借助视频，感受人犬深情，师生被深深卷入，情感达到新的高点。这时，再让学生走出文本，根据书的情感走向和已有线索，让学生预测大结局，就那样水到渠成、瓜熟蒂落。学生不同的预测，印证了预测阅读的魅力。当然，一般情况下，学生充分预测之后，教师不要当堂公布真相。越是想知道结局，越不告诉学生，导读的效果越好。本节课，之所以当堂把结局告诉学生，是基于学生当时"反应激烈"，非想知道不可，教师就顺势把"真相"公之于课堂了。其实，留有悬念是最好的。

三、导读课还可以渗透哪些阅读策略

从学生的情感状态和学习行为审视来看（后来细看教学视频，大部分学生都被书本和电影中的这条狗深深打动，认识到位，表达精彩），这节课的导读目标完全达成。可见，导读课，从导兴趣转向导策略，不仅是必要的，也是可行的。

那么，除了此课涉及的"预测阅读"，还有哪些常用的阅读策略，也可以在导读课中渗透呢？综合国内外相关的研究，我在课堂上进行大胆实践，发现以下阅读策略，比较适用于导读课——

联结：书中相关内容之间的联结；这本书和另一本书的联结；已知事物和新资讯的联结；书和生活的联结。比如，将《蓝色海豚岛》和读过的《鲁滨孙漂流记》联结。

视觉化：将文字图像化、情境化。比如，导读《十岁那年》，让学生给诗句配插图。

启动先备知识：在阅读之前首先回忆与文章有关的知识，例如文章的写作背景、时代背景，作者的生平、思想及写作意图等，使头脑中储存的已有知识被激活，处于备用状态。比如，阅读《十岁那年》，可以先对越南和美国战争有一个大致的了解。

统整：可以将那些看似散乱无序的信息提升为系统化的知识。比如，阅读《鲁滨孙漂流记》，引导学生阅读故事梗概，做一份鲁滨孙漂流地图。

…………

其实，很多阅读策略，都是可以在导读课中渗透的。当然，导读课，只是阅读的启动仪式，教师切不可将阅读策略教得过于深奥、过于理性。教师要遵循由浅入深的原则，循序渐进地，把学生带进一本又一本美妙的书中。

第19课　忠犬八公

文本简介

等待，是为了永不忘记爱我的人

小说《忠犬八公》是西班牙著名作家路易斯·普拉茨的动人之作。作品以电影《忠犬八公物语》（1987，日本）和《忠犬八公的故事》（2009，美国）为原型创作，在2015年初版前即荣获巴塞罗那最重要的童书奖项"约瑟夫·M.福尔奇·伊·托雷斯儿童文学奖"，2016年又获得了德国国际青少年图书馆白乌鸦奖。2016年11月，广西师范大学出版社出版小说中文版。

这是一个发生在日本的故事。八公是一只秋田犬，几个月大时，它来到东京，在涩谷区上野英三郎教授的家里生活。上野教授和小八初次见面时，教授把经历了冬日长途颠簸的小狗裹进了怀里。他不但照顾它的饮食，还会和它分享秘密和知识：对自然和生命的好奇让他们惜惜相依，他们在充满植物、星辰、孩童和蝴蝶的美好世界里，不动声色地对抗琐碎的"正经"生活。那段幸福的日子里，教授给予小八无比温暖的爱与陪伴。然而，1925年的一天，教授在东京大学参加一场会议时因突发心脏病，永远地离开了小八。之后，小八面对自己无法理解的未知，它所能做的，就是竭尽全力地等待。每天下午五点一刻，它会准时来到涩谷车站，等待教授从火车上下来的那一刻。风雪无阻，一等就是十年，直到它生命的最后一刻。

全书以时间为序，分为两个部分，共十三章。第一部分"一九二四年一月至一九二五年五月"，小说的前七章，讲述了上野教授去世之前，小八与教授在一起朝夕相处的幸福时光。小说的后六章为第二部分，时间是"一九二五年六月至一九三五年三月"，叙写了教授离开后，小八十年的执着等待。

　　书的目录与众不同，每一章都由地点和时间组成。看目录中的地点，可以发现，五六七三章分别为"东京,代代木公园""相模湾,镰仓海滩""东京，东京大学"，前四章为"东京，涩谷区"，后六章是"东京，涩谷站"。整本书贯穿了小八的一生。而它的一生,与一个词密切相关,那就是"等待"。正如书的封面所写的那句话：等待，是为了永不忘记爱我的人。一句话、一面钟、涩谷站、雪天的人犬相拥等几个意象，组成了本书简约而温馨的封面。

　　书的插画由西班牙画家苏珊娜·塞莱伊所绘，极有特色，值得一提。画面很美，保留了写实风格，又带有水墨晕染的东方艺术韵味。因为这个故事的发生地是日本，插画尊重故事的原型，人、事、物等充分彰显了日本的文化元素。整本书中，每一个章节的插图都有变与不变，不变的是上野教授与小八的背影图，变化的部分紧密配合着情节。因此，书中插画的价值也是丰富的，既是艺术欣赏画，又定格与连贯了故事的情节。

　　作者与绘者，尽可能努力做到了忠实地书写和绘画这个故事，努力保留原汁原味的日本传统文化，以及整个东方世界的文化。短短的一本小说，蕴含着深沉的感动。如果你阅读故事的时候，忍不住流下了眼泪，也请不要忘记，并非所有的眼泪都是苦涩的,这世上还有为幸福和爱而流淌的眼泪。

　　五点一刻的黄昏，东京涩谷车站，一只叫八公的狗，诠释了忠与爱：等待，是为了永不忘记爱我和我爱的人。

> 课堂实录

为了我爱和爱我的人

——《忠犬八公》聊书实录

课前互动：师生聊"犬"，反差入课

师：(板书"犬"字)黑板上的这个字都认识,"犬"就是狗。说到"狗"，你脑子里会冒出哪些跟"狗"有关的词语或者俗语？

（生静默）

师：电脑在刚刚开启的时候就是需要慢慢地等待的，人脑开启也是这样，有的同学在检索、检索、检索……

生：肉包子打狗——有去无回。

生：狗是忠实的，我想到了"忠实"这个词。

师：你想到了一个词语，这句词里最好要有个"狗"字。

生：狗咬吕洞宾——不识好人心。

师：好，还有吗？一定还有许多跟"狗"有关的词语、俗语，还有歇后语。

生：狗拿耗子——多管闲事。

生：鸡飞狗跳、狗急跳墙。

师：大家有没有发现，在中国人的嘴里，一说到狗，似乎都不太招人待见，什么鸡鸣狗盗啦，狗急跳墙啦，狗嘴里吐不出象牙，狗咬吕洞宾——不识好人心，狗拿耗子——多管闲事……一口气能说出很多很多来。今天这堂课，我们来聊一本跟狗有关的书，一起说——

生：《忠犬八公》。

（师板书，补全课题）

板块一：借助书影图片，复述主要情节

师：你们都读过书了是吧？这个"八公"，它原来的名字叫什么？

生：叫小八。

师：小八这个名字是谁给它取的？

生：上野教授。

师：它叫小八，教授给它取的名字。

（板书：小八　教授）

师：教授为什么要给它取名小八，它明明是一只秋田犬呀，为什么叫"小八"呢？哪位同学还记得？

生：因为它的后脚有点像数字八，所以教授给它取名"小八"。

师：嗯。这条狗本来就是上野教授的吗？哪位同学记得这条狗是怎么来的？

生：是教授给他的女儿千鹤子买的。

师：后来有没有给女儿呢？（没有）不知道同学们有没有留意到，这本书当中有许多有意思的插图。现在，我要考一考你们的记忆，看看哪个同学反应快。我出示一幅插图，你能不能马上回忆起这幅插图讲的是什么情节，准备好了吗？注意，看屏幕——

（出示主要情节的插图）

生：小八刚回来的时候，天气比较冷，教授就把它揣在怀里，带回家。

师：嗯，非常好！继续，这幅讲了什么？

生：教授带小八到公园里玩。

师：那个时候樱花盛开，是春天。下一幅，谁想起来了？

生：这一幅图讲的是六一儿童节的时候，教授跟小八说，这些鲤鱼旗不会攻击它，这是在庆祝小朋友的节日。

师：这一幅讲的是什么？好像已经到了故事的后半部分，哪位同学想起了？

生：讲的是教授去世了，小八每天都在车站等他。

师：涩谷车站，静静地等待。

师：（走到一位男生面前）张老师看到你有一个动作，手欲举又不举，实际上你是有答案的，是不是？好多同学都会这样。孩子们，聊书的课堂无所谓正确不正确的，你有想法，把它说出来，就是正确的，明白没有？今天这堂课，没有任何标准答案。再看，这个画面呢？

生：这个画面是小八在雪中等教授。

师：雪中静静地等待。下一个画面——

生：小八离开世界后，它的幻想，以为教授又来接自己了。

师：看来，同学们阅读得不错，情节记得很清楚。这是张老师从《忠犬八公》的电影中截屏下来的一些画面，谁能够把刚才我们回忆的那些插

图和这些画面整合起来，用自己的话，三言两语把这个故事讲清楚，也许有的老师没有读过这本书，没有看过电影，我们向老师们推荐一下，好不好？自己在位置上先准备一下，自言自语，说一说。

师：准备好的同学，大胆举手，聊整本书的课堂，就需要试一试的勇气。

（生沉默）

师：这个任务很有挑战吗？书已经读了两遍的同学请举手，读一遍的请举手，一遍都没读完的请举手。好，至少都读了一遍了，对咱们五年级同学来说，这本书难度应该并不大。主人公是谁？（生：小八）还有一个？（生：教授）小八怎么来的，教授怎么对它，后来发生了什么事情，最后怎么样……连起来，就把这本书讲清楚了。来，试一试。

（生仍然拘谨）

师：我看到四五个同学举手了，敢于挑战有一点点困难、任务的同学，是值得我们为他们鼓掌的。来，掌声！

（生轻声鼓掌）

师：停！来看看张老师是怎么鼓掌的。张老师听过一句很经典的话，什么话呢？会鼓掌的人都是情商很高的人。你们相信不相信这句话？好，我看看情商高的人在哪里——

（安静几秒钟后，全班掌声响起）

师：哦，一下子反应过来了。刚才，为什么给同学鼓掌都那么羞涩淡定呢？来，再一次给你的同学以热烈的掌声。接受热烈掌声，更应该说好。

生：教授最初是给女儿千鹤子买一只狗。教授给这只小狗取名叫小八，可是小八和千鹤子并不是太亲，它很喜欢教授。它每天跟教授到车站，每天下午五点，它准时去车站接教授。后来，教授在一场重要的课上突发心脏病，去世了。小八虽然知道教授不会回来，但它还是去涩谷车站等他……一直等了十年，最后它在一个雪夜死了。它在幻觉中，又见到了教授。

师：你看，这位同学用自己的话，把故事讲得非常清楚。

板块二：品味书影细节，感悟人狗情深

一、彼此眼中，他们是谁？

师：刚才张老师在追问的过程中，我们已经谈到，这本书的主角是谁？（生：小八和教授）接下来，我们继续来聊这本书。第一个话题——

话题1：彼此眼中，上野教授和小八是谁？

教授眼里小八是谁？	从哪些事情或细节中看出	小八眼里教授是谁？	从哪些事情或细节中看出
亮明观点	用自己的话陈述事实（细节） + 用自己的话表达感受		

师：同学预先已拿到一份阅读单，都做好了吗？你们是两个角色都做了，还是选其中一个角色来做的？

（生有的都做，有的选择一个）

师：嗯，都可以。老师让同学到书中去找小事情、小细节，这个小事情或者小细节当中，看出教授眼里小八是什么。那么，站在小八的角度学习的同学也一样。现在，先不看你们的阅读单，我们先来看一段电影，从电影中，你可以找到支持自己观点的理由。

（播放电影片段一，师提醒关注细节）

师：好，一定有许多镜头、许多画面、许多小细节能够支持你的观点。

你觉得,在教授的眼里,小八是他的谁? 在小八的眼里,教授又是它的谁呢? 同桌交流自己的想法。在交流之前,请同学跟着我做一件事情——把你们的马甲脱了。天气这么热,长袖还要穿马甲,好看是好看,但是不要只讲风度,不讲温度。

(生笑,迅速脱马甲)

师:这就对啦! 动作再稍微温柔一点。来,做个伸展运动,活动一下。现在,与同桌交流一下自己的想法,可以拿出阅读单,也可以结合电影当中的片段。

(全场掌声,同桌开始放声交流)

师:可以说了吗? 这位同学,你起立,你的衣服怎么跟别人不一样?

生:因为我没有穿长袖。

师:是没有长袖还是没有穿长袖?

生:没有穿长袖。

师:你看,这位同学有先见之明。别人都需要撸起袖子,他袖子不用撸。来,把袖子都撸起来,这样就轻松了。哪位同学来说?

生:我选的是,在教授眼中,小八就是他的儿子。

师:最好不看发言稿,直接说。如果你觉得讲不清楚,可以瞄一眼发言稿。开始,转过来,面向大家说,其他同学看过来。

生:在林间小径,小八和教授在肆无忌惮地玩耍,一会儿转圈圈,一会儿跟教授赛跑,像父亲和儿子一样,在一起快乐玩耍。

师:这位同学一定想起和爸爸一起玩耍的场景,是不是? 非常好,发言落落大方,为我们带了一个好头,喝彩! 继续交流。

生:我说的是电影里面的片段。教授去上课了,小八就一直跟着他,教授为了它,宁愿错过一班车,宁愿不去上班,也要把小八送到家中。

师:教授眼中的小八,就是自己的——

生：就是自己的儿子。

师：只有为自己的儿子，他才会连班都不去上了，这个教授可真是任性啊！

生：我的观点是教授眼中的小八是儿子，因为书中写了，教授为了小八，每天早上做的第一件事，就是给小八倒一杯热牛奶。过去，他都是自己先喝一杯茶。为了小八，教授特地改变了自己的生活习惯。

师：说得特别好！他有没有为他的夫人改变生活习惯？（没有）在他的眼里，夫人还不如一条狗，是不是啊？他把小八的地位置于夫人之上啊！

（全场笑）

生：我站在小八的角度。我从电影中看到，在小八眼里，它和教授形影不离。教授上班了，小八把栅栏刨了一个洞，跟着教授出去。我感觉他们俩分不开……

师：永远在一起的感觉，好到让你"无语"。

生：在教授眼里，小八是他的儿子。因为从电影片段中看，教授看到小八，完全可以不管它，直接去上班的。但他没有，他看到小八，赶紧下了火车，去安抚小八。

师：安抚小八，还把他带回家，一起玩耍。同学们再回想一下，书中还有哪些情节可以支持你的观点。这位男孩，你说——

生：教授眼中的小八，是他的儿子。书里说，每次教授带小八出去散步的时候，都会给它讲一些常识。

师：他完全没有把它当作一条狗，他仿佛觉得，小八都是听得懂的。那么，他都讲过哪些知识呢？你们回忆得起来吗？

生：他们在公园里遇到一只特殊的蝴蝶，教授就告诉它，这种蝴蝶是不常见的，下次可能就遇不到了。

师：你记性真好！教授为它普及昆虫的知识。还给它讲了什么？

生：还有一次什么节日，教授带小八出去玩，小八看到人家的杆子上有许多鱼。教授告诉小八，最上面的鱼是爸爸，下面的是妈妈，最底下的就是孩子了。

师：普及家庭的知识，社会的知识。有的时候，还给它讲天文知识。这个时候，上野教授就是小八的老师，小八就是上野的学生。张老师很清楚地记得一个片段，我试图在电影当中去寻找这个片段，看到底能不能拍出来，但是电影没有拍好。我们回到文字当中，做一个朗读者，再去还原小八和教授看星空的那一幕。来，同学们读黄色字体的部分，张老师读白色的字。

（伴着舒缓的音乐，师生深情朗读，还原看星空的温馨画面）

生：上野夫人正准备睡去，上野教授却去了花园，小八正在那儿看星星。他坐在小八身边，轻轻地抚摸着它。那是个凉爽的晚上，夜幕浓密，却清朗无比，可以远远地望见在黑暗中跳舞的星星。

师："小八，你看昴星团把天空照得多亮啊！"教授指着上面说，"这说明快到磨镰刀的时节喽。等它们暗下去，就要用犁翻地了。之后的四十几天，它们会远离我们。等大角星从海上升起来的时候，得把葡萄修剪好。再之后，当猎户座和天狼星走到中天，就要开始摘葡萄了。"

生：小八扬起头来，过会儿又看看教授，好像听得懂他的话似的。也许它什么都不明白，但对它来说，能被主人深沉的声音环绕，能听见他讲讲这些东西已经足够。

师："小八，小八，你看见那儿了吗？"上野教授指着一片星星继续说道，"那是大熊星座。"

…………

师：这样非常美好温馨的画面，在这本书中，无处不在。这一幕又一幕，虽然平平淡淡，但是在上野教授看来，有小八的日子无比幸福。而小八，

也因为上野教授，无比快乐。

二、人狗情未了

师：但是，美好的日子随着那特别的一天，突然结束了。这一天，上野教授告别了小八，而小八，仿佛预感到什么似的。你们回想一下，那一天早上，小八的举动有哪些异常？

生：小八从来不捡球，可它为了让上野教授陪着它，它去捡球。

师：破天荒的，头一次去捡球了，这是异常之一。

生：还有一个异常，原本小八要跟着教授一起去火车站，但那次它是不去的。

师：他不愿意去火车站。还有异常举动吗？

生：到了火车站，它就不停地叫。

师：不停地叫，仿佛在暗示着什么。这个日子，就这样突如其来地降临在教授和小八的生命中了。

（播放电影片段二。师配合影片讲述：上野教授心脏病突发，永远地离开了人世。然而小八却不知道它的主人已经离它而去，每天下午五点一刻,它还是准时地在涩谷车站静静地耐心等待,一个又一个面孔看过去,小八找不到它的主人。车站里好心的人看这条狗一直在等,走过去,劝它……小八不听劝告,依然痴痴地等待,等了一天又一天,春天、夏天、秋天、冬天,又一个春、夏、秋、冬,就这样整整等了十年。小八渐渐地老了,它的一条腿瘸了,一只眼睛也看不见了。这一天,大雪纷飞,整个涩谷车站笼罩在茫茫大雪之中,小八等到夜幕降临,依然不见它的主人的出现。就这样,第二天,人们看到的是小八的身体变得僵硬)

(屏幕滚动出示本书第十三章《东京,涩谷站 一九三五年三月》127-128页选段)

午夜,雪已经在它身边积起来了。但它还是趴在门前。

寂静伴着孤独,随即又被尖刀般的风剪碎了。那风锥进它饥饿的身体里,像裁缝的针。

…………

小八睁开了眼睛,它不敢相信眼前的一切。为了和他的相聚,它等了十年。最后,他来了,来到车站。小八知道,他没忘记自己。他就在那儿,刚从那列用喜悦、希望和幸福制造的火车上下来。小八本想抱怨两声,但当他察觉到那只熟悉的手在轻轻抚摸自己的皮毛时,就什么都不说了。

(师在音乐中深情、留白、静默)

师:我想问同学,这一幕是真的发生在小八的眼前,还是小八的幻觉?

生:这一幕是小八的幻觉。

师:作者为什么不直接写小八去世了,而要写这一幕幻觉?

生:可能是作者想给这个故事一个温馨的结尾。

师:其他同学呢?你是怎么样看待这样一个结尾的?

生:小八很想见它的主人,作者就在结尾写它幻想主人回来了。

师:作者不愿意如此折磨小八,如此折磨读者,所以安排了这样一个

第七章 整本书阅读教学 / 445

温暖的结尾。同学们，事实上，在小八一次又一次等待的过程当中，他都有许许多多话想对教授说。它也许告诉教授，它在等他；也许告诉教授，他走后它所经历的一切；也许在默默地责备着上野教授……而上野教授这时候去哪里了？已经去了天上了。也许他看到了这一幕，却没有办法劝阻小八，其实教授也一定有许许多多的话想对小八说。来，亲爱的同学们，让我们走进这两个角色的内心世界，站在教授的角度，给小八说几句心里话；或许站在小八的角度，对上野教授说几句心里话。记住，小八知不知道它的主人永远不回来了？（生：不知道）这是前提。拿起笔，选择其中一个角色来表达。

（学生在低沉而忧伤的《入殓师》大提琴曲中写作）

师：（请生上台）站在上野教授角度的站在一边，代表小八的站在另一边。

师：十年漫长的等待，小八一定有许许多多的话想对它的主人，想对它的父亲说——

生：亲爱的教授，你知道吗？整整十年，我在这里等你，就是为了再见你一面。

生：亲爱的小八，我不会再回来了，我已经去了另一个世界。当我看到你在苦苦等待时，我很想告诉你，我多么想去陪你，但是我却回不去了。

赶紧回家吧，我的小八，好好活着，我不希望你也来到我的世界。

生：亲爱的小八，你一定要走这条最艰辛的路吗？小八，记住，不管你在何地，我都会想着你，我还想带你去富士山，还想带你去海滩。可是，小八，这只是梦幻。你不要再这么执拗了，听话，孩子，免受一些苦吧。

师：教授劝小八别这么执拗。

生：亲爱的教授，您究竟到哪里去了呀？我等待了许多个春夏秋冬，仍不见您的踪影。我好想回到当年，和您一起愉快地嬉戏，躺在您温暖的怀抱里。您曾经对我说过，您每天一定会准时到达车站，接我一起回家。难道您已经忘记了吗？我等了这么久，却一次都没有见到您，您快点回来吧！

生：亲爱的小八，你回去吧，不用再等了，是我拖累了你，对不起！我的存在伤害了你，让你受了这么多苦，我爱你！你等了这么久，一次次满怀希望而来，满怀失望而归。哦，也许，你的选择是对的，等我……

生：亲爱的教授，我好想你，你为什么去了那么久都不回来，你真的不要我了吗？我一直在等你，等你回来，日复一日，年复一年。多么想一直等下去，可是，我已经老了，可能再也等不到你了，对不起，教授！

生：亲爱的教授，你去哪里了？为什么不回来看看小八，小八等你等得好辛苦！爸爸，我想告诉你许多事情，你的房子被人家买了，夫人搬到千鹤子的家了，爸爸，你快回来吧，我好想你……（生哽咽语塞）

师：（接读）我想和你一起去公园玩，一起去看星星，爸爸，你什么时候回来？

生：亲爱的教授，你在哪？你知道吗？我在等你。不要光忙着工作，快回来陪我，我一直在车站等你。我要和你一起玩，听你讲蝴蝶、花草的故事，快回来吧！不要担心我，车站的人们把我照顾得很好，只要你安全地回来，我便放心了。

师：我只要你安全地回来，只要你安全地回来……

板块三：对比电影结尾，思辨体会用意

师：就这样等啊，等啊，等了十年，最后等到了……让我们再看一次电影，看一看他们等到的场景。来，孩子们，抬起头来，一起看一看，他们相见的时候。

（播放电影片段三）

师：这是美国版电影《忠犬八公的故事》的结尾，接下来我们再来看一看日本版《忠犬八公物语》的结尾，请同学再看一次，看一看两个版本的结尾有什么不一样，你更喜欢哪一个版本的结尾？

（播放电影片段四，生静静观看。影片慢镜头：樱花烂漫，画面唯美，小八从远处奔跑而来，上野教授张开双臂，等待小八，他们在樱花树下紧紧拥抱在一起。樱花雨中，相拥、亲抚、旋转……）

师：感谢电影导演，让这个悲伤的故事，有这样温暖的结尾。但是，同学们在静静观看的过程当中，你有没有发现，两个版本的结尾有什么不一样的地方？谁发现了？

话题2：两个版本的电影结尾，你更喜欢哪个？为什么？

（一男生起立，表情悲伤，无言）

师：你还沉浸在悲伤之中，无法表达。

生：日本版的结尾更能感受到小八和上野教授之间深厚的感情，只拍了他们俩相见的那一幕。而美国版的结尾，还拍了其他许多的事。

师：美国版拍得有点杂，其他的事物太多，不利于凸显这个故事温暖的结尾。这是你的观点，非常好。

生：我感觉日本版的樱花镜头比较多，更突出了温情。

师：为什么樱花就带给你温情的感觉，难道梨花、桃花、杏花，就无

法带给你这样的感觉吗？

生：因为樱花是粉红色的吧。

师：粉红色，淡淡的回忆，温暖的颜色，非常好。哪位同学也关注到了樱花一大片一大片地盛开，关注到的请举手。我想问，除了导演对色彩上的思考之外，你觉得更深的用意在哪里？为什么选择樱花作为背景，有什么深意？

生：樱花是日本的国花。

师：说对了。因为拍一部电影，它不仅仅要传递故事当中情感的美好，有的时候还要考虑传递一种文化。而樱花，在我们这个故事当中，出现过几次？（生：许多次）本身文字当中就反反复复提到樱花，所以，导演选择了尊重文字，尊重日本的文化。还有其他原因吗？为什么要选择樱花？

生：因为八公在世的时候，它和上野教授曾经在公园里，在樱花盛开的春天度过了一段很美好的时光。

师：有没有喜欢美国版的结尾的同学？大家回想一下，这个故事结束的时候，八公是在什么样的天气里去世的？

生：大雪天里。

师：在冰天雪地里离开的，而日本版的结尾却是发生在春天。从这个意义上说，张老师欣赏导演尊重原文。当然，两个版本各有千秋，每一个版本都自己的特色。所以，我们同学可以把两个版本拿过来比较，你会发现有许许多多的不同点。

板块四：回归书影主题，领悟等待深意

话题3：小八十年苦苦等待，却一直等不到教授。你认为，这样的等待值得吗？

师：小八十年苦苦等待，却一直等不到教授。你认为，这样的等待值

得吗？四个同学围在一起，表达你真实的想法。

（学生在小组里表达各自的观点）

师：思考、交流之后，你的想法一定更成熟、更有见地。

生：我觉得是值得的，小八特别爱教授，教授也很爱小八。小八的等待，是一种信念。

师：因为，等待，是为了我爱和爱我的人。所以，值得等待。这个话，昨天说多好，当然，今天说，也依然好。

生：我认为值得和不值得都有。但我更倾向于不值得，小八等待到最后，一只眼睛瞎了，腿也瘸了，最终死了。明知道等不到教授，长痛不如短痛。我觉得它如果回去的话，还能生活得更好一点。

师：我听懂了你的话，要么选择去找一个新的主人，要么一了百了。有没有同学跟她的想法不一样呢？

生：我觉得是值得的。虽然最后是在小八的幻想中相遇了，但是，小八十年里唯一的愿望实现了，所以，小八自己一定觉得是值得的。

师：虽然是幻觉，但它的内心也一定得到了安慰。再说，在等待的过程当中，它一定无数次回忆这个美好的场景，这份回忆是甜的，也是苦的，是不是？还有谁要表达？

生：（哽咽）我认为等待是值得的。因为小八不愿意在现实中特别伤心，它愿意等待在幻想中，幻想教授还活着。既然教授还活着，它就感到很快乐。所以，这份等待一定是值得的……

师：等待，是为了永不忘记爱我的人。在书当中，有这样一段话，一起读——

师生：十年的寒冷、饥饿、失落、挫败、绝望算什么？什么都不算。只要心坚信能再次见到上野教授，就什么都不算。

师：所以，书的封面有这样一句话，一起读——

生：（齐读）等待，是为了永不忘记爱我的人。

师：拿起笔，工工整整、恭恭敬敬地把这句话写在作业纸的最后一行，用你的心，用你的情来写下这一句话。（板书：等待，是为了永不忘记爱我的人）

师：写好的同学想一想，老师这儿空了两个字的位置，你觉得可以填什么？

生：等待，是为了爱我和（我爱）的人。

师：就这样，十年的等待，让小八最后变成了八公。（擦去板书"小八"）等待，是为了一份爱。（画爱心）这份爱，永远地铭记在我们的脑海里。

师：同学们，这是一个真实的故事。就在八公离去前的一年，有一个人为它塑了一尊像。后来，过了整整八十年，有人终于把上野教授和八公雕塑在了一起，使之成了一道风景，刻在了每一个人的内心深处。

（出示雕像）

师：同学如果对狗的故事感兴趣，老师推荐大家再读另外一个狗的故事，叫《灵犬莱西》。（出示）

当"灵犬"遇见"忠犬"

《灵犬莱西》讲述的是一则感人的故事。莱西是小主人乔的爱犬，但是乔的父亲山姆失业了，为了维持家庭生活，山姆不得不把儿子心爱的狗卖给了公爵。因为思念过去的小主人乔，莱西数次出逃，但是都被山姆送了回去。后来公爵带着莱西迁到苏格兰的庄园，莱西又因为思念小主人而逃了出来。这一次，它跋涉千里，历经千辛万苦回到了小主人乔的身边。

师：一本讲的是"等待"，一本讲的是"回家"。同样非常感人，同样有两个版本的电影，同学可以把书拿来和电影对比对比，也可以把两部电影放在一起比，你会发现它们有很多相同点和不同点，这样阅读，我们的思路就打开了，我们对狗的认识也就不一样了。如果，你还不过瘾，老师再推荐你阅读这些书和电影，都非常好！

（出示书影名）

关于狗狗的书和电影	
书	电影
《灵犬莱西》	《灵犬莱西》
《忠犬八公》	《忠犬八公》
《再见了，可鲁》	《导盲犬小Q》
《我和狗狗的10个约定》	《我和狗狗的10个约定》
《野性的呼唤》	《野性的呼唤》
《第七条猎狗》	电影遇见书，悦读越美丽……
《黑焰》	
《鬼狗》	
《警官巴克尔和警犬葛芮雅》	
《雪山救助犬和旅行者》	

师：读上一年，也许你生命当中，某些东西就在悄然地改变着。让我们最后把这句话轻轻地读一遍——

生：（轻读）等待，是为了永不忘记爱我和我爱的人。

师：下课！

（说明：此课执教于2017年）

教学品鉴

等待：书与影中的"向死而生"
——张祖庆《忠狗八公》创意读写课堂赏析

宋 飞

张祖庆老师的课，接触的每一节，几乎都能感受到他化腐朽为神奇的生本力量，以及意旨转化为意象的底气与情怀。比如《祖父的园子》里，萧红梦境中光芒四射的太阳；比如《神奇飞书》停电时，学生席地而坐时光芒四射的思维；比如《忠狗八公》爱与等待、生与死等话题讨论中，视觉空间与语言经纬编织的光芒四射的"空间知觉站"……这些课不在技法，也不在表面热闹的情感共鸣，而在于"太阳"照耀"黑箱"下，如何开启书我两忘的精神空间，以及在这个混沌的空间里，如何把思想转化成"温情的敬意"与"向死而生"的理解与表达。

一、激发，开启安静的视角比较

特别喜欢祖庆老师课堂上学为中心的静默与等待。等待是一种尊重，更是静候花开的思维秘钥。课前暖场，当老师提出"看到这个'犬'字，你脑中冒出哪些与狗有关的词"的话题时，学生显然没有进入状态，现场羞答答地沉寂着。张老师不疾不徐地提供思维的链条："你能想起什么来？一定有和狗有关的词语，或者俗语，或者歇后语。"现场静默依然，台下老师开始笑眯眯地等他急。可张老师偏偏云淡风轻，非常诙谐地荡开一笔："电脑在刚刚开机的时候是需要慢慢等待的，人脑的开启也是这样。有的同学在检索、检索、检索……"这个富有同理心的类比暗示如有神助，学生立马放松，沉睡的大脑瞬间进入思维空间的"检索"状态之中——学的意识被符号"犬"与生活的链接所唤醒。狗的品性,"忠诚"还是"不待见"的矛盾观念,成功地激起了阅读的期待。

没有喧嚣的热闹,整堂课见得最多的,便是当学生思维频频阻塞时,这种静而后安,安而后虑,虑而后得的学力开启。祖庆老师的课,因为放松,致使思维与情感多了份"宽"而后"深"的力量。这种张力,让学生思维迷思与解码的努力,创造出意义的绚丽花朵来。

看图复述细节,老师会强调"聊书的过程是无所谓正确不正确的。你有想法把它说出来,你就是正确答案——今天这堂课没有正确答案";影视图和插图对应讲述,老师会强调"聊整本书的课堂就是要有试一试的勇气"。然而学生还是拘谨地紧张着。张老师干脆要求他们脱掉马甲,撸起袖子——小孩子果然是用身体学习的,伟大的身心解绑果然立马引发思维的增值:学习愿望的动力值,从静默的"冰山"变成潺潺的小溪;学习认知的意义值,把个体的碎片联结成唤醒联想的整体脉络;深度思考的能效值,让隐形的概述变成思维碰撞的推波助澜,学习得以真正发生。这是思维开启的初级干预。

引领思维由情绪的起点向高阶发展的,则是透过书与影、狗与人双线交织的视角,看到了彼此心底深处的灵魂:"教授眼里,小八是他的谁;小八眼里,教授是它的谁?从电影的哪些事情或者细节中看出来?"我们知道,狗是色盲,所以区分人的视角和狗的视角的方式,显然狗的世界是灰色的,人的世界是彩色的。影片也正是灰、彩色调交织地彼此依存与推进:小八的灰色视角是一条脉,教授一家的生活视角是另一条脉。学生当然会发现,小八澄澈的狗眼所注视的灰色世界里,是教授像小八的父亲一样宠溺它、照顾它,为它任性地旷班,享受它的陪伴;而人眼看狗的暖彩色调,也写满了小八对教授的依恋:走到哪里跟到哪里,陪到哪里等到哪里。书与影的世界中,两个原本不相干的灵魂,就这样在五点一刻的黄昏,在涩谷车站,被彼此不离不弃的亲情联结在了一起。这种联结所带来爱的感觉,让小八绵长的等待,有了死生契阔、与子成说的情感价值。

"影视视角的灰与彩——文字细节的沉与醉——别离版本的爱与伤",张老师的教学就在这样的大开大合中展开。他不是在给狗的情书中唱和着伤感悲情的和弦,而是在引领学生把人性与狗性的思考、文字想象与影视图像的表达经验经纬融合,编织成一幅精彩纷呈的锦图,使学生看到双方眼睛里不一样的色彩,感受到两颗因爱联结的灵魂;看到书与影不一样的表达形式,就能动用高水平的分析、欣赏与创造,自觉地发展成为拥有高阶阅读技能的善读者。

二、激活,体察书影温情的敬意

"温情的敬意"在于动物视角对人类情感的治愈力量。张爱玲说过:"我要你知道,在这个世界上总有一个人是等着你的,不管在什么时候、不管在什么地方,反正你知道,总有这么个人。"这段话放在《忠狗八公》上也同样合适。人类的每一颗心生来都是残缺而孤独的,而狗对人类情感的拯救与家庭角色的隐喻,向来是动物小说与电影不变的主题。小八显然比大多数动物更像小孩,哪怕它长成了老态龙钟的八公。

张老师的课,从整体概述分享情节、镜头放慢分享细节、特写放大分享温情开始,把这三者一脉贯通的,是一个个事件中情绪的流淌。

第一步:我们来讨论。"教授为什么要给他取名为小八,他明明是一只秋田犬呀?这条狗是怎么来的?"这是分享故事主角的出处,点名教授的喜爱。

第二步:关注有意思的插图。"现在考一考你的记忆,看看哪位同学的反应快,我出示一张插图,谁能立即回忆起这幅插图讲述了什么情节?"这是用形象唤醒书中的细节,分享日常情节的愉悦。

第三步：截取影视画面。"刚才我们回忆的插图，和这些画面整合起来，谁能够三言两语，把这个故事讲清楚。"这是概述故事的主要内容，是对整本书内容的阅读分享。

第四步："这个故事曾经被拍成两个版本的电影，我们来看几个电影片段，看看哪个画面是你最熟悉的？"这是用放慢的镜头唤醒美好的瞬间，再现温馨的生活场景。

第五步："当电影和文字放在一起比较着阅读，你会发现越读越有意思。比如这样一段文字，张老师觉得电影无法把它拍出来，但我们却可以通过阅读想象去还原那个画面（看星空的场景）。"这是温情的细节分享细腻的温馨。比较阅读中，电影是视觉的直接还原，文字是想象的间接还原。

以上，是从情节到细节的脉脉温情。然而当永在的温情演变成十年不变的等待与深情，所讲述的就不仅仅是一条狗，而是透过狗的世界，看到有什么东西关联着，触动着我们的思想与灵魂。

还是同一主题下影视与文字的对比阅读：首先回忆书中小八的一切异常：破天荒地不去送教授，关在家里不停地哀号……其次是教师用影视同期声的方式深情地讲述：上野教授心脏病突发，永远地离开了人世，小八却不知道，他依然在每天下午五点一刻，准时去车站迎接上野教授，而且这一等就是十年。

影视画面中，有两个镜头印象特别深刻：一是小八黝黑的瞳孔所流露出来的心如刀绞的失落与疼痛；二是广场上小八身后反复变换的大树，叶子绿了黄，黄了落，落了白……色调瞬息变化的，是春夏秋冬；不变的是小八，它年复一年的漫漫等待，它一刻也没有停止过对主人的痛彻思念。

张老师显然是个故事高手，就用这种轻松、温和的方式，聊着聊着，像搭积木一样，就聊出了故事结构与张力，聊出了人与狗双线交织的视角，聊出了内在涌动的各种情绪，从脉脉的温情到敬意的表达，从爱的喜悦到巨大的悲伤；聊着聊着，学生就成了滔滔不绝的评论家，故事的视野、境界和洞察力，不知不觉之间就让普通的镜头变得特别有味道。这让我有一种感觉，感觉到观课亦如读书尚友，不光学习书中课中如何行事；更看着他们"温情地表达"如何闯入内心，给自己带来不曾预设的冲击。这也是一件很幸福的事情。

三、激扬，洞察向死而生的想象表达

坎贝尔说："每个人最核心的部分不是肉体，也不是神经，而是通过他们闪耀着人性光辉的意识。"我是否也可以类推，《忠犬八公》的世界里没有死亡，伴随着肉体消逝的，是另一个世界里向死而生的爱与生命的永恒？虽然意识的世界不可能真的存在，但永恒之爱就在我们的内心，已经成为我们内在精神的拥有，成为唤醒并引导我们生命的能量？

这股洞察内心的精神力量，生与死、爱与被爱、付出与回报的情感治愈功能，是通过小八的理解之外与视野之中来实现的。

第一回合：首先呈现的是图书结尾，文字同期声响起："午夜，雪已经在它的身边积起来了……它对自己生命将尽一无所知，它的生命正在慢慢熄灭……它不敢相信眼前的一切，为了和他的相聚，它等了十年……我想请问同学，这一幕是真实地发生，还是小八的幻觉？作者为什么不直接写小八去世了，而要来写这一幻觉？"学生通过讨论关注角色的内心。

下一个学习活动就是书写两个角色的内心："站在教授的角度，和小八说几句心里话；或者站在小八的角度，与上野教授说几句心里话。"把最初概念化的迷思，通过双向说与写的自我反思与表达，形成对小八十年等待的情感再认识。学生外显的交流指向美好时光的回忆，对小八苦苦等待的心疼，死生契阔、与子成说的倔强，彼此的思念与告慰……

第二回合：播放电影美国版暖色调和日本版灰粉调对比的幻想场景，

他们相见的时刻。搭建话题脚手架："看看两个版本的结尾有什么不一样？你更喜欢哪一个版本的结尾？"这一比较简直就是神来之笔。美国版和日本版最大的不同在于色彩表现情感基调。美国版用写实的暖色手法，茫茫大雪过后，映入眼帘的是一个个当年教授与小八快乐玩耍的温暖场景；日本版用浪漫的双色调幻想手法，首先幻化出教授由远而近的笑容，接下来便是震撼人心的灰、彩交织。灰色的小八欣喜若狂地奔跑着，灰色的教授阳光明媚地大声呼唤着，头顶是半个屏幕的粉紫色樱花飘荡。樱花染红了小八跳跃的身姿和教授温暖的怀抱，樱花交织着小八灰色的色盲视角和粉紫色的浪漫幻想，让小八的感情来得更真实。学生的思维更令人惊叹，他们不知道色调决定情感的基调，直觉却敏锐地捕捉到"美国版拍了其他许多事，不利于凸显温暖的结尾；日本版只拍了相见的场面，主题突出。""粉红色的樱花带来温情。""樱花是日本的国花，这是日本的真实故事，导演选择了尊重日本的文化。"老师没有给学生统一的答案，而是鼓励他们把两个版本拿过来细细比较。

第三回合：重点讨论："小八十年苦苦等待，却一直等不到教授。你认为，这样的等待值得吗？请发表你真实的想法。"学生通过小组合作等方式深思熟虑，讨论"等待"背后的价值。师生在观念、情感与认识的反复冲击中形成共识：观念的世界中没有死亡。十年的寒冷、饥饿、失落、挫败、绝望算什么？

生命消逝又算得了什么？唯有内心的永恒之爱，唯有爱我和我爱的人。

思维的视角与矛盾的冲突、叙事的笔调与情绪的点播、影像叙事与文字的逻辑、学习的情感与观念的外显，信手拈来，娓娓道来。张老师的课，也让我感受到了"温情的敬意"。

（作者单位：江苏省运河高等师范学校附属小学）

后　记

文学在，光就在

张祖庆

这是一本迟到的书。

2008年9月，语文出版社出了我的第一本书——《张祖庆讲语文》。五年后，估摸着积攒了四五十万字，有随笔、论文、案例，最多的，是课堂实录。因此，常有出版社怂恿我，你该出新书了。也曾心动，希望找个时间整理一下，出一本课堂教学方面的新书。然而，始终找不到满意的呈现方式。出成课堂实录汇编吧，觉得对不起读者朋友——因为我的大部分课录都发表过，且新浪博客（自在乾坤）上都有，只要点一下鼠标即可全部搜到，何必单独出一本书；按照某种所谓的体系重新组织文字吧，觉得挺别扭——当初写文章或上课时，根本没想过什么体系，硬生生地扯个体系或贴个标签，自己都觉得有些滑稽；要不，干脆出本叫《十年课谱》之类的书吧，但又觉得挺不靠谱——那时精品课多得数不过来，遴选十节，以飨读者的范儿，我不够格。

算了，搁着吧。出书这事，得水到渠成、瓜熟蒂落。

2017年暑假，我在千岛湖讲课，遇见了中国海洋大学朱自强教授。朱教授一直致力于儿童文学研究，最近几年，尤其在中国儿童文学教学理论研究上颇为用力，出版了一系列专著，他的每本书我都认真读过，服！

千岛湖回程，恰好与朱教授同车。朱教授告诉我，最近几年想出一套关于中国小学语文儿童文学教学方面的书，以整体呈现中国儿童文学教育的水准，给一线教师以借鉴和启示。这思路，靠谱！于是，我申请参与书系写作。朱教授欣然同意，出版社也很快签约了。

于是，有了这本书。

利用假期，我对自己近十年的阅读教学课例做了细致的盘点，按照"教材中的文学课——教材外的文学课"，列了两大辑，共19课。之所以把书名起为《童年不可错过的文学课》，有这样两方面的考虑：

一是，我们的文学教育，应当是面向童年的教育。所有思考的逻辑起点和落点都应该是童年，亦即，我们的文学教育要带给童年以美好而有价值的体验。因此，这些年我在上公开课时，首先考虑的，是文本是否文质兼美。至今，我依然固执地认为，小学语文教学"教什么"比"怎么教"更重要。按照这个标准考量，本书中所选择的文本，如《祖父的园子》《穷人》《和时间赛跑》《草房子》《忠犬八公》等文学作品，当得起"文质兼美"这四个字。文学，是一个人的精神钙质。童年时代，遇见好的文学作品，也许可以被照亮一生。

二是，童年不可错过的，并非是我的文学课，而是所有优秀的文学课。常有人问，文学究竟有什么用？问这样问题的人，其实并没有真正理解文学。文学，其实是无用的。但长期浸润于文学的人，可能在不知不觉之间就变得温润而有力量，这就是文学的春风化雨之功。正如作家格非说的："阅读不是为了给我们提供知识，而是为了让我们摆脱知识的奴役……帮助我们确立分析能力，能够找到自我……"童年错过了优秀的文学作品、文学课，也许终生都会错过。因此，以《童年不可错过的文学课》为书名，目的是希望每一个老师都认真地为每一个儿童上好每一节文学课。因为，它关乎很多个生命的每一次成长。

话说回来，虽然此书纳入"名师儿童文学教学丛书"，找到了一个出版的由头，但本质上，它还是一本课堂实录。只是，我在两个方面费了点心思。一是在编排上，我力求依照文体特征，按神话、小说、诗歌、散文、故事类文本的体例编排，方便读者阅读。近年来，关于文体教学研究，王荣生、荣维东、周一贯、薛法根、王小毅、罗才军等教授、名师做了较为系统的研究，本书无意鹦鹉学舌，而是用积极的行动向他们致敬。二是，每个单篇都由"文本再现（文本简介）——课堂实录——教学品鉴"组成。力求完整呈现"教什么——怎么教——为什么这么教"。"为什么这么教"即"教学品鉴"，其大部分是在课后不久请师长、朋友写的，少数是后来约的稿。他们的点评闪烁着真知灼见，是本书最有价值的部分。好友冷玉斌先生也在序言中对他们的点评做了充分的肯定。借此机会，真诚地感谢师友们的热情鼓励和精彩点评。同时，也感谢朱自强教授、曹文轩教授、冷玉斌先生从不同的维度为本书作序。他们在序言中的褒奖，是对我的鼓励与鞭策，更是我今后努力的方向。

要感谢的人，还有很多。感谢我的父母、妻儿，他们的理解、支持和包容，让我一直拥有一张安心写作的书桌；感谢所有我教过的学生，我课堂中绝大部分的精彩，往往来自他们；感谢朋友们一直以来的鞭策与鼓励，他们的一路同行让我不孤单；感谢参与课堂实录整理的刘敏、吴茜、陈婕、杨冬梅、樊丛辉等老师，他们的辛勤劳作让声音定格为文字；感谢网络上相识和不相识的朋友，是他们一路的鲜花、掌声和善意的"鸡蛋"，让我一次次感受到创造的欢愉和真诚的可贵。

2008—2018，我真正意义上独立完成的两本著作，跨越了整整十年。揽镜自怜，两鬓添霜，十年岁月不饶人；但这十年，我亦"未曾饶过岁月"。因为，有亲人、师长、朋友以及读者诸君，始终陪伴我奔跑在一条叫文学的路上。这条路，通往明亮那方。

文学在，光就在。

2018年2月23日于杭州锦昌文华苑

图书在版编目(CIP)数据

童年不可错过的文学课/张祖庆著. -- 南昌：二十一世纪出版社集团，2018.3（2022.2重印）
（名师儿童文学教学丛书）
ISBN 978-7-5568-2814-2

Ⅰ.①童… Ⅱ.①张… Ⅲ.①语文课—教学研究—中小学 Ⅳ.① G633.302

中国版本图书馆 CIP 数据核字 (2018) 第 046298 号

Tongnian Buke Cuoguo de Wenxue Ke
童年不可错过的文学课　张祖庆 / 著

总 主 编	朱自强
编辑统筹	熊　炽
责任编辑	谈炜萍
特约编辑	陈文平
封面设计	熊　瑾
责任制作	章丽娜
出版发行	二十一世纪出版社集团有限公司（江西省南昌市子安路75号　330025） www.21cccc.com　cc21@163.net
出 版 人	刘凯军
经　　销	全国各地书店
印　　刷	南昌市红星印刷有限公司
版　　次	2018年4月第1版
印　　次	2022年2月第4次印刷
印　　数	14,001~17,000
字　　数	380 千
开　　本	720mm×1000mm　1/16
印　　张	29
书　　号	ISBN 978-7-5568-2814-2
定　　价	50.00元

赣版权登字－04－2018－36　　　　　版权所有·侵权必究
发现印装质量问题，请寄回本社图书发行公司调换　0791-86512056